白品键 —— 著

仕途之外

先秦至西汉
不仕之士研究

重慶出版集团 重慶出版社

中文简体字版©2024年，由重庆出版社出版。
本书由三民书局股份有限公司正式授权，经由凯琳国际版权代理，北京乐律文化有限公司与重庆出版社出版中文简体字版本。非经书面同意，不得以任何形式任意重制、转载。
版贸核渝字（2024）第 116 号

图书在版编目（CIP）数据

仕途之外 ：先秦至西汉不仕之士研究 / 白品键著.
重庆 ：重庆出版社, 2025. 5. -- ISBN 978-7-229
-19421-5
Ⅰ. K203
中国国家版本馆CIP数据核字第2025CV2778号

仕途之外：先秦至西汉不仕之士研究
SHITU ZHIWAI : XIANQIN ZHI XIHAN BUSHIZHISHI YANJIU

白品键　著

出　　品：	华章同人
特约策划：	乐律文化
出版监制：	徐宪江　连　果
责任编辑：	李　翔
特约编辑：	曹福双
营销编辑：	刘晓艳　冯思佳
责任校对：	陈　丽
责任印制：	梁善池
装帧设计：	今亮後聲 HOPESOUND · 王非凡

重庆出版集团
重庆出版社　出版
（重庆市南岸区南滨路162号1幢）
三河市嘉科万达彩色印刷有限公司　印刷
重庆出版集团图书发行公司　发行
邮购电话：010-85869375
全国新华书店经销

开本：880mm×1230mm　1/32　印张：14.25　字数：240 千
2025 年 5 月第 1 版　2025 年 5 月第 1 次印刷
定价：59.80 元

如有印装质量问题，请致电023-61520678

版权所有，侵权必究

谢 词

  汉代士人与其身处时代的互动,是我自写作博士学位论文以来长期关注的议题。2013年博士学位论文口试时,论文初稿中有一个简短的论断,提到东汉士人常有拒绝官职之事,是因为士族兴起,为拒绝官职提供了抗拒政府的基础。当时担任口试委员的邢义田老师给了我一个提示:能否将东汉拒仕之士人做一个统计,看看其中具有士族背景之人的数量有多少,为论文中这样的论断提供证据。

  后来获得了一些计划补助,我便将研究的主要课题放在这里。首先是"HKR人文及社会科学博士论文改写专书暨编纂主题论文集计划"(MOE-104-3-3-A024,2015.08.01至2016.07.31),这个计划帮助我初步统计了几部重要史书中的不仕之士,并完成了博士学位论文的修改。可惜后来因各种不可抗的因素干扰，博士学位论文延迟至今未能出版。接着经过了几年流浪求职的旅程，一直觉得不仕之士还有许多值得展开探究的部分，因此当我落脚于母校世新大学中文系任教时，便以此为题申请科技部计划案，并且连续获得了两次计划补助。分别是"秦汉时期不仕之士的社会基础研究"（107-2410-H-128-001-MY2，2018.08.01 至 2020.07.31），与"东汉时期不仕之士的社会基础研究"（MOST 109-2410-H-128-034，2020.08.01 至 2021.07.31）。本书的大部分内容（第一、二、三、五、六章），便是这两个科技部计划案的成果。

本书的出版上市，除了有科技部大量的资源投入之外，还因有许多力量的支持。如二位恩师张蓓蓓老师、刘文起老师，不但是我学术工作的引导者，这十数年来更时时刻刻关心我的身心健康与家庭。任教于清华大学的同学好友林保全，在求职与申请计划时给了我极大的帮助。而目前任教于台大历史系的傅扬，则曾经在我的部分篇章发表时给予宝贵意见。还有许多可能被我遗漏的师友，很抱歉难以一一言谢。

此外，感谢世新大学研发处的阿蒹学姐与诸位同人，还有中文系的秘书与助理小绿、阿宅、给勒，以及不少帮我扛着一箱又一箱书的系办工读生。一件事情的完成，与这些细碎小事能被顺利处理不无关系。感谢三民书局愿意承担我这本著作繁体版的出版工作，在学术出版风雨飘摇之际，仍鼎力相助出版了这本学术专书。

当然还要感谢我这几年的研究助理郭镇奇、刘鸿毅、姜皓桓、粘谨欣。他们细心地为我翻检众多史料原书校对资料，极大程度地节省了我不少工夫。特别是最有小聪明、最调皮捣蛋的，我的第一个助理郭镇奇（也就是"奇天大圣-aka世新海王类学妹收割机"，他本人坚持要这样称呼他，但我所认识的奇奇在某种程度上应该是个纯情少年），他负担的工作量最大，后来的助理工作都延续着他建立的工作流程。让我在这里多赞美他一番，希望这本书送到他手上时，他已经顺利完成硕士学位论文准备毕业了。

感谢我亲爱的妻子，这几年与我一起奋斗。这本书没有一个字是她写的，但也没有一个字与她无关，犹如我与她相遇之后二十年的人生一样：她无法帮我度过任何一分钟，但我的每分钟人生都不只有我自己。

这本书完成于台湾疫情最严峻的三级警戒期间。因此有太多无法感谢的，是那些在疫情当中牺牲奉献的医护工作者，以及被卷入其中的所有人。

白品键

2022.06.01

目　录

── 第一章 ──
"隐"与"不仕"之间：隐士传统的建立与变迁 / 1

前言："隐"的研究探索 / 2

"隐"与"见"以及"仕"与"不仕" / 14

《庄子》书中有道之士及道家型隐逸 / 23

"不仕之士"：士人的政治抉择及其社会基础 / 49

── 第二章 ──
争鸣与无迹：战国时期的不仕之士 / 54

战国时期"不仕"的多样性 / 55

战国时期的不仕之士 / 80

想象与现实中的战国不仕之士 / 93

── 第三章 ──
"海内为郡县,法令由一统":秦至汉初的不仕之士 / 98

秦至汉初"不仕"的辨别 / 99
新时代的吏与仕 / 107
秦朝的不仕与蛰伏之士 / 122
西汉早期的不仕之士 / 137
小结:"天地一大变局"中的仕宦抉择 / 163

── 第四章 ──
"修六艺之术,通万方之略":武帝至王莽秉政前的不仕之士 / 171

西汉"不仕"的辨别 / 172
尊儒之后的不仕与隐者 / 176
不仕的儒生 / 185
儒生之外的不仕者 / 207
小结:西汉盛世不仕现象的变化 / 224

── 第五章 ──
不仕王莽：两汉之际的不仕之士（上）/ 232

两汉之际"不仕"的辨别 / 233
两汉之际的儒生与隐士 / 243
不仕王莽：儒生 / 261
不仕王莽：儒生之外 / 284

── 第六章 ──
避乱与守节之间：两汉之际的不仕之士（下）/ 325

两汉之际避乱隐居之士 / 326
不仕更始、公孙述、隗嚣、窦融之士 / 340
不仕王莽并不仕光武之士 / 361
小结：两汉之际不仕现象的发展与变化 / 380

第七章
仕途之外：士人的政治抉择与隐逸典范变迁 / 389

先秦时期：从伯夷、叔齐到侯嬴、朱亥 / 390

秦至西汉：从四皓到韩福 / 398

两汉之际：从龚胜到周党 / 410

结论：再论"隐逸"与"不仕" / 427

—— 引用书目 / 431 ——

第一章

"隐"与"不仕"之间:
隐士传统的建立与变迁

前言："隐"的研究探索

"仕"与"隐"是中国士人一个长久以来面对的课题。作为一种人生抉择，"隐"往往被放在"仕"的对立面。在古代中国，凡拒绝入仕者，不论其拒仕的理由是什么、拒仕之后处于什么状态，大多被称为"隐"，或称隐士、隐者、逸民、隐逸、处士、高士等其他别名①。从早期的文献史料来看，隐士之身份与形象起源相当早，《论语》中有荷蓧丈人、长沮、桀溺等耦耕的洁身避世之士②，

---

① 隐士名称的考论者不少，可参见蒋星煜编著《中国隐士与中国文化》（上海：上海三联书店，1988年），页1—5；洪安全《两汉儒士的仕隐态度与社会风气》（《孔孟学报》第42期，1981年，页115—118），较新且全面的考察，则参见胡翼鹏《中国隐士：身份建构与社会影响》（北京：社会科学文献出版社，2011年），页25—35。
② 《论语集注》，卷9《微子》，（南宋）朱熹集注：《四书章句集注》（台北：大安出版社，1999年），页258—259。

至庄子则崇尚"虚而待物"的人生观①,大量真实或虚构的隐士皆现身《庄子》书中。整体来说,隐士除了拒绝出仕之外,大多还拥有志节清高、安于贫贱、避世等特质,形成了中国士人的另一项源远流长的传统。

在正式进入本书所要讨论的"不仕"问题之前,这里要先简单梳理一下关于"隐"的问题。隐士的传统其来有自,而且源远流长,乃熟悉中国史者皆知的事情,只是如要溯源,最早能推源至何处?"隐"的对立面是否就是"仕"?隐士有许多不同的样子,那么要具备什么要素,才能被称为隐士?

近代以"隐"为题的相关研究论著不算少,不过大多为通论中国隐逸文化的,如早期关于隐士的代表著作——蒋星煜的《中国隐士与中国文化》等。蒋星煜此书的序作于1943年②,受到时代的影响,蒋星煜对于隐士有相当的恶感,可以说其写作的目的便是反对隐士,认为隐士来自个人主义与失败主义③,因此其书末结论直称"勇敢地生活,不做隐士"④。书中对于隐士有相当大

---

① 《庄子·人间世》,见(战国)庄子等著,王叔岷校诠《庄子校诠》(台北:"中央"研究院历史语言研究所,1988年),页130。
② 蒋星煜编著:《中国隐士与中国文化》,《序》末自署时间为民国三十二年十月。
③ 蒋星煜编著:《中国隐士与中国文化》,页6。
④ 蒋星煜编著:《中国隐士与中国文化》,页94。

量的负面批评,诸如"隐士这种自私而萎缩的人生是不合理的病态的人生","中国社会受了隐士'孤高自赏'的流毒,所以人各行其是,苦难不能共当,欢乐不能同享,这是值得我们猛醒的"①,等等。

蒋星煜此书主要陈述隐士文化的共通性,并以不同时代的个案作为例证,带有强烈的民国早期的时代主观意识。由于蒋星煜对古代隐逸文化颇多批判,因此无深入古代社会,依不同时代所面对的课题去探索"隐"的起源的企图。其多次以"巢父"作为古代隐士的开端,应该是受到了《高士传》的影响②,多少有借此推远隐士起源的用意。蒋星煜于序中将隐士定义为:"'隐士'的含义,是清高孤介,洁身自爱,知命达礼,视富贵如浮云。"③虽然蒋星煜以品格内涵来定义隐士,但行文中

---

① 蒋星煜编著:《中国隐士与中国文化》,页12、44。
② 蒋星煜举例多用《高士传》皇甫谧版本,而非嵇康版本,见蒋星煜编著《中国隐士与中国文化》,页3。按:"巢父"并不见于先秦典籍,直至汉初司马迁作《史记》亦不见其号,现存典籍可能直到西汉末年扬雄《法言》才有"巢父"二字正式登场,见(西汉)扬雄著,汪荣宝撰《法言义疏》(北京:中华书局,1987年),卷8《问神》,页204。又按:一说巢父即许由,见(西汉)扬雄著,汪荣宝撰《法言义疏》,卷8《问神》,页205—206。即巢父即许由,此名亦后起,蒋星煜书时而"巢父许由"连称,似并为一人讨论,然而《中国隐士的地域分布》又并列二人于"嵩山历代隐士表"中,或有不能辨别的可能,见蒋星煜编著《中国隐士与中国文化》,页1、6、50。
③ 蒋星煜编著:《中国隐士与中国文化》,页1。

则明显将"不仕"与隐士做联结:"他们为什么不愿意做国家的领袖?为什么不愿意做官吏,他们的思想和行为哪一点值得我们喝彩和拍掌?却很少有人去研究。"①除此之外,蒋星煜又在《中国隐士的政治生活》一章中,将隐士的政治生活分为"以在野之身应在朝之命""以在野之名务在朝之实""以在野之法求在朝之位"三类,并说明:"隐士既一旦从政,即失去隐士身份,故于此不拟赘述。"②诸如此类,皆可见蒋星煜实际上是以"仕""隐"为基础来开展关于隐士的讨论的。

总而言之,《中国隐士与中国文化》企图通贯中国整个历史去讨论"隐",却无法深入探讨"隐"或"不仕"现象的历史成因、变迁以及仕途之外士人的不同样子。

若要在各种通论古代中国隐士的书籍当中③,举出一本较能挖掘隐士在各种情况之下的不同样子者,则当以胡翼鹏的《中国隐士:身份建构与社会影响》一书为例。胡翼鹏在绪论中便标明了"隐士"此一称号定义之困难:

---

① 蒋星煜编著:《中国隐士与中国文化》,页6。
② 蒋星煜编著:《中国隐士与中国文化》,页24—27。
③ 关于隐士之著作繁多,知识性的通俗著作尤其多,如张立伟:《归去来兮:隐逸的文化透视》(北京:生活·读书·新知三联书店,1995年)、许建平:《山情逸魂:中国隐士心态史》(北京:东方出版社,1999年)、韩兆琦:《中国古代的隐士》(北京:商务印书馆国际有限公司,1996年)等,为节篇幅,本书不能一一介绍。

"藏与不藏、仕与不仕、宗教与世俗,矛盾对立的行动和人生都可以被纳入隐士的范畴,因而,'隐士是什么'似乎不存在一个确切的答案。"①简言之,胡翼鹏发现隐士在不同时代表现出不同的历史样子,无论是内涵与形式,或时代对于甄别隐士的标准都相当不同。②因此胡翼鹏此书的主要问题在于讨论"隐士是什么",而不以某个确切而简单的答案来定义"隐士"。

尽管如此,胡翼鹏在德行之外,仍不得不以"不仕"作为隐士的"本质根据""根本特征""关键立场",认为社会辨识隐士的焦点,以及史家甄别隐士的特征,皆以"不仕"为首选,仕宦中人则被排除在隐士行列之外。③整体来说,胡翼鹏以"不仕"作为隐士的某种基础,并且承认在此基础之上,隐士可以有各种变化,乃至某些个案可以跳脱于仕与不仕之间。

本书原则上同意胡翼鹏对于"隐"与"不仕"的关联性的分析,在后续的章节当中,所论述的"不仕之士"也有大量的隐士位列其中。然而《中国隐士:身份建构与社会影响》一书毕竟企图在整个古代中国历史中挖掘

---

① 胡翼鹏:《中国隐士:身份建构与社会影响》,页4—5。
② 胡翼鹏:《中国隐士:身份建构与社会影响》,页50。
③ 胡翼鹏:《中国隐士:身份建构与社会影响》,页66。

"隐士"身份的建构模式，对于中国早期"隐"与"不仕"的起源、关联性以及更加细致的演变过程，无法有太多的着墨，因而此点则是本书写作可以发挥之处。

通贯整个中国历史来讨论"隐"，早期隐逸的溯源便难以深入。而以先秦两汉时期的隐士、隐逸为论题的，这里再举三本专书为例。其一是文青云的《岩穴之士：中国早期隐逸传统》①一书。此书有不少精彩的见解，对先秦至东汉隐逸传统的建立有十分详细的论述，对于政治社会的变化以及特定思想家的影响都有相当的着墨。特别值得注意的是，文青云仔细地爬梳了《尚书》与《易》中时常被后世引为隐逸起源的部分，认为其中并未发现隐逸思想。此外，借由《诗经》的相关讨论，文青云意识到世袭贵族与官职的关系，由于君王未必符合世袭贵族的理想，但他们又需要维护君王统治的权威与合法性，因此世袭贵族若要拒绝履行个人对于统治者的职责，需要有其他理由。通过这样的推论，文青云认为"中国的隐逸真正始于孔子"②，亦即由于孔子赋予了拒绝官职可依循的某种道德原则，使隐逸变成了可能，而

---

① ［澳］文青云：《岩穴之士：中国早期隐逸传统》（徐克谦译，济南：山东画报出版社，2009年）。
② ［澳］文青云：《岩穴之士：中国早期隐逸传统》，页23。

隐士也因此出现于古代中国。

　　除此之外，文青云对于隐逸的定义也相当具有一贯性：他强调隐逸的关键要素是"自由选择"，而非"迫于环境的压力"。因此在文青云的理解中，拒绝官职是一种隐逸展现自我原则的表现，是重要而未必是绝对的因素。① 由此可知，文青云对于"隐"的定义全然是思想意义上的，而非生活形态或其他物质层面上的，也因此能将"隐"与"仕"从对立的层面解放出来，在论述上避免了许多顾此失彼的问题出现。

　　虽然如此，文青云的论述仍不得不面对几处不足。首先，文青云否定了孔子之前存在着"可以被确切称为隐逸的事情"②，但其论证的方法往往是通过质疑史料的可信度，或是主观地认为其事迹"离奇""相当不可能"而加以排除。即便是伯夷、叔齐、介子推等著名的早期人物事迹，乃至《论语》的记载，都被其排除在外。③ 这种疑古过甚的态度，多少也带给了这本经典著作一些理念先行的阴影。其次，文青云的论述多半通过个案的例证来开展，对于时代的面貌无法有更具说服力的论证，

---

① ［澳］文青云：《岩穴之士：中国早期隐逸传统》，页3。
② ［澳］文青云：《岩穴之士：中国早期隐逸传统》，页17。
③ ［澳］文青云：《岩穴之士：中国早期隐逸传统》，页27—30。

也有待后续的研究予以补充。

其二是王仁祥的《先秦两汉的隐逸》[①]一书。此书除去头尾的绪论与结论，正文四章分别探讨了隐逸的起源、先秦诸子的隐逸观、从春秋到新莽的隐逸与政治，以及东汉时期的隐逸风气。四章又可分为前后两部分，前两章主要探讨隐逸思想的起源与发展，后两章则触及了隐逸风潮与政治社会的关系。王仁祥论述战国后期至两汉的篇幅不少，又广搜史料，将可见的资料并列讨论，对隐士的处境与思想都尽力做到同情地理解，堪称早期隐士相关研究的奠基之作。

王仁祥对隐逸起源的爬梳颇具启发性。他继承了文青云对《易》不具有隐逸思想的说法，却不排除《诗经》中已可见隐逸的存在，并引西周青铜器为例证，认为早在西周时期便有隐士出现。王仁祥还通过《诗经》中诗人所表达的忧愁与劳瘁，为封建贵族社会出现隐逸动机做出了相对应的诠释。[②]整体来说，王仁祥对于隐逸思想的出现以及对其社会背景的掌握，比文青云的论述更符合社会思潮渐进发展的面貌。

[①] 王仁祥：《先秦两汉的隐逸》（台北：台湾大学出版委员会，1995年）。
[②] 王仁祥：《先秦两汉的隐逸》，页13—57。

不过王仁祥在书中仍预设了"隐"与"仕"的对立，因此不得不将"隐"的讨论置于政治社会组织的基础之上。① 这将牵涉到一个文青云略有处理而被王仁祥轻轻放过的关乎士人的重大问题，即"仕"在春秋以前的世袭社会当中，是否能作为一种"自由选择"？如果作为世袭官员的贵族并无是否"仕"的自由选择，那么"仕"与"隐"仍然是一种对立的概念吗？

其三是蒋波的《秦汉隐逸问题研究》②一书。蒋波以秦汉为断代来讨论隐逸问题，并且对于史料所见的"隐逸"做了相当程度的爬梳与整理，同时绘制了表格。虽然断代的区段以及选题的目标都与本书有所差异（本书论述"不仕之士"而非"隐逸"，主要讨论战国至两汉之际而非秦汉），但整体而言《秦汉隐逸问题研究》与本书的讨论范围相当接近。

整体来说，蒋波此书在秦汉隐逸方面可谓后出转精，对秦汉的隐逸现象有了相当细致且深入的探讨，分析了以往研究较少的部分。蒋波不但将"暂时隐逸"的现象纳入讨论，对于隐士立足于社会的基础也做了初步的探索，包含第四章所探讨的隐士经济来源，第六章秦汉社

---

① 王仁祥：《先秦两汉的隐逸》，页2、9。
② 蒋波：《秦汉隐逸问题研究》（湘潭：湘潭大学出版社，2014年）。

会尊隐风尚的影响，等等。除此之外，蒋波费心收集了大量隐士案例，并完成了"西汉后期隐士统计表""两汉之际隐士统计表"与"东汉隐士统计简表"三表，某种程度上为本书解决了部分基础工作问题。①

蒋波此书虽以"秦汉"为断代，但又花了一些篇幅回顾了先秦的隐逸问题，且对于"隐士"有相当明确的定义："那些具备一定文化素养、有机会或有条件出仕，却因为各种原因一生或人生某个阶段选择不仕或暂时不仕，或曾经出仕为官却因故主动去官不仕的人。"② 蒋波显然将"不仕"与"隐"做了明确的联结，甚至可以说是以"不仕"作为"隐"的定义。如此一来，便与王仁祥《先秦两汉的隐逸》一书一样。这样的定义是否符合先秦社会的情况是一相当值得继续讨论的议题。

此外，虽然蒋波讨论秦汉隐逸现象时，能扣紧政治、社会的演变脉络，但回顾先秦隐逸现象时，并未追随文青云与王仁祥对于先秦文献所做出的还原解释（如《易》爻辞的解析），也未能针对先秦贵族世袭政治下的隐逸

---

① 蒋波所统计的《西汉后期隐士统计表》共计有9个案例，《两汉之际隐士统计表》共计有75个案例，《东汉隐士统计简表》则有113个案例，见蒋波《秦汉隐逸问题研究》，页48—49、232—255。按：蒋波对于"隐士"的定义略同于本书的"不仕之士"，但本书所统计秦汉案例数量远超过蒋波。
② 蒋波：《秦汉隐逸问题研究》，页5。

现象做出回应。此书以秦汉为断代，不能在回顾先秦的部分有过多苛责，因此代表了此论题还有更多讨论空间。

近三十年来关于隐逸的研究论文十分丰富①，对于秦汉的不仕现象也多少有些论述。然而或由于其论述问题与本书颇有差异，或所论之完整度不如前述专书，故此处不费篇幅进行文献回顾。②

综论历来对于"隐"的看法，大多数仍将其与"仕"对立，并以"不仕"作为"隐"的主要定义。然而就字

---

① 诸如洪安全：《两汉儒士的仕隐态度与社会风气》（《孔孟学报》第42期，1981年），页115—139；章义和：《试论汉魏六朝的隐逸之风》（《中国文化月刊》第170期，1993年），页88—101；晁福林：《战国时期隐士生活状况及隐逸理念考析——〈庄子·让王〉篇发微》（《中华文化论坛》第1期，2002年），页50—53；郜积意：《汉代隐逸与经学》（《汉学研究》第20卷第1期，2002年），页27—54；王继训：《试论两汉隐逸之风》（《青岛大学师范学院学报》第22卷第1期，2005年），页73—80；朱锦雄：《东汉末年"黄宪现象"所展现的隐逸形态与理想人格》（《嘉大中文学报》第3期，2010年），页43—66。亦有学位论文如魏敏慧：《东汉隐逸风气探析》（台北：台湾政治大学中文研究所硕士学位论文，1990年6月）。

② 除了隐逸之士的研究之外，另一个与本书密切相关的论题，则是"士"的研究。仅以二书为例略述于此。如余英时的经典之作《士与中国文化》影响深远，其中诸篇探讨两汉与魏晋时期士人、士族的论文，对于古代士人的特质有十分深入且精辟的阐发，又如于迎春《秦汉士史》一书，将秦汉时期的士人与政治社会的互动论述得十分详尽，其中第十二章《东汉中后期的不仕、隐逸之风及士人的人生安顿》专章讨论不仕的现象。整体来说，学界对"士"的研究多半偏重于政治，偏重于政治则多论其仕宦，而罕言其不仕。余英时：《士与中国文化》（上海：上海人民出版社，2003年）；于迎春：《秦汉士史》（北京：北京大学出版社，2000年）。

义而言，"隐"为蔽、藏之意，而"不仕"是拒绝官职，二者不可互训。将其用于"士"，则"隐士"与"不仕之士"也不必然能等同，"隐"有隐于卑职小吏者①，亦有隐于朝市者②，未必不仕；"不仕"有畏罪自退而未曾藏身者③，亦有居家却时时高论政事者④。

本书主要谈论"不仕"，但由于其与"隐"之间有太多的牵连与混淆，不论是字义、历史脉络或具体的案例，都需要加以厘清区别，且理当从历史发展的源头谈起。

---

① 如侯嬴隐于夷门监，《史记》："魏有隐士曰侯嬴，年七十，家贫，为大梁夷门监者。"（汉）司马迁撰，[日]泷川资言考证，杨海峥整理：《史记会注考证》（上海：上海古籍出版社，2015年），卷77《魏公子列传》，页3089。
② 西晋诗人王康琚《反招隐诗》："小隐隐陵薮，大隐隐朝市。"（南朝梁）萧统编，（唐）李善等六臣注：《文选》（台北：艺文印书馆，2003年3月初版14刷），卷22，页317。
③ 如董仲舒以"恐久获罪"而去位归居，但"仲舒在家，朝廷如有大议，使使者及廷尉张汤就其家而问之"显无藏匿、隐避之意。（汉）班固撰，（清）王先谦补注：《汉书补注》（上海：上海古籍出版社，2008年），卷56《董仲舒传》，页4054。
④ 此类多以君王、公子宾客为主。亦有居家而多上言者，如西汉末年梅福："去官归寿春，数因县道上言变事，求假轺传，诣行在所条对急政。"虽居家而时时上言，毫无"隐"之企图。见（汉）班固撰，（清）王先谦补注《汉书补注》，卷67《杨胡朱梅云传》，页4593—4594。

"隐"与"见"以及"仕"与"不仕"

不论是"隐"还是"不仕",所描述的都是"士"的某种状态。首先必须厘清的是:"士"原为上古时期低级的贵族①,能被称为"士"者,皆为本有封建政府职位者。顾炎武云:"谓之士者大抵皆有职之人矣。"在职位与身份皆为世袭的封建时代,士并无所谓"仕"与"不仕"的问题。②"仕"作为"士"的人生选择,春秋晚期才出现。在礼坏乐崩,封建阶级的固定性被破坏之后,贵族与庶民的界限才变得模糊,介于二者之间的士阶层大幅增加,使游士兴起,"仕"逐渐形成一种专业,并且有了"仕"与"不仕"的抉择问题。③

"不仕",如其词义所见,即没有在政府组织担任官职。若"仕"作为一种选择,此观念起源于春秋后期

---

① 顾颉刚语,见《武士与文士的蜕化》,收录于《史林杂识初编》(北京:中华书局,《顾颉刚全集》册31,《顾颉刚读书笔记》,卷16,2010年),页331。余英时认为这是正确的论断,亦有相关的讨论,见余英时《古代知识阶层的兴起与发展》,《士与中国文化》,页7—10。

② 游士兴起于春秋以后,故顾炎武云:"春秋以后,游士日多。齐语言:'桓公为游士八十人,奉以车马衣裘,多其资币,使周游四方,以号召天下之贤士。'而战国之君,遂以士为轻重。文者为儒,武者为侠。呜呼,游士兴而先王之法坏矣。"见(明)顾炎武《原抄本日知录》(台北:明伦出版社,1970年10月三版),卷10《士何事》,页215—216。

③ 余英时:《古代知识阶层的兴起与发展》,《士与中国文化》,页11—16。

之后，那么在此之前既无所谓"仕"，自然亦无所谓"不仕"者。如前所述，传统上有"仕"与"隐"相对的说法，因此有不少以"不仕"来定义"隐"者。① 如果"不仕"必须出现于春秋后期之后，那么在春秋中期之前，是否已经有了"隐"的观念或具体行为呢？

如前文文青云所述，虽然其并不以"不仕"定义"隐"，但其否定孔子以前存在隐士这样的论点，反而符合了"仕"观念后起的历史脉络。然而文青云以近乎疑古的态度，几乎否定了包含《论语》在内的所有记载隐逸的论证方式，恐怕还有不少讨论空间。如《左传》中的介之推故事，便是一个文青云无法排除却又无法做出合理解释的例子。② 《左传·僖公二十四年》：

> 晋侯赏从亡者，介之推不言禄，禄亦弗及。
> 推曰："献公之子九人，唯君在矣。惠、怀无亲，

---

① 除前引文之外，可再举二例，如刘纪曜：《仕与隐：传统中国政治文化的两极》，见黄俊杰主编《中国文化新论思想篇一：理想与现实》（台北：联经出版社，1982年），页293；许尤娜：《隐者、逸民、隐逸概念内涵之厘清——以东汉之前为限》，见许尤娜《魏晋隐逸思想及其美学涵义》（台北：文津出版社，2001年），页256。

② 文青云对介子推故事评论为："如果能原谅其中所包含的一定程度的美化和意识形态净化，则没有理由认为这个故事不真实而将其排除。"见[澳]文青云《岩穴之士：中国早期隐逸传统》，页28—29。

外内弃之。天未绝晋，必将有主。主晋祀者，非君而谁？天实置之，而二三子以为己力，不亦诬乎？窃人之财，犹谓之盗，况贪天之功以为己力乎？下义其罪，上赏其奸；上下相蒙，难与处矣。"其母曰："盍亦求之？以死，谁怼？"对曰："尤而效之，罪又甚焉。且出怨言，不食其食。"其母曰："亦使知之，若何？"对曰："言，身之文也。身将隐，焉用文之？是求显也。"其母曰："能如是乎？与女偕隐。"遂隐而死。晋侯求之不获。以绵上为之田。①

以目前的学界共识来说，《左传》普遍被认为是一本可信的春秋时期史料，且在许多层面忠实地表现出封建制度开始走向毁坏的历史。介之推的故事正好表现出几层意涵。第一，在介之推的理想中，扶持晋文公回国主晋祀，是理所当然的天意，这是贵族士大夫本分内的工作。"从亡"者通过扶持国君上位受赏，是"下义其罪，上赏其奸"，违背了介之推维护传统的理想，故称"难与处矣"。相对地，晋文公赏"从亡"之作为，正表现

---

① 杨伯峻注：《春秋左传注》（台北：洪业出版社，1993年），僖公二十四年，页417—419。

出春秋时期封建制度质变的样子,当"禄位"变成了士君子功劳之酬赏,从天命世袭当中解放出来时,如介之推这般传统价值的维护者,只好以"隐"来表达坚持。

第二,由于封建时代拥有某种名位不但是世袭,更是一种天意,因此介之推云:"主晋祀者,非君而谁?"而二三子之从亡也是一种职责上的必然,而非一种值得奖赏的功劳,犹如《庄子》书中所言之"臣之事君,义也,无适而非君也"①的君臣之义。在这样的情况之下,士君子并无退出官场居家而"不仕"的选择,因其"家"也是封建制度的一部分。如有"难与处"的情况,便必须逃离一切,不但要放弃其名位,甚至连居家之位置、宗族之身份等,也必须一并抛弃。

换言之,战国以后士人可以通过"不仕",依旧保留着自我的身份地位,乃至财产,但春秋时期,以及春秋以前的封建贵族,在不得已的情况下,只能选择放弃封建地位而"避世"。而原本依靠各种封建特权而生存的贵族,如抛弃了一切,往往也一并失去了生活的所有凭借,陷入穷困潦倒的境地。此即介之推所谓"身将隐"或"隐而死"背后的文化意涵。

---

① (战国)庄子等著,(清)郭庆藩集释:《庄子集释》(台北:万卷楼图书公司,2007年7月再版),卷2中《人间世》,页172。

《左传》之外,《论语·微子》中的记载时代稍晚,但同样代表着封建价值毁坏的某种走向:

> 逸民:伯夷、叔齐、虞仲、夷逸、朱张、柳下惠、少连。子曰:"不降其志,不辱其身,伯夷、叔齐与!"谓:"柳下惠、少连,降志辱身矣,言中伦,行中虑,其斯而已矣。"谓:"虞仲、夷逸,隐居放言,身中清,废中权。我则异于是,无可无不可。"①

即使《论语》此章完成的时间可能晚至战国时代,然而孔子以春秋末期的历史角度向前评论早期人物,亦非极不可信之事。所谓"逸民",何晏云:"节行超逸也。"皇侃则云:"民中节行超逸,不拘于世者也。"是取"逸"为拥有超出世道之外节行之意。朱熹则云:"逸,遗。逸民者,无位之称。"朱子说虽后起,但后多从其说,如刘宝楠引《说文》云,"逸民"即"佚民"

---

① 程树德撰,程俊英、蒋见元点校:《论语集释》(北京:中华书局,1990年),卷37下《微子》,页1279—1287。

之假借①。钱穆先生亦云："逸者，遗佚于世。民者，无位之称。"②逸民是否无位？综合史料来看，伯夷、叔齐为孤竹君之子，柳下惠为鲁大夫，一说"柳下"为其食邑，虽三黜而不去③，此三人是记载较为清楚的。虞仲疑有二人，一为吴太伯之弟吴仲雍，亦为吴伯，又称虞仲；另一为仲雍曾孙周章之弟，小称虞仲，周武王封于周之北故夏虚。其余诸人虽缺乏史料，然历来亦疑诸位逸民皆是有位贵族。④以孔子的时代而论，既孔子申论古逸民之志行，则逸民皆为贵族，是较合理的推测。如虞仲者，既为吴伯，则不可谓之"无位"之民，又如柳下惠者，其三黜而不去父母之邦，又岂能以"遗佚于世"称？因此所谓"逸民"，仍依何晏之说，解为"超逸"更为妥当。

孔子将逸民分为三种："不降其志，不辱其身"是其一；"降志辱身"而言行中理是其二；"隐居放言"

---

① 《论语》原文以及历代诸说参见程树德撰，程俊英、蒋见元点校《论语集释》，卷37下《微子》，页1279—1284；或见黄怀信主撰，周海生、孔德立参撰《论语汇校集释》（上海：上海古籍出版社，2008年），卷18《微子》，页1639—1643。
② 钱穆：《论语新解》（台北：东大图书公司，2021年四版2刷），页581。
③ 柳下惠事参见程树德撰，程俊英、蒋见元点校《论语集释》，卷32下《卫灵公》，页1094—1095；卷37下《微子》，页1254—1256。
④ 刘宝楠考之甚详，参见（清）刘宝楠撰：《论语正义》（北京：中华书局，1990年），卷18《微子》，页727—728。

是其三。无论何种，都是身心言行与同时之世俗有所不同者。"逸"也就是"超逸"：在某种程度上逸于世道之外，坚定地采取自我所欲施行的道。孔子又云："贤者辟世，其次辟地，其次辟色，其次辟言。"①正好表现出在理想坚持之下，封建贵族针对其君主或所处环境的各种不同程度的反抗或不合作。

因此，世袭封建社会之中，虽然无所谓"仕"与"不仕"，但贵族却仍拥有各种不合作的选择，可以"降志辱身"地选择辟色、辟言，可"隐居放言"地藏匿自我，维持清高，更可如长沮、桀溺等这般，在无所逃于天地之间的封建秩序中，成为安于与鸟兽同群的"辟世之士"②。乃至于如伯夷、叔齐或介之推这般，不但辟世、辟地，甚至到了无所可辟的地步，而以死亡为自我的某种生存理念作结。

由此可知，在春秋以前依其不同的程度，或志，或言，或行之不同于他人，而有所谓"逸"。在逸民当中有所谓"隐"，是更进一步的藏其身，匿其名，或抛弃、逃避原有之地位。在封建政治当中，"隐"的相对词当

---

① 《论语集注》，卷7《宪问》，（南宋）朱熹集注：《四书章句集注》，页220。
② 《论语集注》，卷9《微子》，（南宋）朱熹集注：《四书章句集注》，页258。按：孔子之时已有"仕"的观念，然传统之隐逸观念未必随之剧烈扭转，故此处仍举长沮、桀溺等与孔子同时之隐者为例。

为"见",或"显"。如孔子云:"天下有道则见,无道则隐。"①或前述介之推之"身将隐,焉用文之?是求显也",等等。贵族贤者"不降其志"而"辟世",即是"隐",不必等待战国礼坏乐崩之后才出现。②

"隐"具有隐辟之意,"不仕"则未必如此。司马迁记载孔子云:"鲁自大夫以下皆僭离于正道。故孔子不仕,退而修《诗》《书》《礼》《乐》。"③又记载孟子云:"天下方务于合从连衡,以攻伐为贤,而孟轲乃述唐、虞、三代之德,是以所如者不合。退而与万章之徒,序《诗》《书》,述仲尼之意。"④两大儒皆以修道立教为己任,孔子甚而主张"不仕无义"⑤,可见孔、孟之"不仕",在于求能行道者,故邦无道则去,毫无隐辟、潜藏之意。与此相反,孔子乃求善贾而沽之待仕者,二圣皆有强烈的以道明志用世之心,无论如何难以称之为"隐士"。

---

① 《论语集注》,卷4《泰伯》,(南宋)朱熹集注:《四书章句集注》,页142。
② 钱穆先生认为"隐"风气之先驱,远在春秋之前,见钱穆《论春秋时代人之道德精神(下)》,收录于《中国学术思想史论丛(一)》(台北:东大图书公司,2021年三版1刷),页294—316。
③ (汉)司马迁撰,[日]泷川资言考证,杨海峥整理:《史记会注考证》,卷47《孔子世家》,页2422。
④ (汉)司马迁撰,[日]泷川资言考证,杨海峥整理:《史记会注考证》,卷74《孟子荀卿列传》,页3037。
⑤ 《论语集注》,卷9《微子》,(南宋)朱熹集注:《四书章句集注》,页259。

在社会流动较为停滞的封建时代，本有名位而辟逃之隐逸者，欠缺春秋后期之后周游求仕的选择，于是或入山林岩穴，或荷蓧耦耕，形成后世对于隐逸的重要想象，亦即《后汉书·逸民列传》所言："甘心畎亩之中，憔悴江海之上。"①战国以后，"不仕"与"隐逸"在意义上仍并非全然等同②，如《礼记·王制》所载："大夫废其事，终身不仕，死以士礼葬之。"此处之"不仕"，仅称其"不任大夫"之事③，未必有隐居之意。

就语义来说，战国时代以后逃离名位之士，多半亦逃离了原本的仕宦之职，因此"隐"与"不仕"出现了较为具体且明显的共通性。但若更进一步区分，则各自仍有对方所无法涵盖的部分，"隐"的现象要比"不仕"来得早，其"志"则往往明确，以至于只要有隐蔽自我、逃避功名之意，即使有官职在身，亦可为"隐"。而"不仕"出现的时代较晚，在战国时代还伴随着"周

---

① （南朝宋）范晔撰，（唐）李贤等注：《后汉书》（北京：中华书局，1965年），卷83《逸民列传》，页2755。
② 许尤娜认为，"隐逸"在春秋、战国之时又可区分为"隐者"与"逸民"，意义略有区别，与本书所论有所差异。详见许尤娜《隐者、逸民、隐逸概念内涵之厘清——以东汉之前为限》，《魏晋隐逸思想及其美学涵义》，页245。
③ 郑玄注云："以不任大夫也。"又孔颖达疏曰："以经云大夫废其事，故知不堪任大夫也。"见（汉）郑玄注；（唐）孔颖达：《礼记正义》（上海：上海古籍出版社，2008年），卷19《王制》，页553。

游"的可能性,不仕于此,可求仕于彼,甚而必须更加努力地以著作、讲授、游说等方式"见"于世,以求得用而"显"。

以形式而言,"仕"与"不仕"在定义上相对比较容易①,但"隐"的典范从伯夷、叔齐到战国时期成书的《庄子》之间,仍随着时代变迁而有所变化。

《庄子》书中有道之士及道家型隐逸

如前文所述,在春秋以前的封建时代,因无所谓仕,故无所谓不仕,"隐"不与"仕"相对,当为"见"或"显"的对词。因此伯夷、叔齐、介之推不受君禄是辟世,是隐者,而长沮、桀溺等无名之耦耕者也是辟世,也是隐者。然而伯夷、叔齐之隐,与长沮、桀溺之辟世,于理念上有相当明显的差异。

自蒋星煜以下,近代研究者多试图为隐士分类,有复杂至七八种类型者。②然总而言之,则略可区分为儒家

---

① 此为与隐、见相对而言,事实上战国时代的"不仕"颇有各种各样的可能性,本书后文还会讨论。
② 关于隐士的不同分类方式,较新的整理可参见谢承谕《〈庄子·内篇〉中的隐逸人物之研究》(台中:中兴大学中国文学系硕士学位论文,指导教授:林文彬,2015年1月),页19—27。诸说烦琐,不一一具引。

与道家两种传统。刘纪曜依其隐的态度称之为"时隐"与"身隐",前者与孔、孟、荀的"道仕"联结,后者则与庄子的"反仕"联结。① 许尤娜则通过皇甫谧《高士传》序文与传主选择之分析,将传统隐逸分为"伯夷型"与"许由型"两种,并论述伯夷型属于孔、孟的儒家型隐逸,许由型则属于《庄子》书所见的道家型隐逸。② 许尤娜的论述虽然偏向使用更多三国以下的资料作为基础,但也相当程度地揭示出隐逸可区分为两大典范类型:儒家"伯夷型"以孔子所表彰的伯夷、叔齐为主,道家"许由型"则以《庄子》书中所见的许由等有道之士为主。更进一步说,从《论语》中的逸民与隐者形态来看,伯夷、叔齐自然可列为儒家型隐逸,但长沮、桀溺、荷蓧丈人、接舆③等,则颇接近所谓道家型隐逸,两种典范在思想与作为上,于孔子的时代都已经有所呈现了。

虽然在《论语》中已经可见两种隐逸典范,但考察隐逸起源以及分类的前辈学者,其诸多论述往往在此处

---

① 参见刘纪曜《仕与隐:传统中国政治文化的两极》,见黄俊杰主编:《中国文化新论思想篇一:理想与现实》,页293—313。按:庄子并非"反仕",刘纪曜对于庄子之思想或有误解。此外,刘纪曜此文并论仕与隐,因此分类中尚有韩非的"禄仕""反隐",此处论隐,故不述之。
② 许尤娜:《魏晋隐逸思想及其美学涵义》,页36—43。
③ 《论语集注》,卷9《微子》,(南宋)朱熹集注:《四书章句集注》,页257—258。

忽略了一个关乎时代变迁的细节：如果孔子对于"逸民"七人的讨论是相对可信的，代表着春秋时期的隐逸典范，那么《庄子》一书所见的有道之士，则应该代表着战国中期以下的隐逸典范。从孔子到《庄子》之间，除了文献资料的篇幅长短差异、儒道思想上的区别之外，是否还因时代变迁而推动着人们对于隐逸的想象产生变化？

更具体地说，孔子的时代属于贵族世袭的封建时代尾声，《庄子》成书的时代则是国君求贤若渴、士人周游求用的战国鼎盛时期。孔子时代所见的逸民、隐者，尽管因资料不全无法有更多证据判断，但依时代背景推敲，则当以贵族或没落贵族为多。而《庄子》成书时代所想象出来的有道之士，其身份背景以及行为，与《论语》或《左传》所见的隐逸是否有所异同？

今传《庄子》全书经过郭象的整理，可分为内篇、外篇、杂篇三部分，除了内篇普遍被视为表达了庄子本人的思想之外，外篇与杂篇较为驳杂，但大体而言是庄子后学陆续完成于战国末年之前的作品。① 换言之，即使《庄子》一书的作者不一，诸篇所呈现的内涵多有歧义，甚至彼此矛盾，但书中所记载的大量真假参半的有

---

① 刘笑敢：《庄子哲学及其演变》（北京：中国人民大学出版社，2010年），页50—103。

道之士，正好呈现出战国中后期对于隐逸、不仕人物的想象。

由于《庄子》书多寓言与重言，其故事不以历史的真实为依据，因此以下整理《庄子》书中的有道之士，不以人物的真实所处时代来筛选，亦即只要出现于《庄子》书中，即使是上古传说、虚构人物，只要能进一步考察其社会背景者一概列入。不过本书所论为"士"，基本上依旧是以"人"为主，因此《庄子》书中所记载的诸多神仙、精怪等，便不在讨论之列。此外，明确有职在身的贵族仕宦者，即非隐逸或不仕者，亦不列入讨论当中，单纯表达思想而无其他值得论析之身份背景者，同样被排除，以避免出现大量无法分类的情况。

此外，由于战国时代有以技艺或市井鄙业为社会基础的不仕之士，亦有如侯嬴、郦食其这般隐于小吏的案例，因此《庄子》书中所见拥有特殊技艺的基层庶民或小吏等，若有实际作为，或以言语表明"隐"或"不仕"态度的，也都列入其中。

依这样的原则对《庄子》中的人物加以筛选共得57例，如表1-1所示。

表 1-1

序号	称呼	出处	相关记载	分类
1	南伯子綦	《齐物论》《人间世》《徐无鬼》《寓言》	吾尝居山穴之中矣①	01 隐居
2	子桑	《大宗师》	吾思夫使我至此极者而弗得也。父母岂欲吾贫哉？天无私覆，地无私载，天地岂私贫我哉？求其为之者而不得也②	01 隐居
3	魏牟	《让王》《秋水》	中山公子牟谓瞻子曰："身在江海之上，心居乎魏阙之下，奈何？"……魏牟，万乘之公子也，其隐岩穴也，难为于布衣之士，虽未至乎道，可谓有其意矣③	01 隐居

---

① （战国）庄子等著，（清）郭庆藩集释：《庄子集释》，卷 8 中《徐无鬼》，页 928—929。
② （战国）庄子等著，（清）郭庆藩集释：《庄子集释》，卷 3 上《大宗师》，页 314—316。
③ （战国）庄子等著，（清）郭庆藩集释：《庄子集释》，卷 9 下《让王》，页 1072—1074。

（续表）

序号	称呼	出处	相关记载	分类
4	列御寇（列子）	《让王》《至乐》	子列子穷，容貌有饥色。客有言之于郑子阳者曰："列御寇，盖有道之士也，居君之国而穷，君无乃为不好士乎？"郑子阳即令官遗之粟。子列子见使者，再拜而辞[①]	01 隐居
5	单豹	《达生》	鲁有单豹者，岩居而水饮，不与民共利，行年七十而犹有婴儿之色，不幸遇饿虎，饿虎杀而食之[②]	01 隐居
6	扁庆子	《达生》	若夫以鸟养养鸟者，宜栖之深林，浮之江湖，食之以委蛇，则安平陆而已矣[③]	01 隐居
7	林回	《山木》	林回弃千金之璧，负赤子而趋[④]	01 隐居

[①] （战国）庄子等著，（清）郭庆藩集释：《庄子集释》，卷9下《让王》，页1065—1066。

[②] （战国）庄子等著，（清）郭庆藩集释：《庄子集释》，卷7上《达生》，页706—708。

[③] （战国）庄子等著，（清）郭庆藩集释：《庄子集释》，卷7上《达生》，页727—730。

[④] （战国）庄子等著，（清）郭庆藩集释：《庄子集释》，卷7上《山木》，页749—751。

(续表)

序号	称呼	出处	相关记载	分类
8	大公任	《山木》	孰能去功与名而还与众人？道流而不明居，得行而不名处；纯纯常常，乃比于狂；削迹捐势，不为功名[①]	01 隐居
9	孔子（仲尼）	《山木》	孔子曰："善哉！"辞其交游，去其弟子，逃于大泽；衣裘褐，食杼栗[②]	01 隐居
10	庚桑楚	《庚桑楚》	老聃之役，有庚桑楚者，偏得老聃之道，以北居畏垒之山。……庚桑子曰："小子来！……夫全其形生之人，藏其身也，不厌深眇而已矣。……"[③]	01 隐居
11	邻有夫妻臣妾登极者	《则阳》	其邻有夫妻臣妾登极者，子路曰："是稯稯何为者邪？"仲尼曰："是圣人仆也。是自埋于民，自藏于畔。其声销，其志无穷……"[④]	01 隐居

[①] （战国）庄子等著，（清）郭庆藩集释：《庄子集释》，卷7上《山木》，页744—749。
[②] （战国）庄子等著，（清）郭庆藩集释：《庄子集释》，卷7上《山木》，页744—751。
[③] （战国）庄子等著，（清）郭庆藩集释：《庄子集释》，卷8上《庚桑楚》，页842—848。
[④] （战国）庄子等著，（清）郭庆藩集释：《庄子集释》，卷8下《则阳》，页979—982。

(续表)

序号	称呼	出处	相关记载	分类
12	王子搜	《让王》	越人三世弑其君,王子搜患之,逃乎丹穴[1]	01 隐居
13	原宪	《让王》	原宪居鲁,环堵之室,茨以生草,蓬户不完,桑以为枢……原宪应之曰:"宪闻之:'无财谓之贫,学而不能行谓之病。'今宪,贫也,非病也。"[2]	01 隐居
14	曾子	《让王》	曾子居卫,缊袍无表,颜色肿哙,手足胼胝。三日不举火,十年不制衣,正冠而缨绝,捉衿而肘见,纳履而踵决[3]	01 隐居
15	北人无择	《让王》	舜以天下让其友北人无择,北人无择曰:"……欲以其辱行漫我。吾羞见之。"因自投清泠之渊[4]	01 隐居

---

[1] (战国)庄子等著,(清)郭庆藩集释:《庄子集释》,卷9下《让王》,页1060—1061。
[2] (战国)庄子等著,(清)郭庆藩集释:《庄子集释》,卷9下《让王》,页1068—1070。
[3] (战国)庄子等著,(清)郭庆藩集释:《庄子集释》,卷9下《让王》,页1070—1071。
[4] (战国)庄子等著,(清)郭庆藩集释:《庄子集释》,卷9下《让王》,页1078。

（续表）

序号	称呼	出处	相关记载	分类
16	卞随	《让王》	汤遂与伊尹谋伐桀，克之，以让卞随。卞随辞曰："……吾生乎乱世，而无道之人再来漫我以其辱行，吾不忍数闻也。"乃自投椆水而死①	01 隐居
17	瞀光（务光）	《让王》	汤又让瞀光……瞀光辞曰："……吾闻之曰：'非其义者，不受其禄；无道之世，不践其土。'况尊我乎！吾不忍久见也。"乃负石而自沈于庐水②	01 隐居
18	伯夷	《盗跖》	伯夷、叔齐辞孤竹之君而饿死于首阳之山，骨肉不葬③	01 隐居
19	叔齐	《盗跖》	饿死于首阳之山④	01 隐居

---

① （战国）庄子等著，（清）郭庆藩集释：《庄子集释》，卷9下《让王》，页1079—1080。
② （战国）庄子等著，（清）郭庆藩集释：《庄子集释》，卷9下《让王》，页1080。
③ （战国）庄子等著，（清）郭庆藩集释：《庄子集释》，卷9下《盗跖》，页1093。
④ （战国）庄子等著，（清）郭庆藩集释：《庄子集释》，卷9下《盗跖》，页1093。

（续表）

序号	称呼	出处	相关记载	分类
20	介子推	《盗跖》	介子推至忠也，自割其股以食文公，文公后背之，子推怒而去，抱木而燔死[1]	01 隐居
21	颜阖	《人间世》《让王》《达生》《列御寇》	鲁君闻颜阖得道之人也，使人以币先焉。颜阖守陋闾，苴布之衣而自饭牛。……故若颜阖者，真恶富贵也[2]	02 农渔牧
22	颜渊	《人间世》《大宗师》《让王》《山木》《天运》《至乐》《达生》《盗跖》《田子方》《知北游》《渔父》	颜回曰："回之家贫，唯不饮酒、不茹荤者数月矣。……"[3] 孔子谓颜回曰："回，来！家贫居卑，胡不仕乎？"颜回对曰："不愿仕。回有郭外之田五十亩，足以给飦粥；郭内之田十亩，足以为丝麻……回不愿仕。"[4]	02 农渔牧

---

[1] （战国）庄子等著，（清）郭庆藩集释：《庄子集释》，卷9下《盗跖》，页1093。
[2] （战国）庄子等著，（清）郭庆藩集释：《庄子集释》，卷9下《让王》，页1063。
[3] （战国）庄子等著，（清）郭庆藩集释：《庄子集释》，卷2中《人间世》，页161—162。
[4] （战国）庄子等著，（清）郭庆藩集释：《庄子集释》，卷9下《让王》，页1071—1072。

(续表)

序号	称呼	出处	相关记载	分类
23	伯成子高	《天地》	尧治天下,伯成子高立为诸侯。尧授舜,舜授禹,伯成子高辞为诸侯而耕。禹往见之,则耕在野①	02 农渔牧
24	汉阴丈人	《天地》	子贡南游于楚,反于晋,过汉阴,见一丈人方将为圃畦,凿隧而入井,抱瓮而出灌,搰搰然用力甚多而见功寡②	02 农渔牧
25	庄周	《秋水》《山木》《外物》	庄子钓于濮水,楚王使大夫二人往先焉,曰:"愿以境内累矣!"庄子持竿不顾 惠子相梁,庄子往见之。……惠子恐,搜于国中三日三夜。……庄子往见之,曰:"……今子欲以子之梁国而吓我邪?"③ 庄子衣大布而补之,正緳系履而过魏王④ 庄周家贫,故往贷粟于监河侯⑤	02 农渔牧

---

① (战国)庄子等著,(清)郭庆藩集释:《庄子集释》,卷5上《天地》,页464—465。
② (战国)庄子等著,(清)郭庆藩集释:《庄子集释》,卷5上《天地》,页475—477。
③ (战国)庄子等著,(清)郭庆藩集释:《庄子集释》,卷6下《秋水》,页662、663。
④ (战国)庄子等著,(清)郭庆藩集释:《庄子集释》,卷7上《山木》,页753。
⑤ (战国)庄子等著,(清)郭庆藩集释:《庄子集释》,卷9上《外物》,页1012。

（续表）

序号	称呼	出处	相关记载	分类
26	百里奚	《田子方》	百里奚爵禄不入于心，故饭牛而牛肥①	02 农渔牧
27	臧丈人	《田子方》	文王观于臧，见一丈夫钓……文王于是焉以为大师，北面而问曰："政可以及天下乎？"臧丈人昧然而不应，泛然而辞，朝令而夜遁，终身无闻②	02 农渔牧
28	牧马童子	《徐无鬼》	至于襄城之野，七圣皆迷，无所问涂。适遇牧马童子，问涂焉……小童曰："夫为天下者，亦奚以异乎牧马者哉？亦去其害马者而已矣。"③	02 农渔牧
29	公阅休	《则阳》	彭阳曰："公阅休奚为者邪？"曰："冬则擉鳖于江，夏则休乎山樊。……"④	02 农渔牧

---

① （战国）庄子等著，（清）郭庆藩集释：《庄子集释》，卷7下《田子方》，页787。
② （战国）庄子等著，（清）郭庆藩集释：《庄子集释》，卷7下《田子方》，页789—792。
③ （战国）庄子等著，（清）郭庆藩集释：《庄子集释》，卷8中《徐无鬼》，页908—912。
④ （战国）庄子等著，（清）郭庆藩集释：《庄子集释》，卷8下《则阳》，页959—962。

(续表)

序号	称呼	出处	相关记载	分类
30	善卷	《让王》	舜以天下让善卷,善卷曰:"余立于宇宙之中,冬日衣皮毛,夏日衣葛绨;春耕种,形足以劳动;秋收敛,身足以休息;日出而作,日入而息,逍遥于天地之间而心意自得。吾何以天下为哉?悲夫!子之不知余也!"遂不受。于是去而入深山,莫知其处[1]	02 农渔牧
31	石户之农	《让王》	舜以天下让其友石户之农,石户之农曰:"卷卷乎后之为人,葆力之士也。"以舜之德为未至也,于是夫负妻戴,携子以入于海,终身不反也[2]	02 农渔牧
32	鲍焦	《盗跖》	鲍焦饰行非世,抱木而死[3]	02 农渔牧

---

[1] (战国)庄子等著,(清)郭庆藩集释:《庄子集释》,卷9下《让王》,页1058。
[2] (战国)庄子等著,(清)郭庆藩集释:《庄子集释》,卷9下《让王》,页1059。
[3] (战国)庄子等著,(清)郭庆藩集释:《庄子集释》,卷9下《盗跖》,页1093。

（续表）

序号	称呼	出处	相关记载	分类
33	渔父	《渔父》	有渔父者下船而来，……客曰："吾闻之：可与往者与之，至于妙道；不可与往者，不知其道，慎勿与之，身乃无咎。子勉之！吾去子矣，吾去子矣。"乃刺船而去，延缘苇间①	02 农渔牧
34	庖丁	《养生主》	庖丁为文惠君解牛……②	03 技艺
35	支离疏	《人间世》	挫针治繲，足以糊口；鼓筴播精，足以食十人③	03 技艺
36	匠石	《人间世》	弟子厌观之，走及匠石，曰："自吾执斧斤以随夫子，未尝见材如此其美也。……"④	03 技艺
37	伯乐	《马蹄》	我善治马……⑤	03 技艺

---

① （战国）庄子等著，（清）郭庆藩集释：《庄子集释》，卷10上《渔父》，页1121—1124。
② （战国）庄子等著，（清）郭庆藩集释：《庄子集释》，卷2《养生主》，页130—137。
③ （战国）庄子等著，（清）郭庆藩集释：《庄子集释》，卷2中《人间世》，页199。
④ （战国）庄子等著，（清）郭庆藩集释：《庄子集释》，卷2中《人间世》，页187—193。
⑤ （战国）庄子等著，（清）郭庆藩集释：《庄子集释》，卷4中《马蹄》，页364。

(续表)

序号	称呼	出处	相关记载	分类
38	陶者	《马蹄》	我善治埴……①	03 技艺
39	匠人	《马蹄》	我善治木……②	03 技艺
40	轮扁	《天道》	桓公读书于堂上，轮扁斫轮于堂下，释椎凿而上，问桓公曰："……是以行年七十而老斫轮。"③	03 技艺
41	痀偻者承蜩	《达生》	仲尼适楚，出于林中，见痀偻者承蜩，犹掇之也④	03 技艺
42	津人	《达生》	颜渊问仲尼曰："吾尝济乎觞深之渊，津人操舟若神。吾问焉，曰：'操舟可学邪？'曰：'可。善游者数能。若乃夫没人，则未尝见舟而便操之也。'"⑤	03 技艺

① （战国）庄子等著，（清）郭庆藩集释：《庄子集释》，卷4中《马蹄》，页364。
② （战国）庄子等著，（清）郭庆藩集释：《庄子集释》，卷4中《马蹄》，页364。
③ （战国）庄子等著，（清）郭庆藩集释：《庄子集释》，卷5中《天道》，页537—539。
④ （战国）庄子等著，（清）郭庆藩集释：《庄子集释》，卷7上《达生》，页701—703。
⑤ （战国）庄子等著，（清）郭庆藩集释：《庄子集释》，卷7上《达生》，页703—704。

(续表)

序号	称呼	出处	相关记载	分类
43	纪渻子	《达生》	纪渻子为王养斗鸡①	03 技艺
44	蹈水丈夫	《达生》	孔子……见一丈夫游之,以为有苦而欲死也,使弟子并流而拯之。数百步而出,被发行歌而游于塘下。孔子从而问焉②	03 技艺
45	梓庆	《达生》	梓庆削木为鐻,鐻成,见者惊犹鬼神。鲁侯见而问焉,曰:"子何术以为焉?"对曰:"臣工人,何术之有!……"③	03 技艺
46	东野稷	《达生》	东野稷以御见庄公,进退中绳,左右旋中规④	03 技艺
47	工倕	《达生》	工倕旋而盖规矩,指与物化,而不以心稽,故其灵台一而不桎⑤	03 技艺

① (战国)庄子等著,(清)郭庆藩集释:《庄子集释》,卷7上《达生》,页718—719。
② (战国)庄子等著,(清)郭庆藩集释:《庄子集释》,卷7上《达生》,页719—721。
③ (战国)庄子等著,(清)郭庆藩集释:《庄子集释》,卷7上《达生》,页722。
④ (战国)庄子等著,(清)郭庆藩集释:《庄子集释》,卷7上《达生》,页724—725。
⑤ (战国)庄子等著,(清)郭庆藩集释:《庄子集释》,卷7上《达生》,页725。

(续表)

序号	称呼	出处	相关记载	分类
48	市南宜僚	《山木》《徐无鬼》《则阳》	市南子曰："君之除患之术浅矣。夫丰狐文豹，栖于山林，伏于岩穴，静也；夜行昼居，戒也；虽饥渴隐约，犹旦胥疏于江湖之上而求食焉，定也。然且不免于罔罗机辟之患，是何罪之有哉？其皮为之灾也。今鲁国独非君之皮邪？吾愿君刳形去皮，洒心去欲，而游于无人之野……"① 市南宜僚弄丸而两家之难解② 自埋于民，自藏于畔。……是其市南宜僚邪？③	03 技艺
49	郢人	《徐无鬼》	郢人垩慢其鼻端若蝇翼，使匠石斫之。匠石运斤成风，听而斫之，尽垩而鼻不伤，郢人立不失容④	03 技艺

① （战国）庄子等著，（清）郭庆藩集释：《庄子集释》，卷7上《山木》，页735—739。
② （战国）庄子等著，（清）郭庆藩集释：《庄子集释》，卷8中《徐无鬼》，页930。
③ （战国）庄子等著，（清）郭庆藩集释：《庄子集释》，卷8下《则阳》，页979—980。
④ （战国）庄子等著，（清）郭庆藩集释：《庄子集释》，卷8中《徐无鬼》，页922。

（续表）

序号	称呼	出处	相关记载	分类
50	匠石	《徐无鬼》	匠石运斤成风，听而斫之，尽垩而鼻不伤①	03 技艺
51	屠羊说	《让王》	楚昭王失国，屠羊说走而从于昭王。昭王反国，将赏从者，及屠羊说。……屠羊说曰："……说不敢当，愿复反吾屠羊之肆。"遂不受也②	03 技艺
52	季咸	《应帝王》	郑有神巫曰季咸，知人之生死存亡，祸福寿夭，期以岁月旬日，若神③	04 巫相小吏
53	老子（老聃）	《天道》《天运》《田子方》	孔子西藏书于周室，子路谋曰："由闻周之征藏史有老聃者，免而归居。夫子欲藏书，则试往因焉。"④	04 巫相小吏
54	巫咸䆾	《天运》	巫咸䆾曰："来！吾语女。天有六极五常，帝王顺之则治，逆之则凶。……"⑤	04 巫相小吏

① （战国）庄子等著，（清）郭庆藩集释：《庄子集释》，卷8中《徐无鬼》，页922。
② （战国）庄子等著，（清）郭庆藩集释：《庄子集释》，卷9下《让王》，页1067—1068。
③ （战国）庄子等著，（清）郭庆藩集释：《庄子集释》，卷3下《应帝王》，页328。
④ （战国）庄子等著，（清）郭庆藩集释：《庄子集释》，卷5中《天道》，页523—531。
⑤ （战国）庄子等著，（清）郭庆藩集释：《庄子集释》，卷5下《天运》，页544。

（续表）

序号	称呼	出处	相关记载	分类
55	画者	《田子方》	宋元君将画图。众史皆至，受揖而立；舐笔和墨，在外者半。有一史后至者……君曰："可矣，是真画者也。"①	04 巫相小吏
56	捶钩者	《知北游》	大马之捶钩者，年八十矣，而不失豪芒。大马曰："子巧与？有道与？"曰："臣有守也。臣之年二十而好捶钩……"②	04 巫相小吏
57	徐无鬼	《徐无鬼》	徐无鬼因女商见魏武侯，武侯劳之曰："先生病矣！苦于山林之劳，故乃肯见于寡人。"……徐无鬼曰："尝语君，吾相狗也。……吾相狗，又不若吾相马也。……"徐无鬼见武侯，武侯曰："先生居山林，食芋栗，厌葱韭，以宾寡人，久矣夫！今老邪？其欲干酒肉之味邪？其寡人亦有社稷之福邪？"徐无鬼曰："无鬼生于贫贱，未尝敢饮食君之酒肉，将来劳君也。"③	04 巫相小吏

---

① （战国）庄子等著，（清）郭庆藩集释：《庄子集释》，卷7下《田子方》，页788。
② （战国）庄子等著，（清）郭庆藩集释：《庄子集释》，卷7下《知北游》，页832—833。
③ （战国）庄子等著，（清）郭庆藩集释：《庄子集释》，卷8中《徐无鬼》，页895—904。

以上人物依其社会生活之背景分为四类。首先是"01隐居",即逃离名位利禄,隐身山泽岩穴,以贫穷或极端简约的方式生活,而无其他经济来源描述者。此类包含了南伯子綦、子桑、魏牟、列御寇(列子)、单豹、扁庆子、林回、大公任、孔子(仲尼)、庚桑楚、邻有夫妻臣妾登极者、王子搜、原宪、曾子、北人无择、卞随、瞀光(务光)、伯夷、叔齐、介子推,共20例。

这20例中多数都有隐身山林岩穴或生活困顿而不以为苦等描述文字,少数(如林回)只言其弃璧负子的想法,未进一步提到弃千金之璧之后,是否同时弃绝仕宦之路。不过这种逃离俗世价值的思想与其他诸例并无差别,因此也被列入其中。此外,逃避居官或利益未必穷居岩穴,如介子推、伯夷、叔齐皆入山而死;《让王》篇中北人无择、卞随、瞀光三人则直接投水自杀。逃避利禄与坚持某种理想是一体的两面,饿死、燔死或投水自杀,是比贫穷困顿更极端的表现,因此也将其一并列入。

《庄子》一书提到孔子(仲尼)的篇章极多,且内篇与外篇、杂篇对孔子的态度颇有差别,然而多数或尊崇或贬抑,只有《山木》篇直接使孔子遁身大泽,因此此处取此篇为证。

其次是"02农渔牧",即以农、渔或牧为社会生活之基础的有道之士。此类包含了颜阖、颜渊、伯成子高、汉阴丈人、庄周、百里奚、臧丈人、牧马童子、公阅休、善卷、石户之农、鲍焦、渔父,共13例。

隐逸而从事农、渔、牧等活动,或许应该被视为隐居类别的延伸来看待,毕竟藏身山泽岩穴不能吸风饮露。此处分类乃就《庄子》的文字而定,部分例子也有隐身山泽的记录。如善卷,虽有具体的耕种、收敛等农事文字,但最后亦为了逃避舜让天下而"入深山"。又如公阅休"冬则擉鳖于江,夏则休乎山樊",不只是隐遁于山泽而已,亦有"擉鳖"这般维持经济生活的记录。此外,或许可兼为第一类的还有石户之农,既称为"农",当以农事生活,但石户之农因舜让天下而举家"入于海",此番逃亡是否依旧务农,则没有进一步的说明。隐居山林岩穴与从事农渔牧等生产工作本不冲突,因此将有进一步记录的案例划入此类。

再次是"03技艺",即拥有特殊技艺以维持生活者,包含了庖、屠、画、御、渡人、养斗鸡以及各类工匠等。诸案例有庖丁、支离疏、匠石、伯乐、陶者、匠人、轮扁、痀偻者承蜩、津人、纪渻子、蹈水丈夫、梓庆、东野稷、工倕、市南宜僚、郢人、匠石、屠羊说,共18例。

某些技艺者并不为特定人群服务，如支离疏、匠石、蹈水丈夫、屠羊说之类。另外更多的如伯乐、轮扁、梓庆、东野稷等，则明显是为诸侯国的王公大臣提供技艺或服务，可以说是依附于贵族的基层百工，某些人物甚至可能具有小吏的身份。道家思想不以礼制名位来决定人的价值高度，《庄子》书特多技艺者，这一方面反映了战国时代都市工商业发达的盛况，另一方面代表着庄子以及庄子后学特别重视基层庶民的生活，并借此彰显那些藏身卑职贱位的有道之士。

最后是"04 巫相小吏"，是比起技艺者更多与贵族互动，甚至在官府中有固定编制的巫者、知晓相术之士，或明白记载为小吏的人物。包含了季咸、老子（老聃）、巫咸袑、画者、捶钩者、徐无鬼，共6例。

其中画者、捶钩者亦为技艺者，但因明确记载其为"史"或具有官衔"大马"，属小吏，因此特别移至第四类。老子为"周之征藏史"，与《史记》的记载相同[①]，因老子为道家鼻祖，因此将其列入。巫或相术者本为贵族之学，若第三类的技艺属于庶民生活之必需而受到贵族的供养，那么第四类的巫或相则属于将知识流动

[①] "周守藏室之史也。"见（汉）司马迁撰，[日]泷川资言考证，杨海峥整理：《史记会注考证》，卷63《老子韩非列传》，页3748。

传播至于社会基层的类型。季咸与巫咸䄂都是巫者,徐无鬼则近乎游士,只是因通相术而不仕。

以上诸例,简单整理如下。

其一,逃离利禄隐身山泽,通过贫穷甚至死亡来表达理想,而无其他经济来源描述者,共有20例。

其二,以农、渔、牧为一部分生活凭借的有道之士,共有13例。

其三,各类型的技艺者,且往往能通过技艺掌握道术,共有18例。

其四,身份为巫、相,或小吏的官府基层人员,共有6例。

《庄子》书中的隐居之士,有不少出身贵族却弃功名而藏身山泽岩穴,与前文所引《左传》《论语》所见之春秋时期相似,如《则阳》篇所云"自埋于民,自藏于畔。其声销,其志无穷"等。如比较《左传》之介之推与《论语》中的逸民隐者,不难发现《庄子》对于有道之士的想象,明显地继承了或再现了春秋时期隐逸生活的样子。其中有改造过的已知人物,也有依春秋隐逸典范样子而编造出的新人物,有辟逃而死者,亦有无名安居之隐者。

然而《庄子》毕竟是一本道家之书,多数案例皆凸显出道家养生或自得其乐的隐逸思想，其隐居所遂之"志"与《论语》中的"士志于道"①，有相当明显的差异。事实上，如以思想层面来整理《庄子》书中的隐逸案例，则所见何止数百例。历来对于庄子的隐逸思想已多论述，此处不再赘述其思想上的差异，只是思想的变化如与时代变迁息息相关，则是本书所要留意者。如《庄子》借魏牟之口所道出的名句："身在江海之上，心居乎魏阙之下，奈何？"可见士人除了在"隐"与"见"之间的理念差异之外，还必须面对理想与现实之间的拉扯。贵族可由其志而隐，隐士亦可能随种种原因而心向朝堂。这种例子在后世并不罕见，亦可见战国时代丰富而多元的士人样子。

贵族若辟逃名位，远离原有之生活供养，多少代表着必须以不熟悉的农耕、渔钓、畜牧等生产事业为生，如《让王》篇所云："万乘之公子也，其隐岩穴也，难为于布衣之士。"在这样的情况之下，农、渔、牧等活动也多带有贫穷之意，如颜渊有田足以给饘粥、为丝麻，但在《庄子》书中仍不得不维持着家贫的形象。然而若与春秋前期的隐者、逸民相比，则另一种情况在战国时

---

① 《论语集注》，卷2《里仁》，（南宋）朱熹集注：《四书章句集注》，页95。

代已然出现：所谓有道之士未必皆来自贵族，即使是庶民，甚至是奴仆，亦可与圣人谈论天道，而其本业或许便是这些万乘公子所"难为"者，如牧马童子之类。

这种情况在技艺类的诸多案例中尤其明显。如《达生》篇中所见的众多技艺者，其手艺之高超，已由技而入道，而其原始的身份恐怕皆非贵族公子，而是日复一日于基层社会从事此类活动的庶民或奴仆。此类例子之所以在《庄子》中特别多见，一方面与庄子不以贵族为高，也不以庶民为贱的思想有关，另一方面亦与战国时代整体社会氛围对知识与技艺的容纳度极高不无关系，可谓百家争鸣之余绪。因此鸡鸣狗盗之徒能成为孟尝君之客①，并于关键时刻对时局有所帮助。庄子与其后学不存偏见，因此更多以其事作论。

庶民通过技艺（或巫卜之事，或画技，或捶钩）从民间走向宫廷堂下，如第四类的巫相小吏之流，能在某种程度上提供给上层王侯某些建言或道理，却无野心获得更多权力，甚至甘居贵族眼中所谓"苦于山林之劳"。此类人物加上弃名隐于民间或山林的贵族，在战国时代正好汇流于士与庶民之间的模糊地带。前文述逸

---

① （汉）司马迁撰，[日]泷川资言考证，杨海峥整理：卷75《孟尝君列传》，页3055。

民之"逸",乃志、言、行不同程度上超逸于他人者,在春秋时期,逸民主要对比的对象是封建社会的其他贵族,但到了战国时代,对比的对象也包含了众多庶民。当"隐"士潜藏自我,居于市井或陇亩时,其知识、德行或所怀抱之理想,明显不同于其他屠贩耕钓者,则其"逸"亦从此间表现出来。换言之,同样是困顿于山泽岩穴,同样是隐藏其智慧名声,由于隐逸的出身背景以及与隐逸相对比的俗众,在战国时代各自有了不一样的意义,形成了内涵更为丰富的样子。

《论语》中所见的隐逸形象,在《庄子》书中多半有所重现,不论是人物的变形,或是隐居的具体样子。但除了儒家与道家在隐逸思想的差别之外,《庄子》书中对于隐逸的想象,也颇具有时代特色。在《庄子》书中,隐逸为有道之士高尚的生活表现,而有道之士除了来自上层贵族之辟逃名位,也来自基层庶民通过观察人生,或通过技艺而体察天道。这两种类型使《庄子》所创造的隐逸形象,表现出春秋之前所未见的庶民特色。更进一步地说,本书此节以《庄子》为中心论述士人对于隐逸的想象,而《庄子》立足于战国时代,其想象中的隐逸是否也具体地影响了战国时代其他史料中所见的隐士,从而创造了一种理想与现实一致的先秦隐逸典范呢？对此问题，本书的答案是肯定的。

在第二章中，本书将具体考察战国时代的不仕之士，并发现战国时代的不仕之士与《庄子》书中所见的有道之士有相当程度的相似性，可见《庄子》的想象并非纯然空想，某种程度上也是战国士人对"隐逸"的实践方式。

"不仕之士"：士人的政治抉择及其社会基础

相对于隐逸复杂的内涵，"不仕"的定义相对单纯得多。前文引述将"隐"与"不仕"等同的诸家研究者，实际上其所定义的"隐士"，往往都是本书所定义的"不仕之士"。如蒋波的"隐士"是指："那些具备一定文化素养、有机会或有条件出仕，却因为各种原因一生或人生某个阶段选择不仕或暂时不仕，或曾经出仕为官却因故主动去官不仕的人。"又如许尤娜如此定义"隐逸"："隐逸的基本涵义，可谓：面对时代处境，主动逃开仕宦机会，持藏身不出仕的政治态度；或具有此种态度的个人、群体。"[①]

[①] 许尤娜：《隐者、逸民、隐逸概念内涵之厘清——以东汉之前为限》，《魏晋隐逸思想及其美学涵义》，页255。

由于"隐"有各种多样的面貌，如蒋波或许尤娜这样的定义，或许可谓隐士的最大公约数，可以符合数量最多的隐逸情况。然而如同前面几节所论："不仕"未必便是"藏身"，亦即未必能被称为"隐"。逃开仕宦机会而不出仕，直称为"不仕"，或许更加精确。因此本书所谓"不仕"，便借许尤娜之说定义为："主动逃开仕宦机会，亦即其必须有拒绝仕宦的意愿，并且至少有过一段时间处于无职在身的情况。"

不过由于古代史的史料记载未必如此详尽，常有语焉不详之处，因此多数时候本书不得不采取较宽松的案例收录标准：若史书有明确的"不仕""不宦""隐"等文字记载，且无法判断其离开官场并非迫于无奈，或无法判断该案例无职在身实际上是"不得仕"而非不仕，则将其列入讨论之中，以广见古代士人之样子。

除此之外，在战国之后的不同时代当中，仕与不仕之间，也未必是整整齐齐一刀切开的断面，可能存在着不少游离两端的状态。如宾客、游侠、私剑等身份，可能某种程度上为王公所用，却未承担官职，未必能称之为"仕"。如有此类现象，则本书各章会在开始讨论案例之前，先行厘清该时代可能出现的模糊空间，并为该章节的案例取材找出一些讨论的原则。

本书不拟深入探讨隐逸思想变迁的内在理路，一方面因为学界在隐逸思想方面的研究已然不少，另一方面本书试图通过"不仕"此一现象，向两个层面挖掘更多的历史文化变迁脉络。第一层面主要讨论时代变迁的问题，亦即政治社会的变化与士人仕或不仕的政治抉择，是用什么样的方式互动？大环境的变化如何影响士人的去就决定？或者倒过来说，士人如何通过自身的去就，为政治社会的变化施加压力？第二层面则要讨论士群体的组成问题，什么样的士人会更加留心于仕与不仕之间的抉择？"不仕"现象主要兴盛于东汉，而本书主要讨论的时代范围是战国至两汉之际，在这段时间当中，士群体发生了什么变化，导致东汉时大量出现不仕之士？

为了厘清更多士与政治社会的互动，本书自然必须采取更加注重外缘条件的考察方式。进入战国时代之后，士人若选择"不仕"，是什么样的力量在支持其选择呢？过往的研究多半集中于精神层面的论述（如隐逸观念的形成等），前文所引述的前辈学者也多采取这样的切入角度，然而除了个人的抉择之外，一个社会现象的出现必然也伴随着时代文化等外缘条件的支持，如史料可见汉代的不仕者常有讲学事业，汉代士群体彼此之间对于"不仕"也多有正面的表彰，等等。本书将这样众多不仕之士所拥有或集体创造出来的社会支持力量称为"社会基础"①，在后面的章节当中，会将不仕之士的知识背景、宗族互助情况、经济生活与财富等，用"社会基础"来进行概括，并以此来开展相关的讨论。

长期以来学界对于不仕之士的研究，多半聚焦于"隐逸"这部分，鲜少讨论其拒绝入仕的社会基础。即使有所触及，也多半以个案的方式呈现，因此无法妥善地说明各种例外。有鉴于此，本书最主要的研究方法，便是大量搜集不仕之士的史料，尽可能地将秦汉时期的不仕之士登录、制表，以量化分析的方式，探讨其社会基础的比例与变化，并将这些从史料当中被搜集而来的案例，与秦汉之政治、社会、学术文化做对照。

量化分析的一大重点，在于将不仕之士的社会基础分类统整。不同时代的不仕之士会有不同的社会基础，以经济生活而论，诸如投靠贵族或达官成为食客，宗族或家庭的支持，通经讲学的收入，宗教信仰者的供养，依赖田产收租，务农或佃作，以及以经商、工艺、帮

---

① 毛汉光在《中国中古社会史论》中亦有"社会基础"一词，其"社会基础"的主要意义为统治阶层维持统治所拥有或塑造的社会势力，在该书中主要论述士族。本书所论为不仕之士，并非毛先生所谈论的统治阶层，因此"社会基础"之概念虽与毛先生所论有相通之处，但内涵差异不小。见毛汉光《中古统治阶层之社会基础》，《中国中古社会史论》（台北：联经出版社，1988年），页3—30。

佣、占卜等其他技能为生，等等，都是不仕之士常见的经济基础。贫困度日也是不仕之士的选项之一，若经济基础极为薄弱，甚至朝不保夕，其社会基础便不在于经济能力，而是在于社会风气、学术思想以及士人心态的影响。

本书讨论范围上起战国，中跨秦与西汉，下全两汉之际。部分两汉之际的案例可延伸到东汉初年光武帝时期。东汉以后，由于不仕之士的案例数量急遽增加，且其中又有相当程度的变化。所以战国至两汉之际的不仕现象演变出了东汉时期的时代样子，而东汉时期的不仕现象则开启了魏晋南北朝的时代样子。因此或限于篇幅，或因论题选择，东汉不仕之士的研究都应另开新编处理。

第二章

争鸣与无迹：
战国时期的不仕之士

战国时期"不仕"的多样性

战国时代因列国竞争空前激烈，尚贤、礼贤思想抬头，士与国君之间的关系，既可为君臣，亦可为师友，即使不居官受禄，仍可得到国君或贵族公子的慎重礼遇，其阶级关系远不若封建时代严密。战国时期不少士人甚至以"师"之位自居，而自高于国君之上。[1] 因为如此，战国士人能以游士、宾客以及任侠、剑客等不同形态，游走在仕与隐之间。[2] 在正式进入探讨不仕之士之前，不得不说这些不同形态的士人也各自有其"不仕"的样子，

---

[1] 余英时：《古代知识阶层的兴起与发展》，《士与中国文化》，页35—43。
[2] 钱穆先生认为，战国士人将其注意的精神"自贵族身上转移到自己一边来"，"可见贵族与游仕在社会上地位之倒转"，此意见为余英时论述战国士人之起点。此外，钱先生将士人约略分为五派，分别为劳作派、不仕派、禄仕派、义仕派、退隐派。本书所论之"不仕"之意大于钱先生所言，不过亦可知钱先生认为"退隐"之外尚有"不仕"一类。见钱穆《国史大纲》（《钱宾四先生全集》第27册，台北：联经出版社1994年），页118—121。

以下将依次论之。

先说游士。易天任在《先秦知识分子——"士"阶层研究》一文中如此界定游士:"无知识者不得为游士,无从政之企图与行为者亦不得为游士;未任官前可称游士,但已进入官僚体系后不称游士。"因此除了周游、迁徙求仕之外,易天任再以"知识性"以及"政治性"来加强定义,亦即具有政治主张且周游以主动求仕之士人,方可被称为游士。①

易天任之论述略过了一个情况,若士人周游仍不得仕,则其既非仕宦,亦与"无出仕之意愿与作为"的"隐士"不同。如《史记·孟子荀卿列传》云:

> 游事齐宣王,宣王不能用。适梁,梁惠王不果所言,则见以为迂远而阔于事情。……天下方务于合从连衡,以攻伐为贤,而孟轲乃述唐、虞、三代之德,是以所如者不合。退而与万章之徒,序《诗》《书》,述仲尼之意,作《孟子》七篇。②

---

① 易天任:《先秦知识分子——"士"阶层研究》(高雄:高雄师范大学国文学系博士学位论文,指导教授:周虎林,2010年7月),页87。
② (汉)司马迁撰,[日]泷川资言考证,杨海峥整理:《史记会注考证》,卷74《孟子荀卿列传》,页3036。

孟子之不仕，一方面在于齐、梁诸国不能用，使本有游事之心的孟子不得仕，但孟子最终"退而与万章之徒，序《诗》《书》"。而《孟子·滕文公下》云："古之人未尝不欲仕也，又恶不由其道。"① 可见孟子多少有主动求去之意。此精神上承孔子之去鲁，是欲仕而现实条件无法满足的不仕。

另一个例子，则是鲁仲连：

> 鲁仲连者，齐人也。好奇伟俶傥之画策，而不肯仕宦任职，好持高节。游于赵。

> 于是平原君欲封鲁连，鲁连辞让使者三，终不肯受。……鲁连笑曰："所贵于天下之士者，为人排患释难解纷乱而无取也。即有取者，是商贾之事也，而连不忍为也。"遂辞平原君而去，终身不复见。

> （田单）归而言鲁连，欲爵之。鲁连逃隐于海上，曰："吾与富贵而诎于人，宁贫贱而轻世肆志焉。"②

---

① 《孟子集注》，卷6《滕文公下》，（南宋）朱熹集注：《四书章句集注》，页372。
② （汉）司马迁撰，[日]泷川资言考证，杨海峥整理：《史记会注考证》，卷83《鲁仲连邹阳列传》，页3195、3203、3208。

《史记》记载鲁仲连在逃隐于海上之前,凭一己之说,牵动了秦、赵、魏、齐、燕的局势,具有典型的战国纵横游士风采。然而鲁仲连"不肯仕宦任职",对于平原君与田单欲封其爵位也坚决不受,相对于孟子之"恶不由其道",鲁仲连从根本上否定了仕宦。就此例子而言,鲁仲连先是一个不仕之游士,全凭个人的力量去牵引并改变当时诸国之间的政治局势,这在战国时代恐怕并非常见的例子。鲁仲连对于政治有自己的看法,却又不受封且抗拒仕宦任职,最后迫不得已才转为"隐士"。司马迁云鲁仲连"好持高节",这样的理念不可不谓东汉节士遥远的先祖。

游士如非本有封邑之贵族,周游又不得晋用,则不仕之游士恐难有富裕的生活。孟子论古之君子何如则仕,有"所就三""所去三",其中有"朝不食,夕不食,饥饿不能出门户""免死而已矣"的情况。① 对照《史记》中苏秦的"出游数岁,大困而归"②、张仪的"贫无

---

① 《孟子集注》,卷12《告子下》,(南宋)朱熹集注:《四书章句集注》,页486。
② (汉)司马迁撰,[日]泷川资言考证,杨海峥整理:《史记会注考证》,卷69《苏秦列传》,页2892。

行"①、范雎的"家贫无以自资"②等记载,"饥饿不能出门户"恐怕是游士不得仕的生活常态。

再说宾客。由于游士生活多数贫苦,在"免死而已矣"的条件下若仍得不到游说国君以入仕的机会,亦可进入贵族、权臣之门,成为其宾客。宾客与仕宦并不相同,仕宦得任国政军事,宾客则为权贵之储备人才,若权贵掌有国政大权,则宾客便能通过权贵,进一步进入政府任官。换言之,权贵之门异于公家,乃属私门。这对本书的论题来说,有一大难处:封建时代的贵族各有封地,战国时代豢养宾客的贵族公子势力之大,几乎相当于小国封君,那么其下宾客的仕与不仕,又该如何看待?

私门宾客多半不会拒绝进入宦途,如李斯本为吕不韦舍人,后被秦王拜为长史,后又接连升为客卿、廷尉、丞相,非但无拒仕之心,甚至极为恋栈。另一个著名的例子则是《史记》《战国策》中的冯骧(《战国策》作冯谖)。冯骧与李斯正好相反,似乎始终都是孟尝君的宾客,只是史料并未记载冯骧是否有机会入仕齐、魏,因此是否拒仕不得而知。从史料当中并未看到战国时期

---

① (汉)司马迁撰,[日]泷川资言考证,杨海峥整理:《史记会注考证》,卷70《张仪列传》,页2945。
② (汉)司马迁撰,[日]泷川资言考证,杨海峥整理:《史记会注考证》,卷78《范雎蔡泽列传》,页3117。

有私门宾客明确拒绝为国所用者，因此私门宾客是否可被称为"仕"，或尚有疑问，但私门宾客之"不仕"，若得见则当以个案处理。

战国时期以养客著名的私门，莫过于齐之孟尝君、魏之信陵君、楚之春申君以及赵之平原君四公子。游士能至公卿者，固然为士之翘楚，然而战国时期士群体膨胀，人数既多，流品亦杂，中下阶层的游士甚至更低的流品，在维持生活与迁徙求用的过程中，只能以成为宾客的方式寄食于这些权贵私门。再以冯𬴊为例，冯𬴊"以贫身归"孟尝君，先后由"食无鱼""食有鱼"升级到"出入乘舆车"。当冯𬴊再弹剑长歌"无以为家"时，《史记》记载了"孟尝君不悦"，《战国策》则言"左右皆恶之"，显然超出了当时拥权势者招待宾客的极限。① 余英时认为，私门养士以"足衣足食"为主，因此史书以"食客"通称这些宾客，此外似别无经常性的薪给。②

成为宾客是游以求仕过程中的一种选择，但宾客未必皆为士。信陵君评论平原君曰："平原君之游，徒豪

---

① （汉）司马迁撰，[日]泷川资言考证，杨海峥整理：《史记会注考证》，卷75《孟尝君列传》，页3062。诸祖耿编撰：《战国策集注汇考》（南京：凤凰出版社，2008年），卷11《齐四》，页591。关于此故事两段文献记载差异不大，《战国策》多了一段孟尝君使人给冯谖老母食用，"无使乏"的文字。
② 余英时：《古代知识阶层的兴起与发展》，《士与中国文化》，页46—48。

举耳,不求士也。"① 言中颇有讥讽之意,可谓对平原君门下宾客相当直接的否定。余英时亦言:"有些所谓'士'如狗盗、鸡鸣之辈根本不是知识分子。"② 狗盗、鸡鸣之辈特指孟尝君之宾客,在《战国策》中已有鲁仲连讥孟尝,"君之好士未也"③,后又有王安石论其为"特鸡鸣、狗盗之雄耳"④。显然这些宾客的品质良莠不齐,在当代便颇受讥刺。《史记》述孟尝君列鸡鸣、狗盗于宾客时,便已有"宾客尽羞之"的情况:

> 始孟尝君列此二人于宾客,宾客尽羞之,及孟尝君有秦难,卒此二人拔之。自是之后,客皆服。⑤

鸡鸣、狗盗之辈为宾客所羞,可见其素质低下。但后来又因有此一技,能助主君脱难而获得"客皆服"的肯定,显见其他宾客徒列位而未能有所贡献,则整体素

---

① (汉)司马迁撰,[日]泷川资言考证,杨海峥整理:《史记会注考证》,卷77《魏公子列传》,页3095。
② 余英时:《古代知识阶层的兴起与发展》,《士与中国文化》,页48。
③ 诸祖耿编撰:《战国策集注汇考》,卷11《齐四》,页603—604。
④ (北宋)王安石:《读孟尝君传》,见《王临川集》(台北:台湾商务印书馆,1968年)第七册,卷71《杂著》,页91。
⑤ (汉)司马迁撰,[日]泷川资言考证,杨海峥整理:《史记会注考证》,卷75《孟尝君列传》,页3055—3056。

质可想而知。孟尝君号称"食客三千人"①，实际上所招致之"诸侯宾客及亡人有罪者"距离"天下之士"的标准，实在有段距离。钱穆先生云："四公子门下，真士少，伪士多。"②良有以也。

在战国四公子中，孟尝君极为下士，因此其宾客水平颇为参差，尽管如此，其中依旧有冯驩之类的纵横策士。平原君可能得贤最多，宾客中赵奢、虞卿、公孙龙等皆为良士。信陵君门下宾客无足称者，但宾客之外，诸如侯嬴、毛公等民间隐士却乐于相助，甚而以命相从，亦不可不谓之能得士。春申君门下最为暗淡，虽有朱英而不能避李园之祸，宾客三千余人徒有"上客皆蹑珠履以见赵使"③这样的豪奢之举可称道而已。④就《史记》《战国策》所见，私门食客当中固然有些不向上争取仕宦的士人，但其中具有智慧或德行的"士"已然不多，"不仕之士"恐怕更是少之又少。

不过，如果不以"仕"来看待这些饱受讥评的宾客，而是以道家式的有道者（如第一章所见的《庄子》书中

---

① （汉）司马迁撰，[日] 泷川资言考证，杨海峥整理：《史记会注考证》，卷75《孟尝君列传》，页3065。
② 钱穆：《国史大纲》，页122。
③ （汉）司马迁撰，[日] 泷川资言考证，杨海峥整理：《史记会注考证》，卷78《春申君列传》，页3111。
④ 钱穆：《国史大纲》，页121—122。

特殊技艺者等）来重新审视战国时期的这些特殊人才的话，或许更能看出战国四公子何以如此豪举养客。战国公子的养士之风，与君王不断地试图从民间获取更多的知识、技能一样，都致力于更大机会地得到人才。换言之，战国时代的特殊情况使上层社会努力地去扩大"士"与"庶民"之间的模糊地带，犹如增加沙中淘金的范围一样。这一方面使百家争鸣的趋势愈演愈烈，另一方面也催生了如庄子般不求闻达的知识分子，深思无迹于世的可能性。对于战国时期的不仕之士与第一章《庄子》书中所见的有道者，后文还会详论。

回到宾客的议题。私门能养宾客，国君自然亦能养客，只是以君王之高度，其宾客之流品与学识，自然非私门食客可以比拟。其中最著名的，莫过于齐国的稷下学士，《史记》记载：

> 宣王喜文学游说之士，自如驺衍、淳于髡、田骈、接子、慎到、环渊之徒七十六人，皆赐列第为上大夫，不治而议论。是以齐稷下学士复盛，且数百千人。①

---

① （汉）司马迁撰，[日]泷川资言考证，杨海峥整理：《史记会注考证》，卷46《田敬仲完世家》，页2385。

> 于是齐王嘉之，自如淳于髡以下，皆命曰列大夫，为开第康庄之衢，高门大屋尊宠之。览天下诸侯宾客，言齐能致天下贤士也。①

所谓"赐列第为上大夫"乃供养比同上大夫之意，稷下学士为国君之客，并非仕宦，因此称"不治而议论"。余英时云这些士人依旧"保持着自由知识分子的身份"②，如稷下学士中的淳于髡，必要的时候，齐王可请之使他国，③作为正式的使者，或可称为任务性地担任官职。但淳于髡应无长期任官，多数时候可能更享受作为"不治而议论"的国君之客，而抗拒仕宦。在《史记》中，梁惠王"卑礼厚币以招贤者"④，而淳于髡至，最终又以"终身不仕"离开：

> 淳于髡，齐人也。博闻强记，学无所主。其

---

① （汉）司马迁撰，[日]泷川资言考证，杨海峥整理：《史记会注考证》，卷74《孟子荀卿列传》，页3044。
② 余英时：《古代知识阶层的兴起与发展》，《士与中国文化》，页44。
③ 《史记·滑稽列传》称淳于髡："滑稽多辩，数使诸侯，未尝屈辱"，"齐王使淳于髡之赵请救兵"。见（汉）司马迁撰，[日]泷川资言考证，杨海峥整理：《史记会注考证》，卷126《滑稽列传》，页4187、4188。
④ （汉）司马迁撰，[日]泷川资言考证，杨海峥整理：《史记会注考证》，卷44《魏世家》，页2310。

谏说，慕晏婴之为人也，然而承意观色为务。客有见髡于梁惠王，惠王屏左右，独坐而再见之，终无言也。……后淳于髡见，壹语连三日三夜无倦。惠王欲以卿相位待之，髡因谢去。于是送以安车驾驷，束帛加璧，黄金百镒。终身不仕。①

如此段记载，淳于髡见梁惠王自始便是游士本色，可以议论进说，又具有稷下学士的习性，不受任官尽责之束缚。②而梁惠王除了礼贤之外，本身亦如当时王侯之传统养客，因此方有"客有见髡于梁惠王"之事。

淳于髡之外又有田骈，其不仕颇受齐人之讥。《战国策》记云：

齐人见田骈，曰："闻先生高议，设为不宦，而愿为役。"田骈曰："子何闻之？"对曰："臣闻之邻人之女。"田骈曰："何谓也？"对曰：

---

① （汉）司马迁撰，[日]泷川资言考证，杨海峥整理：《史记会注考证》，卷74《孟子荀卿列传》，页3042—3043。
② 《吕氏春秋·壅塞》中有淳于髡拒傅齐太子之记录："齐王欲以淳于髡傅太子，髡辞曰：'臣不肖，不足以当此大任也，王不若择国之长者而使之。'"此事仅见于《吕氏春秋》，未必可信，但或许侧面表现出淳于髡抗拒承担官职的一面。见（战国）吕不韦著，陈奇猷校释：《吕氏春秋新校释》（上海：上海古籍出版社，2002年），卷23《壅塞》，页1579。

"臣邻人之女,设为不嫁,行年三十,而有七子,不嫁则不嫁,然嫁过毕矣!今先生设为不宦,訾养千钟,徒百人。不宦则然矣,而富过毕也!"田子辞。①

淳于髡、田骈皆有不仕的记录,却常与王侯来往,名满天下,是战国游士不仕的典型例子。二人与孟子的情况十分类似,都是国君之客,生活受国君之供养,而报答以学识或政治建言。此类不仕的渊源远比私门养士更早,或者说,私门养士乃贵族僭越仿效国君礼贤而来,二者当有直接的关联。

私门养客除了仿效国君礼贤之外,又与当时的任侠风气有关。所谓侠,或称游侠,是战国时期以信诺待士风气下的产物,其代表人物便是战国四公子。《史记·游侠列传》为记载古代游侠最重要的文献:

今游侠,其行虽不轨于正义,然其言必信,其行必果,已诺必诚,不爱其躯,赴士之阨困,既已存亡死生矣,而不矜其能,羞伐其德,盖亦有足多者焉。

---

① 诸祖耿编撰:《战国策集注汇考》,卷11《齐四》,页624—625。

古布衣之侠，靡得而闻已。近世延陵、孟尝、春申、平原、信陵之徒，皆因王者亲属，藉于有土卿相之富厚，招天下贤者，显名诸侯，不可谓不贤者矣。比如顺风而呼，声非加疾，其埶激也。至如闾巷之侠，修行砥名，声施于天下，莫不称贤，是为难耳。然儒、墨皆排摈不载。自秦以前，匹夫之侠，湮灭不见，余甚恨之。①

"侠"为古代中国极为迷人的一种特殊身份，能"不爱其躯，赴士之阨困"，且具有"言必信，其行必果，已诺必诚"之特质。从司马迁的记载来看，古代游侠可分为"有土卿相之侠"以及"闾巷布衣之侠"两种，其原则上是一致的，差别在于是否有招天下贤者之"富厚"的资本。为何游侠"赴士之阨困"需要"有土卿相之富厚"呢？原因在于所谓"言必信、行必果"的作为，与护持"私剑"有关。钱穆先生云：

侠乃养私剑者，而以私剑见养者非侠。故孟尝、春申、平原、信陵之谓"卿相之侠"，朱家、

---

① （汉）司马迁撰，[日]泷川资言考证，杨海峥整理：《史记会注考证》，卷124《游侠列传》，页4164、4166—4167。

郭解之流谓"闾巷布衣之侠";知凡侠皆有所养,而所养者则非侠。①

所谓私剑与养私剑者,《韩非子》有如此形容:

> 行剑、攻杀,暴憿之民也,而世尊之曰:"磏勇之士";活贼、匿奸,当死之民也,而世尊之曰:"任誉之士"。②

卢文弨曰:"'誉',疑是'侠'③,与《史记》等文献合而观之,任侠就是'活贼''匿奸'的养私剑者。"因此战国后期号称食客三千的四公子,其手下除了游士之外,当然也聚集了不少私剑。私剑所奉行的并非政府的法令,而是个人的承诺,而养私剑亦相当于以个人的能力,最大限度地保护私剑不受政治或其他势力的干扰。

---

① 钱穆:《释侠》,收录于《中国学术思想史论丛(二)》(台北:东大图书公司,2021年二版1刷),页144。
② (清)王先慎撰,锺哲点校:《韩非子集解》(北京:中华书局,1998年),卷18《六反》,页416。
③ (清)王先慎撰,锺哲点校:《韩非子集解》,卷18《六反》,页416。按:"任誉"未必字误,然此处犹言任侠,参见(战国)韩非著,陈启天校释《增订韩非子校释》(台北:台湾商务印书馆,1969年),卷1《六反》,页88。

换言之，私剑与养私剑者，是双方皆以生命去承诺彼此，并在有需要时做出"不爱其躯，赴士之阨困"的奉献。

游侠既非游士，也非宾客。《史记·游侠列传》所见皆非仕宦之士，而韩非子更是以"侠以武犯禁"①表达游侠与政治权力互斥的情况。孟尝君与信陵君皆有挟封邑养士自重的情况，并借此依违于列强之间。信陵君留赵十年之间"赵王以鄗为公子汤沐邑，魏亦复以信陵奉公子"②，而孟尝君引外敌共伐破齐，之后又"中立于诸侯，无所属"③。这些有土卿相的社会基础相当于一小国君主，因此其与一般士人之"仕"与"不仕"，不可等而视之。此外，不论是"显名诸侯"或"声施于天下，莫不称贤"的闾巷游侠，即令其"不仕"，亦与"隐"之隐姓埋名有所区别。

见养于游侠之下的剑客，所谓"磏勇之士"，未必纯属武士，亦有如荆轲这等"好读书击剑"，兼有学术与勇力文武全才之士。④若客纯以武力为雄，是否亦能称

---

① （清）王先慎撰，锺哲点校：《韩非子集解》，卷19《五蠹》，页449。
② （汉）司马迁撰，[日]泷川资言考证，杨海峥整理：《史记会注考证》，卷77《魏公子列传》，页3094。
③ （汉）司马迁撰，[日]泷川资言考证，杨海峥整理：《史记会注考证》，卷75《孟尝君列传》，页3061。
④ （汉）司马迁撰，[日]泷川资言考证，杨海峥整理：《史记会注考证》，卷86《刺客列传》，页3285。

为"不仕之士"？首先磋勇之士不论被称为勇士还是力士，在战国时期被视为"士"当无可怀疑。然而"仕"指进入官僚组织担负国政，而剑客报答知己而献身，所肩负的则未必是国政。如《史记·刺客列传》中的聂政：

> 聂政者，轵深井里人也。杀人避仇，与母、姊如齐，以屠为事。
>
> 久之，濮阳严仲子事韩哀侯，与韩相侠累有郤。严仲子恐诛，亡去，游求人可以报侠累者。至齐，齐人或言聂政勇敢士也，避仇隐于屠者之间。……
>
> 乃遂西至濮阳，见严仲子曰："前日所以不许仲子者，徒以亲在；今不幸而母以天年终。仲子所欲报仇者为谁？请得从事焉！"①

聂政杀人避仇而"隐于屠者之间"，其"隐"本非拒绝仕宦，此为其一。严仲子奉金游求报仇者，而聂政拒绝的理由是"亲在"故不以身许人。若严仲子是求其为国所用，那么聂政当可称为"不仕"，但严仲子所求乃因私怨，因此聂政之不许仲子，并非"不仕"，之后

---

① （汉）司马迁撰，[日]泷川资言考证，杨海峥整理：《史记会注考证》，卷86《刺客列传》，页3278—3280。

为知己所用,也不能被称为"仕",此为其二。

与聂政略有差别的,则有朱亥。《史记·魏公子列传》记载:

> 侯生谓公子曰:"臣所过屠者朱亥,此子贤者,世莫能知,故隐屠间耳。"公子往数请之,朱亥故不复谢,公子怪之。
>
> ……公子行,侯生曰:"将在外,主令有所不受,以便国家。公子即合符,而晋鄙不授公子兵而复请之,事必危矣。臣客屠者朱亥可与俱,此人力士。晋鄙听,大善;不听,可使击之。"……于是公子请朱亥。朱亥笑曰:"臣乃市井鼓刀屠者,而公子亲数存之,所以不报谢者,以为小礼无所用。今公子有急,此乃臣效命之秋也。"①

此段资料表现了朱亥有多重身份,既是"屠者",又是"贤者",且为"力士"。依内容来看,所谓"贤者"之"贤",应该不离行剑攻杀之能。再从朱亥之言语来看,早先"公子亲数存之"而不报谢,可视为对于

---

① (汉)司马迁撰,[日]泷川资言考证,杨海峥整理:《史记会注考证》,卷77《魏公子列传》,页3090、3092。

仕宦、游食的主动拒绝，并非犯罪不见容于官府而逃亡隐身。之后为信陵君效力，亦非满足信陵君之私利，而是为了国家。然而朱亥是否应信陵君之请，则与仕宦无关。《魏公子列传》记载："魏王畏公子之贤能，不敢任公子以国政。"① 显见信陵君私募宾客乃为己用，朱亥之不奉请，是拒绝成为宾客。为信陵君效力，亦非王命，同样与仕宦无关。虽然如此，朱亥之于信陵君，或许不能称为拒仕，但在侯生为信陵君引见之前，已经先有"此子贤者，世莫能知"的评价了。何以身为贤者却世莫能知？从其后对信陵君的态度来看，朱亥多少有刻意隐匿名声之企图，因此其未遇信陵君之前"隐屠间"的情况，或可视为不仕。

磏勇之士勉强有仕或不仕之抉择的，史籍中当以田光与荆轲为代表：

> 秦王之遇燕太子丹不善，故丹怨而亡归。归而求为报秦王者，国小，力不能。其后秦日出兵山东以伐齐、楚、三晋，稍蚕食诸侯，且至于燕，燕君臣皆恐祸之至。太子丹患之……

---

① （汉）司马迁撰，[日]泷川资言考证，杨海峥整理：《史记会注考证》，卷77《魏公子列传》，页3088。

太子逢迎，却行为导，跪而蔽席。田光坐定，左右无人，太子避席而请曰："燕秦不两立，愿先生留意也。"田光曰："臣闻骐骥盛壮之时，一日而驰千里；至其衰老，驽马先之。今太子闻光盛壮之时，不知臣精已消亡矣。虽然，光不敢以图国事，所善荆卿可使也。"

……久之，荆轲曰："此国之大事也，臣驽下，恐不足任使。"太子前顿首，固请毋让，然后许诺。①

此段故事耳熟能详，其中值得注意的是，燕太子丹求刺客入秦，所谋固然有其私心，但燕亡国在即，刺秦亦不得不为燕君臣之意向。因此太子丹之请田光与荆轲，皆为委任国事。田光以衰老拒绝，当为不仕。与其相对，荆轲奉燕之命入秦献地，则背负着燕国使臣之名。尽管这类使臣多半是任务型的职位，但仍可被称为"仕"。那么荆轲在此之前并未担任官职，是否能称之为不仕？细读《刺客列传》，荆轲"以术说卫元君，卫元君不用"，是不得仕，此后游历赵、燕等地，虽与"贤豪长

---

① （汉）司马迁撰，[日]泷川资言考证，杨海峥整理：《史记会注考证》，卷86《刺客列传》，页3286、3288、3290。

者相结"，却未有仕宦机会，如非田光引见，太子丹亦不识荆轲。此后其允诺使秦，则不能以不仕之士视之。

值得注意的是，田光与荆轲，皆非纯然的剑客或力士。《刺客列传》称荆轲"好读书击剑"，也曾经"以术说卫元君"，显然是兼擅道术与剑术的游士。至于田光，太子丹之太傅鞠武对其有如此评价："燕有田光先生，其为人智深而勇沈，可与谋。"说明其同样也是智勇兼备的人物，与秦舞阳之流不可相提并论。①

"不仕"未必为"隐"，史料记载士人为"隐"时，也未必"不仕"，已如本书第一章所论。如侯嬴之"隐"，乃隐于小吏之职：

> 魏有隐士曰侯嬴，年七十，家贫，为大梁夷门监者。公子闻之，往请，欲厚遗之。不肯受，曰："臣修身洁行数十年，终不以监门困故而受公子财。"②

---

① 皆见《刺客列传》。按：荆轲以刺客之名为后世所知，然盖聂曰："曩者吾与论剑有不称者。"又鲁句践云："惜哉其不讲于刺剑之术也！"当世剑客显然并不认同他的剑术。作为游士，荆轲当以"为人沈深好书"为主。见（汉）司马迁撰，[日]泷川资言考证，杨海峥整理：《史记会注考证》，卷86《刺客列传》，页3285—3295。
② （汉）司马迁撰，[日]泷川资言考证，杨海峥整理：《史记会注考证》，卷77《魏公子列传》，页3089。

侯嬴虽为魏之隐士，但同时也是"夷门监"。"夷门"是魏国首都大梁其中一道城门，侯嬴为夷门的"监门"，是相当低贱的职位，而侯嬴高士，故因此自称"以监门困"。出任监门能否被称为"仕"？由于六国史料湮灭，无法确认"大梁夷门监"在魏国的官僚体系中是否有明确的位置，但若以秦的情况来看，里监门是具有官方吏职身份的。《史记》记郦食其"为里监门吏"[①]，又张耳、陈馀"为里监门以自食"时，曾经有"里吏尝有过笞陈馀"的情况。[②] 可见"里监门"在秦时是基层小吏中最卑贱的，从属于其他里吏之下。"里"是秦地方行政组织中的基本单位，若秦里的"里监门"在秦为官僚体系中的"吏"，那么魏大梁城的"夷门监"或许也为魏的基层小吏。

小吏既属政府的官僚群体之一，那么侯嬴之隐便不能被称为"不仕"。事实上他若弃夷门监而从信陵君为宾客，虽然生活改善了、身份地位提高了，反而可以说放弃了"仕"。战国时期由于官僚体系膨胀，"仕"固然有富贵尊显之位，也有卑贱穷困之职，如认为郡小吏

---

① （汉）司马迁撰，[日]泷川资言考证，杨海峥整理：《史记会注考证》，卷97《郦生陆贾列传》，页3495。
② （汉）司马迁撰，[日]泷川资言考证，杨海峥整理：《史记会注考证》，卷89《张耳陈馀列传》，页3344。

为"卑贱之位"而求为吕不韦宾客的李斯,便是明显的例子。① 由于有这样的情况,如李斯这般抛弃郡吏之职是为了追求更高位者,本书不视其为不仕之士,因为他实际上并没有拒绝仕宦,反而是追求升迁。对侯嬴这种虽隐于小吏,但依旧接受了政府微薄供养者,同样从不仕之士中排除。

不论是侯嬴,还是秦末几位担任里监门的游士说客,在战国秦汉时期往往均被视为隐士,这种隐于宦途的情况令人想起六朝时期常见的"朝隐"现象。西晋诗人王康琚《反招隐诗》有名句云:"小隐隐陵薮,大隐隐朝市。"② 又如郭象注《庄子》所言:"夫圣人虽在庙堂之上,然其心无异于山林之中。"③ 朝隐非六朝时期所独有,汉武帝时东方朔亦云"如朔等,所谓避世于朝廷间者也","宫殿中可以避世全身,何必深山之中,蒿庐之下"④,

---

① (汉)司马迁撰,[日]泷川资言考证,杨海峥整理:《史记会注考证》,卷87《李斯列传》,页3300—3301。
② (南朝梁)萧统编,(唐)李善等六臣注:《文选》,卷22,页317。
③ (战国)庄子等著,(清)郭庆藩集释:《庄子集释》,卷1上《逍遥游》,页32。
④ (汉)司马迁撰,[日]泷川资言考证,杨海峥整理:《史记会注考证》,卷126《滑稽列传》,页4197。

云云。① 若追溯朝隐的源头，或许又应当从庄子谈起。在较能体现庄子本人思想的《庄子·内篇》中②，有借仲尼之口的明确表示：

> 臣之事君，义也，无适而非君也，无所逃于天地之间。是之谓大戒。……夫事其君者，不择事而安之，忠之盛也；自事其心者，哀乐不易施乎前，知其不可奈何而安之若命，德之至也。为人臣子者，固有所不得已，行事之情而忘其身，何暇至于悦生而恶死！夫子其行可矣！③

---

① 关于包含朝隐在内的各种"隐"类型，林育信、谢承谕有完整的整理，参见林育信《先秦隐逸论及审美意识之形成》（新竹：台湾清华大学中国文学系硕士学位论文，指导教授：蔡英俊，2000年7月），页19—32；谢承谕《〈庄子·内篇〉中的隐逸人物之研究》，页19—26。又可参见王文进《仕隐与中国文学——六朝篇》（台北：台湾书店，1999年），页30—38。
② 明末清初大儒王夫之以内篇"博大轻微之致"为基础，对应外篇、杂篇之驳杂，为学界较普遍接受的意见。如刘荣贤认为"内篇可以代表庄子本人思想体系"，又刘笑敢以概念以及词汇的使用佐证，认为"应该大体肯定内篇是庄子的作品"。参见（清）王夫之《庄子解》（《老子衍庄子通庄子解》合印，北京：中华书局，2009年），页150、270；刘荣贤《庄子外杂篇研究》（台北：联经出版社，2004年），页25—39；刘笑敢《庄子哲学及其演变》，页25—49。
③ （战国）庄子等著，（清）郭庆藩集释：《庄子集释》，卷2中《人间世》，页172。

在特定情况之下，为人臣子乃"固有所不得已"，因此"安之若命"方为真正的处世之道。过分地强调隐身逃匿，反落乎是非成心之芒。《庄子·内篇》中亦批评了众多隐士：

> 若狐不偕、务光、伯夷、叔齐、箕子、胥余、纪他、申徒狄，是役人之役，适人之适，而不自适其适者也。①

极力逃避仕宦或名位，乃"役人之役，适人之适"，而非"自适其适"之道。人生在世，其命本有所不得已，故庄子认为"乘物以游心，托不得已以养中"②方为至德。在这样的思想之下，庄子所主张的"隐"并非以身辟逃不可避免的处境，而是内心能做到超然物外，无所黏滞。庄子所述的这般"隐"，或可称为"心隐"③。六朝时期由于政局混乱，士人立身处世有太多不得已之处，因此心契庄子之言，所谓"朝隐"也与《庄子·内篇》

---

① （战国）庄子等著，（清）郭庆藩集释：《庄子集释》，卷3上《大宗师》，页256。
② （战国）庄子等著，（清）郭庆藩集释：《庄子集释》，卷2中《人间世》，页177。
③ 林育信：《先秦隐逸论及审美意识之形成》，页28。

学说有明显的相映。在战国后期至汉初的这段时间里，庄子思想并非整体学术思想的主流，隐逸或不仕之士的数量在传世史料之中也远远算不上多。此时期的隐士所处之位置大体有两种：隐于山林岩穴，或藏身卑职贱位。有趣的是，诸子书中，《庄子》书中的有道高士特别多，第一章仅统计了有身份背景记录的便有57例之多，超过其他史料所见案例之两倍。这些有道之士，也多为这两种典型。今传《庄子》全书的写作年代，在战国中期至西汉初年之间，可见《庄子》在某种程度上也反映了那个时代士人的样子。

本章试图更完整地整理战国时期的不仕之士，不论是游士、宾客、游侠乃至力士。由于战国士人群体不断地分流与衍化，理论上应该有为数不少"主动拒绝仕宦"的不仕之士在其中。可惜的是，战国史料多因秦火而绝，如前引司马迁《游侠列传》云"匹夫之侠，湮灭不见"，又如《六国年表序》中司马迁感叹诸侯史记不可得见。① 先秦士人之史料，多见于诸子之书，真实性难以估量，再加上战国时人引述古代传说，本有时代错置的问题，

---

① （汉）司马迁撰，[日]泷川资言考证，杨海峥整理：《史记会注考证》，卷15《六国年表序》，页848："秦既得意，烧天下诗书，诸侯史记尤甚，为其有所刺讥也。诗书所以复见者，多藏人家，而史记独藏周室，以故灭。惜哉，惜哉！"

不得不更小心翼翼。尤其《庄子》书中出现极大量真伪交错的隐逸有道，若将其与《史记》等所见不仕之士并列，则史料取材将会出现严重的落差，误以为战国时代隐逸之多，几可与魏晋六朝并列。但若全然忽略，却又相当于放弃了战国士人对"隐"的想象与投射，因此本书第一章将《庄子》书中的案例独立论述，以避免出现这样的问题。

下面两节，首先就《庄子》以外文献史料所见的不仕之士，来探讨早期不仕者的社会基础；其次将其与第一章所见的《庄子》书中案例相比较，共同探讨不仕之士的社会基础，并比较二者的同与异。

战国时期的不仕之士

由于史料缺乏，战国时期不仕之士的资料不多，笔者以《史记》为主，旁及先秦两汉子书、《战国策》等史料，共拣得不仕之士20例，如表2-1所示。

表 2-1

序号	姓名	出处	相关事迹	分类
1	公仪僭	《孔丛子·公仪》①	鲁人有公仪僭者，砥节励行，乐道好古，恬于荣利，不事诸侯，子思与之友②	01 贫穷
2	黔娄先生	《列女传·贤明》	昔先生君尝欲授之政，以为国相，辞而不为，是有余贵也。君尝赐之粟三十钟，先生辞而不受，是有余富也。彼先生者，甘天下之淡味，安天下之卑位③	01 贫穷
3	颜斶	《战国策·齐策四》	"……（斶）愿得晚食以当肉，安步以当车，无罪以当贵，清静以自虞。……愿得赐归，安行而反臣之邑屋。"遂再拜而辞去也④	01 贫穷

① 鲁有名相称"公仪僭"，疑为公仪休之同族兄弟，《史记·循吏列传》称公仪休："奉法循理，无所变更，百官自正。"近乎黄老。而公仪僭则未可断定为儒生。(汉) 司马迁撰，[日] 泷川资言考证，杨海峥整理：《史记会注考证》，卷119《循吏列传》，页4044。
② 傅亚庶撰：《孔丛子校释》（北京：中华书局，2011年），卷3《公仪》，页163。
③ （清）王照圆撰：《列女传补注》（上海：华东师范大学出版社，2012年），卷2《贤明传》，页78。
④ 诸祖耿编撰：《战国策集注汇考》，卷11《齐四》，页609。

(续表)

序号	姓名	出处	相关事迹	分类
4	庄周	《史记·老子韩非列传》	周尝为蒙漆园吏……楚威王闻庄周贤，使使厚币迎之，许以为相。庄周笑谓楚使者曰："……无为有国者所羁，终身不仕，以快吾志焉。"①	01 贫穷
5	鬼谷子	《郡斋·读书志》	鬼谷子三卷。右鬼谷先生撰。按《史记》，战国时隐居颍川阳城之鬼谷，因以自号。长于养性治身，苏秦、张仪师之②	01 贫穷
6	鲁仲连	《史记·鲁仲连邹阳列传》	鲁仲连者，齐人也。好奇伟俶傥之画策，而不肯仕宦任职……平原君欲封鲁连，鲁连辞让使者三，终不肯受。……归而言鲁连，欲爵之。鲁连逃隐于海上③	01 贫穷 04 游士任侠

---

① （汉）司马迁撰，[日]泷川资言考证，杨海峥整理：《史记会注考证》，卷63《老子韩非列传》，页2754。
② 宋·晁公武撰，孙猛校证：《郡斋读书志校证》（上海：上海古籍出版社，1990年10月初版；2005年9月重印），卷11，页503。
③ （汉）司马迁撰，[日]泷川资言考证，杨海峥整理：《史记会注考证》，卷83《鲁仲连邹阳列传》，页3195、3203、3208。

(续表)

序号	姓名	出处	相关事迹	分类
7	许行	《孟子·滕文公上》	有为神农之言者许行,自楚之滕,踵门而告文公曰:"远方之人闻君行仁政,愿受一廛而为氓。" 义公与之处,其徒数十人,皆衣褐,捆屦、织席以为食 陈良之徒陈相与其弟辛,负耒耜而自宋之滕,曰:"闻君行圣人之政,是亦圣人也,愿为圣人氓。"陈相见许行而大悦,尽弃其学而学焉①	02 农渔
8	陈相	《孟子·滕文公上》	陈良之徒陈相与其弟辛,负耒耜而自宋之滕	02 农渔
9	陈辛	《孟子·滕文公上》	陈良之徒陈相与其弟辛,负耒耜而自宋之滕	02 农渔
10	河上丈人	《史记·乐毅列传》	乐臣公学黄帝、老子,其本师号曰河上丈人,不知其所出②	02 农渔

---

① 《孟子集注》,卷5《滕文公上》,(南宋)朱熹集注:《四书章句集注》,页359。
② (汉)司马迁撰,[日]泷川资言考证,杨海峥整理:《史记会注考证》,卷80《乐毅列传》,页3169。

(续表)

序号	姓名	出处	相关事迹	分类
11	段干木	《吕氏春秋·下贤》《淮南子·氾论训》	文侯曰："段干木官之则不肯，禄之则不受。"① 段干木，晋国之大驵也；而为文侯师②	03 市井技艺
12	陈仲子（于陵子）	《孟子·滕文公下》《史记·鲁仲连邹阳列传》	仲子，齐之世家也。兄戴，盖禄万钟。以兄之禄为不义之禄而不食也，以兄之室为不义之室而不居也，辟兄离母，处于于陵③ 于陵子仲辞三公为人灌园④	03 市井技艺
13	朱亥	《史记·魏公子列传》	侯生谓公子曰："臣所过屠者朱亥，此子贤者，世莫能知，故隐屠间耳。"⑤	03 市井技艺

---

① （战国）吕不韦著，陈奇猷校释：《吕氏春秋新校释》，卷15《下贤》，页887。
② 张双棣撰：《淮南子校释》（北京：北京大学出版社，1997年），卷12《氾论训》，页1424。
③ 《孟子集注》，卷6《滕文公下》，（南宋）朱熹集注：《四书章句集注》，页382。
④ （汉）司马迁撰，[日]泷川资言考证，杨海峥整理：《史记会注考证》，卷83《鲁仲连邹阳列传》，页3216。
⑤ （汉）司马迁撰，[日]泷川资言考证，杨海峥整理：《史记会注考证》，卷77《魏公子列传》，页3090。

(续表)

序号	姓名	出处	相关事迹	分类
14	毛公	《史记·魏公子列传》	公子闻赵有处士毛公藏于博徒，薛公藏于卖浆家，公子欲见两人，两人自匿不肯见公子。公子闻所在，乃闲步往从此两人游，甚欢①	03 市井技艺
15	薛公	《史记·魏公子列传》	赵有处士毛公藏于博徒，薛公藏于卖浆家	03 市井技艺
16	孟子	《史记·孟子荀卿列传》	天下方务于合从连衡，以攻伐为贤，而孟轲乃述唐、虞、三代之德，是以所如者不合。退而与万章之徒，序诗、书，述仲尼之意，作孟子七篇②	04 游士任侠
17	田骈	《战国策·齐策四》	齐人见田骈，曰："闻先生高议，设为不宦，而愿为役。"…… "今先生设为不宦，訾养千钟，徒百人。不宦则然矣，而富过毕也。"田子辞③	04 游士任侠

---

① （汉）司马迁撰，[日]泷川资言考证，杨海峥整理：《史记会注考证》，卷77《魏公子列传》，页3094—3095。
② （汉）司马迁撰，[日]泷川资言考证，杨海峥整理：《史记会注考证》，卷74《孟子荀卿列传》，页3037。
③ 诸祖耿编撰：《战国策集注汇考》，卷11《齐四》，页624—625。

(续表)

序号	姓名	出处	相关事迹	分类
18	詹何（瞻子）	《吕氏春秋·审应览·重言》《淮南子·道应训》	桓公、管仲虽善匿，弗能隐矣。故圣人听于无声，视于无形，詹何、田子方、老聃是也① 楚庄王问詹何曰："治国奈何？"对曰："何明于治身，而不明于治国？"②	04 游士任侠
19	田光	《史记·刺客列传》	燕之处士田光先生……田光曰："臣闻骐骥盛壮之时，一日而驰千里；至其衰老，驽马先之。今太子闻光盛壮之时，不知臣精已消亡矣。虽然，光不敢以图事，所善荆卿可使也。"③	04 游士任侠
20	泄柳（子柳）	《孟子·滕文公下》《孟子·告子下》	古者不为臣不见。段干木踰垣而辟之,泄柳闭门而不内,是皆已甚 鲁缪公之时，公仪子为政，子柳、子思为臣④	05 其他

① （战国）吕不韦著，陈奇猷校释：《吕氏春秋新校释》，卷18《重言》，页1167。
② 张双棣撰：《淮南子校释》，卷12《道应训》，页1243。
③ （汉）司马迁撰，[日]泷川资言考证，杨海峥整理：《史记会注考证》，卷86《刺客列传》，页3286—3288。
④ 《孟子集注》，卷6《滕文公下》，（南宋）朱熹集注：《四书章句集注》，页376—377，《告子下》，页479。

以上略依时代先后排列。就现有的文献来看，大约可以将这20例分为几个类别。首先是"01 贫穷"，即以恬于荣利的心态自绝于宦途，并承受着因此而来的贫穷者，包含公仪僖、黔娄先生、颜阖、庄周、鬼谷子、鲁仲连。庄周的故事多见于《庄子》书中，《史记》记载庄子"尝为蒙漆园吏"，用一"尝"字表示其为吏并不长久，并说明其志向在于"终身不仕"。《庄子·外物》云："庄周家贫，故往贷粟于监河侯。"[1]因此庄子与公仪僖三人并列。与此类相似的，则是一并记载了山林岩穴或海上等隐逸地点的鬼谷子与鲁仲连。史料文献中并没有进一步地说明此六人是否具备特定的社会基础，只述其拒绝官宦的表现，可以说是隐士常见的典型。

其次是"02 农渔"，即以务农或捕鱼为经济来源的不仕者。农与渔都是极为常见的庶民生活方式，士人若拒绝出仕，选择以农、渔为业，是相当顺理成章的一种社会基础。其中许行、陈相、陈辛都是先秦的农家人物，在拥有学识以及得以面见贵族的条件下，依旧选择"衣褐，捆屦、织席以为食"的生活方式。这里把他们列入

---

[1] （战国）庄子等著，（清）郭庆藩集释：《庄子集释》，卷9上《外物》，页1012。

不仕者，是因为其"贤者与民并耕而食，饔飧而治"①的思想，本身已具备了"主动拒绝仕宦"的条件。古代中国为农业社会，《论语》中著名的长沮、桀溺以及荷蓧丈人，皆以农事为经济生活的基础，因此战国时期如许行、陈相这般不仕之士应非特例。

河上丈人的例子比较特别。从《史记·乐毅列传》的记载来推算，河上丈人应该属战国人物；从"河上丈人"之名来论，其社会基础可能是渔夫或渡人一类。不过葛洪《神仙传》中又记载了汉文帝时有"河上公"，其《老子》章句至今流传，可能是不同人物而有类似之名。士人不仕而为渔夫或渡人，以《楚辞》中能与屈原对谈之渔父为著名的显例。

再次是"03 市井技艺"，即以特殊技艺或市井鄙事为社会基础的不仕之士。如段干木，《吕氏春秋》记载魏文侯称其："官之则不肯，禄之则不受。"②虽然是战国初期，但可被视为早期的不仕之士。《吕氏春秋》与《淮南子》皆云段干木为"晋国之大驵"③，高注曰：

---

① 《孟子集注》，卷5《滕文公上》，（南宋）朱熹集注：《四书章句集注》，页359。
② （战国）吕不韦著，陈奇猷校释：《吕氏春秋新校释》，卷15《下贤》，页887。
③ （战国）吕不韦著，陈奇猷校释：《吕氏春秋新校释》，卷4《尊师》，页208。张双棣撰：《淮南子校释》，卷12《汜论训》，页1424。

"驵，市侩也。言魏国之大侩也。"① 战国时期商业发达，可以合理地推论或许有更多的商人拒绝入仕，而以商业为其社会基础。

陈仲子"为人灌园"，朱亥为"屠"，毛公藏于"博徒"，薛公藏于"卖浆家"，等等，或以技艺谋生，或为小贩。其中陈仲子本为齐之世家，但多数史料记载他过着极端困顿的生活，且排斥原有贵族家庭的经济生活，因此其社会基础应当就其"辟兄离母"而论。

复次是"04 游士任侠"。战国游士光辉无比，游而不仕的，除了前述孟子之外，尚有田骈、詹何、鲁仲连三人。孟子、田骈与詹何虽然并未真正仕宦，但多有与君王对话的记载，应该能从诸侯处得到礼遇来维持生活。稷下学者田骈甚至到了可以"訾养千钟，徒百人"的地步。鲁仲连的部分前面已经谈论过了，根据《史记》的记载，其出谋游说不为爵位、俸禄，亦不收受金钱，且始终如一，因此其本为游士，最后只好隐于海上成为隐士，与公仪僭等人相类。不过鲁仲连在逃隐于海上之前，理当有其他社会基础支持，方能维持其周游赵、齐之间的生活，史传不载不得而知，可能与其他游士一样，接

---

① 张双棣撰：《淮南子校释》，页1426。《吕氏春秋》高注略同，见（战国）吕不韦著，陈奇猷校释：《吕氏春秋新校释》，页215。

受着诸侯君王的礼遇。

前面谈过的田光与荆轲也颇特殊。《史记》以"燕之处士"称田光,显然其并未仕宦,而荆轲在受命刺秦之前,也非宦途中人:

> 荆卿好读书击剑,以术说卫元君,卫元君不用。……荆轲嗜酒,日与狗屠及高渐离饮于燕市,酒酣以往,高渐离击筑,荆轲和而歌于市中,相乐也,已而相泣,旁若无人者。荆轲虽游于酒人乎,然其为人沈深好书;其所游诸侯,尽与其贤豪长者相结。其之燕,燕之处士田光先生亦善待之,知其非庸人也。①

荆轲以术说卫元君,当属游士无疑,但他周游诸国,在燕国一方面"游于酒人",另一方面"尽与其贤豪长者相结",不知是否能以"贤豪长者"之宾客视之?总之,荆轲并非主动拒绝仕宦机会者,因此不列入讨论。田光为燕之处士,面对太子丹的怀疑,自云:"夫为行

---

① (汉)司马迁撰,[日]泷川资言考证,杨海峥整理:《史记会注考证》,卷86《刺客列传》,页3285—3286。

而使人疑之，非节侠也。"①如前所述，田光能以"侠"自居，显然本有产业，方能结交荆轲此类剑客，不知是否为辗转入燕的齐国世家公子，抑或是周游至燕，因以为家的游士？因为史料缺乏，都无法获得确切答案，暂时将侠与游士列为同一类。

最后是"05 其他"。泄柳又称子柳，孟子言其不为臣而拒见诸侯，不过泄柳也有作为鲁穆公臣子的记载，可见其并非长期不仕。泄柳的社会基础不见记载，因此将其独立列为"05 其他"一类。

以上诸例，可整理为五种不仕之士的类型如下：

01 贫穷：未有任何关于社会基础的记载，以恬于利禄、贫穷或隐于山林岩穴为典型的，共有 6 人。其中鲁仲连与第四类身份重叠。

02 农渔：以农、渔为社会基础的，共有 4 人。

03 市井技艺：以市井鄙事或技艺为社会基础的，共有 5 人。

04 游士任侠：游士或是任侠之士，两种身份，可能受到贵族豪强供养，或本身可能是旧贵族而自有产业的，共有 5 人。其中鲁仲连与第一类身份重叠。

---

① （汉）司马迁撰，[日]泷川资言考证，杨海峥整理：《史记会注考证》，卷86《刺客列传》，页3289。

05其他：资料太少而无法分类的，仅泄柳1人。

以上统计，除了排除上一节所论荆轲、侯嬴等人，另外还有某些长期被视为隐士的人物没有列入。如《楚辞》中的渔父，因为其并未有"主动拒绝仕宦"的任何记载，因此不列入其中。除此之外，魏晋之际皇甫谧的《高士传》中，有属战国时期的高士王斗：

> 王斗者，齐人也，修道不仕，与颜斶并时。曾造齐宣王门，欲见宣王，宣王使谒者延斗入。[①]

王斗说齐宣王的故事见于《战国策·齐策》，但《战国策》中没有任何其"修道不仕"的记录，所以怀疑是后世所编造。本节以史料文献所见的不仕之士为主，因此若涉及后世依托或伪造者，暂皆不列入。其余高士，凡见于《庄子》书中的，皆已见于第一章。

---

① （西晋）皇甫谧：《高士传》，卷中《王斗》，页54。

想象与现实中的战国不仕之士

将第一章所整理的《庄子》书中有道之士,与本章所见的战国时期不仕之士做一比较,可整理如表2-2。

表2-2

	战国时期不仕之士	《庄子》书中有道之士
隐居、贫穷	6	20
农、渔、牧	4	13
市井、技艺	5	18
游士、任侠	5	
巫、相、小吏		6
无法分类	1	
合计	20[①]	57

两部分的整理项目不太一致,《庄子》书中的巫、相或小吏,在讨论战国不仕之士时被排除了,而《庄子》书中原则上没有看到不仕之游士或任侠,此为《庄子》作为一本先秦子书,因思想取材而导致的结果。但除此之外,虽然其他文献史料中的不仕之士资料不算多,但

---

① 合计原为21,删去鲁仲连并列二类之重,实为20。

仍可以看出前三类确实具有相当的重叠性。

或许可再更进一步推论，虽然以上的统计整理将隐身山泽的隐居或贫穷之类，与从事生产的农、渔、牧等区别开来，但隐士之所以隐于山、泽、岩穴，也许正是渔于泽、耕牧于野、取食于山樊、休居于岩穴之意。士逃离原有的名位选择山、泽、岩穴，放弃了原本应有的生活模式，也往往导致困顿与贫穷。这样的说法虽然不能符合所有不仕之士的状态，但大致上有这样的趋势。这也是在文献整理的过程中，隐居贫穷一类与农渔牧一类的案例往往十分相似的原因。

前文曾经提到：战国时代隐逸或不仕者身处的位置不外乎隐于山林岩穴，或藏身卑职贱位，以本书这两章对于诸多资料的整理，这样的论述基本上获得了相当的证实。

拥有特殊技能的人可能因藏身卑职贱位被视为隐士，亦有可能进入私门成为宾客，但未有更进一步负担国政而受到批评。如《庄子》书所见，战国时代的技艺者着实不少，其中有如庖丁、轮扁这般与贵族生活密切者，也有如"纪渻子为王养斗鸡"或"市南宜僚弄丸"这般看似无用的奇巧技能。若以仕宦而论，养斗鸡与弄丸皆无助于国计民生，可谓无用之学。然而春秋战国时期的封建贵族对于技艺与道术的价值认识，未必如后世这般狭隘。与诸子百家思想一样，在不同的层面上，游士、宾客、技艺者等人，彼此都不断地竞争着礼坏乐崩之后持续外溢的贵族资源。孟尝君门下食客三千，其宾客若以有益国计民生而论，多数恐难逃"伪士"之讥，若非曾经帮助主人逃离秦国，鸡鸣狗盗之徒恐怕也难以在历史上留名。尽管如此，众多的宾客若有一技之长，得以寄食私门生存，不但合乎情理，亦无须苛责。

《庄子·达生》篇中正好有两个值得对比的例子：仲尼盛赞佝偻者承蜩为"巧"，而佝偻者自云："我有道也。"《达生》篇这个故事之后文，又有另一故事，孔子问蹈水有道乎？而丈夫自称："亡，吾无道。"这正代表着战国时期技艺的地位以及技艺者的自我认知，乃介乎有道与无道的中间。《养生主》篇当中极为著名的庖丁解牛的故事中文惠君以"技"称赞庖丁之解牛，与庖丁所对之"所好者道也，进乎技矣"也可以放在同样的脉络之中来讨论。

如果"道"是"士"身份的重要标志，那么有道与无道之间，或道与技之间的模糊性，也解释了士与庶民在身份上的界限并没有那么确定。战国时期各国纷纷变法富国强兵，推崇有益于国之士，若纯依儒家的说法，士志于道，又不仕无义，则道术将不免止于德行与仕宦之中。但《庄子》隐隐地将技艺视为道术的一部分，或者认为千锤百炼的技艺是通往道术的其中一种方式，再加上信陵君对于隐于卑职中的技艺者特加留意，这些不同的思维取向适足以摆脱儒家或变法图强者对于道术的狭隘定义，从而正面看待各种有用或无用的技能，因此在不同层面为技艺者保留了空间。这些人物亦能在历史长河中被记录下来，作为战国时期诸子百家之外，文化蓬勃发展的另一个表现。

除此之外，也因为知识与技能可以有多种形式附着于士的身上，虽然大环境依旧以仕宦作为士最佳的出路，但身处仕途之外的"不仕"者也因此拥有各种不同选择，未必需要隐身山林，而得以凭借游士、宾客、技艺、侠或私剑等身份，在各国朝廷与市井之间生存。前可与诸子百家于政治或学术舞台上共同争鸣，一较高下，退又可隐迹人间，偶尔留下只言片语，成为无名的方外高士。这些悠游于争鸣与无迹之间的士，或技艺者，或剑客，甚至可以与诸侯王廷保持着一定程度的互动，可说是介于"不仕"与"仕"、"隐"与"见"之间的状态。整体来说，在战国时代，仕与隐之间有着相当多的选择性，从而造就了战国时期极为丰富多元的文化。

其中或有可进一步讨论的，其一是战国时代特有的游士与任侠，在进入秦汉之后，逐渐凋零而失去了生命力；其二是战国时代除了孟子之外，几乎无以传授儒家典籍为业的不仕之士，此与西汉中期以后的不仕之士有着天壤之别；其三是战国时代虽然封建制崩毁、政治组织剧烈变化，但旧贵族实际上仍保有相当大的权势。然而战国士人多半以单士的身份活跃，即使是贵族出身，也未必受父兄庇荫。

在本章所整理的20例不仕之士中，只有陈仲子可明确得知是齐之世家，如陈辛、陈相、田骈、田光等，亦有可能为齐之没落旧贵族，但资料不传而不可考。汉武帝之后，通经世家出现，两《汉书》诸传往往附载传主之父兄子弟，此亦与秦火之后的战国文献资料有所区别。

第三章

"海内为郡县,法令由一统":
秦至汉初的不仕之士

秦至汉初"不仕"的辨别

在孔子高举"士志于道"以及"不仕无义"的旗帜之后,古代士人多以修身治国为人生的重要目标,同时亦视仕宦为改善生活经济的重要途径。如果不能仕宦,往往会有生活上的困难。儒士或有"无恒产而有恒心"[①]之坚忍,但对于守道不坚者,不仕所带来的生活艰难往往是无法忍受的。这样的情况从春秋以前的隐逸,一直持续到了西汉初年,如叔孙通之弟子:

> 叔孙通之降汉,从儒生弟子百余人,然通无所言进,专言诸故群盗壮士进之。弟子皆窃骂曰:"事先生数岁,幸得从降汉,今不能进臣等,专

---

① 《孟子集注》,卷1《梁惠王上》,(南宋)朱熹集注:《四书章句集注》,页290。

言大猾，何也？"①

从秦时其他儒生批评叔孙通"何言之谀"，以及为了汉王"变其服，服短衣"②的情况来看，叔孙通及其身边弟子百余人，虽名为儒，却带有战国纵横游士随机应变的色彩。因此叔孙通身边这些"儒生弟子"都期待着能通过其师而进入仕途，一旦不能如愿，难免"窃骂其师"。

战国游士如不能仕，贫困几乎是必然的结果。如苏秦出游数岁，大困而归，其家人窃笑其不懂治产业，苏秦也因此自伤言："夫士业已屈首受书，而不能以取尊荣，虽多亦奚以为！"③秦末时此类故事也同样发生在陈平、韩信身上。陈平家贫好读书，因此受嫂之讥；韩信贫无行，只好从人寄食饮。由此可知，一直到西汉初年，仕宦不但是士人立身处世的重要目标，对于改善其生活来说，也是极为重要的途径。

如前面两章所述，"仕"与"不仕"的抉择起于春

---

① （汉）司马迁撰，[日]泷川资言考证，杨海峥整理：《史记会注考证》，卷99《刘敬叔孙通列传》，页3535。
② （汉）司马迁撰，[日]泷川资言考证，杨海峥整理：《史记会注考证》，卷99《刘敬叔孙通列传》，页3534。
③ （汉）司马迁撰，[日]泷川资言考证，杨海峥整理：《史记会注考证》，卷69《苏秦列传》，页2892。

秋后期，而战国时代可见的不仕之士数量实际上并不甚多，其身处的位置不外乎隐于山林岩穴，或藏身卑职贱位两大类。战国时代的士人有各种多元的选择，"仕"与"不仕"、"隐"与"见"之间，各有不少模糊空间，可谓不仕现象的萌芽期。本章接续讨论战国之后、汉武帝尊儒之前，这一介于封建与大一统王朝的过渡期，不仕之士又出现了什么新变化与新发展。上起于秦始皇平灭六国，因接续战国，故包含了不少在秦统一天下不得不选择蛰伏不出的游士；下至西汉武帝即位初年，包含了武帝初期因窦太后而持续以黄老术治理天下的时候。至于武帝以后，由于尊儒使大环境有了巨大的扭转，已经转入另一阶段，将于第四章再讨论。

　　本书所谓"仕"以承担政府正式职位为主，而"不仕"则要有主动拒绝仕宦机会的情况。如亡命之徒藏身山泽，并非有仕宦机会，因此不能被称为"不仕"，如彭越[①]。此外，汉初诸侯、权臣多拥宾客，只要这些宾客没有承担职位，同样不能被称为"仕"，因此汉初众多宾客在封国与权臣之间来来去去，皆与仕、不仕无关。

[①]《魏豹彭越列传》："常渔巨野泽中，为群盗。"见（汉）司马迁撰，［日］泷川资言考证，杨海峥整理：《史记会注考证》，卷90《魏豹彭越列传》，页3367。

另外，本有职位而拒绝升职者，并非离开仕途，因此也不能被称为不仕，如萧何①。

　　主动的意愿与是否承担职位都是本书判断"不仕"的标准，偶尔会出现的因不得升迁而产生不仕之心，却因为现实环境而无不仕之实的情况，也不在讨论之内，如张释之：

> 张廷尉释之者，堵阳人也，字季。有兄仲同居。以訾为骑郎，事孝文帝，十岁不得调，无所知名。释之曰："久宦减仲之产，不遂。"欲自免归。中郎将袁盎知其贤，惜其去，乃请徙释之补谒者。②

张释之"以訾为骑郎"亦即以财产补郎，因久宦不得调，实际上就是减损了兄长资产而欲归去，但最后得到袁盎惜才而补谒者的结果，换言之张释之虽有不仕之意，却反而升迁了。

---

① 《萧相国世家》："秦御史监郡者与从事，常辨之。何乃给泗水卒史事，第一。秦御史欲入言征何，何固请，得毋行。"见（汉）司马迁撰，[日]泷川资言考证，杨海峥整理：《史记会注考证》，卷53《萧相国世家》，页2571。
② （汉）司马迁撰，[日]泷川资言考证，杨海峥整理：《史记会注考证》，卷102《张释之冯唐列传》，页3572。

又如汲黯，本因坐法有罪，后会赦免官。由于汲黯耿直不得人缘，因此被迫"隐于田园"：

> 黯坐小法，会赦免官。于是黯隐于田园。居数年，会更五铢钱民多盗铸钱，楚地尤甚。上以为淮阳，楚地之郊，乃召拜黯为淮阳太守。黯伏谢，不受印，诏数强予，然后奉诏。……黯居郡如故治，淮阳政清。

汲黯坐法免官，并非有机会仕而主动选择不仕，因此不得算"不仕"。其后虽然试图拒绝担任淮阳太守，但也因"诏数强予"而上任，因此也没有不仕之实，不在本章讨论之内。

此外，史料中多有因为年老或真有疾病，无法胜任职位而有"乞骸骨""谢病免"等记载，若果真年老病笃，则将其从不仕之士中排除。① 不过史料中常见"称病"而免官者，有时看似主动不仕，但实际上是受到政治迫害。如果政治迫害才是其"谢病免"不仕的原因，

---

① 典型的例子如昭帝时的杜延年："以老病乞骸骨，天子优之，使光禄大夫持节赐延年黄金百斤、牛酒，加致医药。延年遂称疾笃。赐安车驷马，罢就第。后数月薨。"见（汉）班固撰，（清）王先谦补注《汉书补注》，卷60《杜周传》，页4274。秦及汉初未见此类例证。

而不是其他主动意愿，那么本章也不予讨论，如陆贾：

> 孝惠帝时，吕太后用事，欲王诸吕，畏大臣有口者。陆生自度不能争之，乃病免家居。以好畤田地善，可以家焉。①

因吕后欲王诸吕，畏惧陆贾此类有口辩士，而陆贾亦自度不能争，因此陆贾"病免家居"是受到朝中政治上的压迫而不得不归家，不能被视为主动不仕。然而受到政治迫害却未必直接退出宦途，若政治上的压迫止于降职，或企图通过降职来达成其政治目的，但士人却因此选择谢病而不仕，则符合本书不仕的原则而被列入，如王陵：

> 高后欲立诸吕为王，问王陵，王陵曰："不可。"问陈平，陈平曰："可。"吕太后怒，乃佯迁陵为帝太傅，实不用陵。陵怒，谢疾免，杜门竟不朝请，七年而卒。②

---

① （汉）司马迁撰，[日]泷川资言考证，杨海峥整理：《史记会注考证》，卷97《郦生陆贾列传》，页3508。
② （汉）司马迁撰，[日]泷川资言考证，杨海峥整理：《史记会注考证》，卷56《陈丞相世家》，页2637—2638。

同样受到吕后的政治迫害，王陵被"佯迁"，怒而"谢疾免"，因此王陵之谢病，符合了不仕的条件。

此外，实无其罪，因恐惧官场险恶而去职，自然属于主动意愿的不仕，如周勃：

> 人或说勃曰："君既诛诸吕立代王，威震天下。而君受厚赏、处尊位以宠，久之即祸及身矣。"勃惧，亦自危，乃谢请归相印。上许之。①

周勃非但无罪，更以立功而威震天下，在没有明确政治压迫的情况下"请归相印"，也是一种不仕。

此外还有一种情况，即虽然有政治上的压力，但其人的身份地位足够无惧压力留在朝廷，却选择了"谢病"不仕，史书亦明确记载了他的不仕意愿，则列入本章讨论，如窦婴：

> ……太后由此憎窦婴。窦婴亦薄其官，因病免。太后除窦婴门籍，不得入朝请。
>
> 孝景三年，吴楚反，上察宗室诸窦毋如窦婴

---

① （汉）司马迁撰，[日]泷川资言考证，杨海峥整理：《史记会注考证》，卷57《绛侯周勃世家》，页2653。

贤，乃召婴。婴入见，固辞谢病不足任。太后亦惭。于是上曰："天下方有急，王孙宁可以让邪？"乃拜婴为大将军，赐金千斤。婴乃言袁盎、栾布诸名将贤士在家者进之。①

窦婴与窦太后扞格不入，但其所拥有之权势与地位足以与太后对抗，这部分在其后"吴楚反"时表现了出来。因此窦婴之"薄其官，因病免"，可以被视为主动拒绝仕宦的表现。

没有承担职位不能称仕，但爵位与职位不同，有爵位者若主动拒绝本有之职位，亦可被称为不仕，如留侯张良：

留侯乃称曰："家世相韩……今以三寸舌为帝者师，封万户，位列侯，此布衣之极，于良足矣。愿弃人间事，欲从赤松子游耳。"②

---

① （汉）司马迁撰，[日]泷川资言考证，杨海峥整理：《史记会注考证》，卷107《魏其武安侯列传》，页3693。
② （汉）司马迁撰，[日]泷川资言考证，杨海峥整理：《史记会注考证》，卷55《留侯世家》，页2621。

从《史记》的相关记载来看，张良多病谦退，自高祖都关中以来便不断有学道辟谷不视事之意，亦多次受到高祖与吕后强起。因此其虽然封侯，实际上可被称为不仕。

以上说明，重点厘清了本章"不仕之士"的取舍原则。以下将依次论述进入大一统王朝之后，士当中的不仕者是否发生了一些变化，以及秦、西汉两代不仕之士的社会基础为何。

新时代的吏与仕

战国时期士群体扩大①，因此在游走求仕之外，也因学识、技能、理想有所差异而在社会上有不同的展现，出现一种多元的样子。战国时期士人除了"仕"之外，还可以游走于诸侯之间为宾客、以力为私剑或养私剑为侠等，也可以凭借个人技艺依附于豪门、官府之间，仍以有道者自居，或身为农、渔、牧者，在某些特定的视野之中，具有隐逸之士的身份。多元的样貌也表现出多

---

① 余英时多以"士阶层"称之，以凸显其社会阶层之意。本书以"士群体"称之，以凸显其于群体扩大后社会整体变化的推进意义。士阶层／士群体之扩大，参见余英时《古代知识阶层的兴起与发展》，《士与中国文化》，页10—15。

元的选择,士人在仕与不仕之间,可从容地选择欲行之道,亦可依其道决定游事什么样的君主或贵族。

秦灭六国之后,最大的转变在于仕途变得单一。除了不再有许多君主可供周游之外,还在于"仕"被明确地定义了,即所谓"海内为郡县,法令由一统":

> 丞相绾、御史大夫劫、廷尉斯等皆曰:"昔者五帝地方千里,其外侯服夷服,诸侯或朝或否,天子不能制。今陛下兴义兵,诛残贼,平定天下,海内为郡县,法令由一统,自上古以来未尝有,五帝所不及。……"①

旧封建秩序中除了诸侯王之外,各级贵族各有家臣,也未必有一贯的治理方针,因此士之游说能造就各种形态的"仕"。但秦的统一除了平灭六国之外,更将秦的郡县、法令扩展到全天下,在这套统治方针之中,唯有通晓法令,成为官吏的士能够"仕"。《孔丛子》中记载了一段叔孙通见时变而"以法仕秦"的故事:

---

① (汉)司马迁撰,[日]泷川资言考证,杨海峥整理:《史记会注考证》,卷6《秦始皇本纪》,页329。

> 秦始皇东并。子鱼谓其徒叔孙通曰:"子之学可矣,盍仕乎?"对曰:"臣所学于先生者,不用于今,不可仕也。"子鱼曰:"子之材能见时变,今为不用之学,殆非子情也。"叔孙通遂辞去,以法仕秦。①

《孔丛子》时代较晚,亦非信史,故这段对话未必可信。但叔孙通确实以"能见时变"著称,在秦时能以文学征为待诏博士,或许与其能变儒为法进而知秦律令不无相关。

换言之,秦时士人的仕与不仕,取决于是否熟悉法令文书,并且因此担任中央或地方的职位。汉继秦而起,原则上继承了这套制度:

> 秦兼天下,建皇帝之号,立百官之职。汉因循而不革,明简易,随时宜也。其后颇有所改。②

汉承秦制主要表现在皇帝与百官的制度,其中"百

---

① 傅亚庶撰:《孔丛子校释》,卷6《独治》,页410。
② (汉)班固撰,(清)王先谦补注:《汉书补注》,卷19上《汉书·百官公卿表》,页861。

官之职"定义了"仕"的意义。相对于战国士人各逞其能游说君主以求晋用,形成百家争鸣,秦汉士人在大一统的规模以及制度的设计下,"仕"被限缩为通法令、晓吏事的专利。东汉王充曾有此论:

> 世俗共短儒生,儒生之徒亦自相少。何则?并好仕学宦,用吏为绳表也。①

从"百家争鸣"到"百官之职",便是所谓"大一统"的实现。只不过在此时期,"大一统"并非《春秋》公羊家所期待的儒家王道教化,反而是秦的律令章程,也就是"用吏为绳表"的吏道。这样被限缩的"仕",在汉武帝采取以经术取士之后稍有缓解,但即使到了东汉中期,依旧有儒生不熟吏道的感叹。换言之,学与仕的落差,可能会造成不少欲仕而不得仕的情况。先以儒生为例:

> 孝惠、吕后时,公卿皆武力有功之臣。孝文时颇征用,然孝文帝本好刑名之言。及至孝景,

---

① (东汉)王充著,黄晖撰:《论衡校释》(北京:中华书局,1990年),卷12《程材》,页533。

不任儒者，而窦太后又好黄老之术，故诸博士具官待问，未有进者。①

汉初的儒生在不同阶段、不同位置，各自面临了不同的困境。孝文以前，以武力功臣为主，孝文时虽"颇征用"，但从孝文"好刑名之言"来看，所谓"征用"当以贾谊为代表，主要目的恐怕是通过对新进人才的登用来削弱功臣的势力。儒生所学的礼仪教化之学，无法符合当时政府组织对"仕"的需求，因此若要真正入仕获得重用，最好是杂学诸子百家，尤其必要兼通律令之学。而贾谊之所以能获孝文帝青睐，原因在于他与其他儒生颇有差别：

> 贾生名谊，雒阳人也。年十八，以能诵诗属书闻于郡中。吴廷尉为河南守，闻其秀才，召置门下，甚幸爱。孝文皇帝初立，闻河南守吴公治平为天下第一，故与李斯同邑，而常学事焉，乃征为廷尉。廷尉乃言贾生年少，颇通诸子百家之书。文帝召以为博士。

---

① （汉）司马迁撰，[日]泷川资言考证，杨海峥整理：《史记会注考证》，卷121《儒林列传》，页4066。

是时贾生年二十余，最为少。每诏令议下，诸老先生不能言，贾生尽为之对，人人各如其意所欲出。诸生于是乃以为能不及也。孝文帝说之，超迁，一岁中至太中大夫。

　　……诸律令所更定，及列侯悉就国，其说皆自贾生发之。于是天子议以为贾生任公卿之位。绛、灌、东阳侯、冯敬之属尽害之，乃短贾生……①

　　贾谊虽然是儒生出身，但于河南守门下受过吏道的训练，能对议诏令，甚至能更定律令，与其他诸生明显不同，因此能受天子青睐，征之与功臣争权。此为《儒林列传》中记载孝文帝既征用儒生，却又好刑名的原因。

　　汉景帝不任儒。武帝初年因窦太后好黄老之术，"诸博士具官待问"，这些博士虽然"居官"，在本书的定义当中相当于"仕"，但不过只是"待问"，并无任事。除此之外，在武帝罢黜百家之前，汉初博士不止于儒生，亦有相当非孔子之术，属百家言的学者。这些学者与儒生一样"待问"，若不通吏道，一样欠缺任事的途径，能成为博士已经是极难得的入仕渠道了。武帝之后，儒

---

① （汉）司马迁撰，[日] 泷川资言考证，杨海峥整理：《史记会注考证》，卷84《屈原贾生列传》，页3240—3241。

生才有了真正的仕宦之途,但所学与入仕之所需亦明显有隔阂,典型的例子如兒宽:

> 兒宽,千乘人也。治《尚书》,事欧阳生。以郡国选诣博士,受业孔安国。贫无资用,尝为弟子都养。……补廷尉文学卒史。
> ……时张汤为廷尉,廷尉府尽用文史法律之吏,而宽以儒生在其间,见谓不习事,不署曹,除为从史,之北地视畜数年。①

兒宽以儒生补廷尉文学卒史,因为"不习事",所以无法"署曹",亦即没有具体负责的职务。卒史不能

---

① (汉)班固撰,(清)王先谦补注:《汉书补注》,卷58《公孙弘卜式兒宽传》,页4229—4230。按:儒生入仕之后虽然备受打压,但也正因为获得了补吏入仕的途径,得以通过官僚体系的训练获得文史法律的相关学识。《兒宽传》云:"还至府,上畜簿,会廷尉时有疑奏,已再见却矣,掾史莫知所为。宽为言其意,掾史因使宽为奏。奏成,读之皆服。"可见先前"除为从史,之北地视畜数年"的压抑,反为儒生真正进入官僚体制的开始。见(汉)班固撰,(清)王先谦补注:《汉书补注》,卷58《公孙弘卜式兒宽传》,页4230。又前引文云,贾谊受河南守重视而"召置门下",也是同样的吏事训练途径,差别在于贾谊入仕乃因缘际会,而兒宽则是通过制度化的渠道。关于汉代的文吏养成,以及儒生、文吏学识背景的隔阂与交流,参见白品键《士与汉代文化抟成研究——儒学、吏事与方术的揉合与实践》(台北:台湾大学中国文学系博士学位论文,2014年1月),页238—291。

"署曹"代表着不受重用或被轻视①,兒宽因此被派为"从史",前往北地管理牛羊等官畜。颜师古曰:"从史者,但只随官僚,不主文书。"可见儒生在西汉的官僚体系当中多么格格不入,即使是有了入仕的途径,却不得不受尽打压,乃至被趋往边疆视畜。

武帝以经术取士之后犹然如此,那么在此之前,伴随着秦汉大一统而因学识背景使然不能仕者,便是天下士人不得不面对的问题。这也造成了许多贫寒游士,以韩信为例:

> 淮阴侯韩信者,淮阴人也。始为布衣时,贫无行,不得推择为吏,又不能治生商贾,常从人寄食饮,人多厌之者,常数从其下乡南昌亭长寄食,数月,亭长妻患之,乃晨炊蓐食。食时信往,不为具食。信亦知其意,怒,竟绝去。
>
> 信钓于城下,诸母漂,有一母见信饥,饭信,竟漂数十日。信喜,谓漂母曰:"吾必有以重报母。"母怒曰:"大丈夫不能自食,吾哀王孙而

---

① "卒史"与"曹史"大抵是秩级与职事的关系,西汉有卒史署曹的制度,因此有卒史称号却不得署曹,相当于无法担负职事。参见蔡万进《尹湾汉墓简牍论考》(台北:台湾古籍出版社,2002年5月),页77—82。

进食，岂望报乎！"[1]

韩信具有典型的战国游士性格，作为庶民，他不事生产，若要入仕，也没有为吏的能力。从后来的发展来看，韩信的才能必须展现在游说诸侯与战争当中。若仍在战国时代，以韩信的才华当能游走于诸侯、各国公子或权贵门下，作为客卿、幕僚或宾客获得善待。然而秦统一之后，已无养士之贵族公子，韩信只能"从人寄食饮"。在这种情况下，韩信却依旧保有战国游士的自傲，因亭长不为具食而怒，几乎沦为乞食的角色。

战国时期多元而各有道路的仕途，在入秦之后受到了明显的挤压，韩信的例子反映出士人在仕途几乎完全等同于吏道的情况下，求仕而不能仕的情况。从《史记》中许多著名的故事可以得见，战国游士在秦时未必有不仕之心，却受限于环境而不得不蛰伏民间或卑职。韩信之外，又如陈平少时游学，长而有"使平得宰天下"[2]之感叹。项羽的著名谋臣范增："素居家，好奇计。"若

---

[1] （汉）司马迁撰，[日]泷川资言考证，杨海峥整理：《史记会注考证》，卷92《淮阴侯列传》，页3387—3388。

[2] （汉）司马迁撰，[日]泷川资言考证，杨海峥整理：《史记会注考证》，卷56《陈丞相世家》，页2626。

"奇计"无用武之地,那么"素居家"也在所难免。① 郦食其的例子稍微好一点,他"好读书""家贫落魄,无以为衣食业",但能担任"里监门吏",且作为狂生,使"县中贤豪不敢役"②。高祖的例子与郦食其相似,少时"尝数从张耳游"③,相当仰慕信陵君④,且"不事家人生产作业",入秦之前俨然一游士;入秦之后不得游,方"试为吏"担任泗水亭长的职位。⑤ 从《高祖本纪》的记载来看,刘季这亭长也不甚称职,若非泗水郡第一良吏萧何帮助,恐怕难以应付秦吏之考课。⑥

---

① (汉)司马迁撰,[日]泷川资言考证,杨海峥整理:《史记会注考证》,卷7《项羽本纪》,页417。
② (汉)司马迁撰,[日]泷川资言考证,杨海峥整理:《史记会注考证》,卷97《郦生陆贾列传》,页3495—3496。
③ (汉)司马迁撰,[日]泷川资言考证,杨海峥整理:《史记会注考证》,卷89《张耳陈馀列传》,页3344。
④ 《魏公子列传》:"高祖始微少时,数闻公子贤。及即天子位,每过大梁,常祠公子。"(汉)司马迁撰,[日]泷川资言考证,杨海峥整理:《史记会注考证》,卷77《魏公子列传》,页3097。
⑤ (汉)司马迁撰,[日]泷川资言考证,杨海峥整理:《史记会注考证》,卷8《高祖本纪》,页477。
⑥ 《萧相国世家》:"高祖为布衣时,何数以吏事护高祖。"《高祖本纪》:"高祖为亭长,素易诸吏……实不持一钱。""高祖为亭长时,常告归之田。"显见萧何对高祖的维护。又萧何与本书所论的战国游士是完全不同的典型,乃秦之良吏:"秦御史监郡者与从事,常辨之。何乃给泗水卒史事,第一。"见(汉)司马迁撰,[日]泷川资言考证,杨海峥整理:《史记会注考证》,卷53《萧相国世家》,页2571;卷8《高祖本纪》,页479、481。

秦的统一相当短暂，很快秦末群雄并起，加上汉初郡国并立，这段时间可被称为士人仕途转换的过渡期。与战国时期风起云涌的周游求仕相比，此时的"仕"与"不仕"具有不同的意义，包含了有用世之心亦有才华，但在政府之中却无容身之处，也无入仕途径者，如秦时的韩信、陈平等，或虽然担任着卑职，而实际上不能好好承担职务者，如高祖。本书对于不仕之士的定义是"主动逃开所有仕宦机会"，但在此过渡期中，这些战国游士未必皆"逃"离了仕宦机会，而是其知识背景根本无法使其在新时代中获得机会。因此所谓"不得推择为吏"，并不符合本书对不仕之士的定义。

然而，这些过渡期的战国士人们，有时却会被称为"隐"：

> 耳、余为刎颈交。俱隐身为里监门。①
> 舞阳侯樊哙者，沛人也。以屠狗为事，与高祖俱隐。②

---

① （汉）司马迁撰，[日]泷川资言考证，杨海峥整理：《史记会注考证》，卷89《张耳陈馀列传》，页3344。
② （汉）司马迁撰，[日]泷川资言考证，杨海峥整理：《史记会注考证》，卷95《樊郦滕灌列传》，页3445。

秦时此类隐者情况特殊，既非不仕，亦非隐逸，或许可以称之为"蛰伏之士"。蛰伏之士与不仕之士一样，必须面对生活维系的问题，本章将一并收集案例，并于下节独立分析其社会基础，以求拼贴出秦时士人的整体面貌。此外，必须稍加说明的是：部分蛰伏者遇到了时机，可能重新获得了仕宦机会，若其因种种理由而拒绝，那么自当视为不仕之士，如蒯通不受项羽之封，田横自刭于雒，田横二客拜都尉后自杀，都是有机会仕宦而逃，在分类上就会被移入本章的不仕之士中讨论。

秦末蛰伏游士再度蜂起，企图摆脱"不得为吏"或只能担任卑职的困境，韩信便是其中典型，其追随者也同样具有战国游士的性格。因此蒯通理直气壮地说道："当是时，臣唯独知韩信，非知陛下也。"① 秦亡之后，汉初大量的诸侯王继续为游士提供了背景舞台，甚至不容于汉朝的士人，也期待能在诸侯王手下获得一定程度的庇护，如钟离眛因此投奔韩信，并斥责韩信的背叛是"自媚于汉""非长者"。②

---

① （汉）司马迁撰，[日]泷川资言考证，杨海峥整理：《史记会注考证》，卷92《淮阴侯列传》，页3418。
② （汉）司马迁撰，[日]泷川资言考证，杨海峥整理：《史记会注考证》，卷92《淮阴侯列传》，页3414。

值得注意的是，仕的过渡期至少延续到七国之乱后，换言之，汉初的刘姓诸侯王也同样提供了士人多样化的仕途渠道，如吴王刘濞：

> 吴王专并将其兵，未度淮，诸宾客皆得为将、校尉、候、司马，独周丘不得用。周丘者，下邳人，亡命吴，酤酒无行，吴王濞薄之，弗任。周丘上谒，说王曰："臣以无能，不得待罪行闲。臣非敢求有所将，愿得王一汉节，必有以报王。"王乃予之。①

刘濞自行任命其宾客担任军事要职，其中不得用如周丘者，亦如战国游士一样，游说君王求出使。稍晚的淮南王刘安也有"阴结宾客""积金钱赂遗郡国诸侯游士奇材"②的记载。可见，虽然汉承秦制，但仕宦身份从"游士"到"吏"的过渡，一直持续延伸到了武帝初期。而过渡期的"不仕"者（如田横之客）也往往表现出一些战国时代"士为知己者死"的味道。

---

① （汉）司马迁撰，［日］泷川资言考证，杨海峥整理：《史记会注考证》，卷106《吴王濞列传》，页3686。
② （汉）司马迁撰，［日］泷川资言考证，杨海峥整理：《史记会注考证》，卷118《淮南衡山列传》，页4016。

过渡期的另一个值得讨论的重点是贵族。六国的旧贵族在秦时并未明显受到迫害，如五世相韩的张良在韩亡之后仍保有家产，因此能"悉以家财求客刺秦王"，又如齐的田儋等人能以"宗强"为豪。但这些旧贵族在秦时多半没有入仕机会，不论是避仇吴中的项梁还是为人牧羊的楚怀王，率皆如此。① 汉兴之后，随高祖起事的军功集团逐渐形成了新贵族，这批新贵族（为避免混淆，以下称之为新世家）多半能占据要津②，若有拒绝职务的举措，则相当于不仕之士，如前文讨论过的窦婴。

秦及汉初"以吏为师"的仕途，使不通律令章程的战国游士或隐藏于市井基层，或游走于汉初的地方诸侯，舞台大大限缩而不得不逐渐消亡。但在武帝时博士弟子补郎制度形成之后，通过太学等经典教育以及禄利之路③的引导，逐步将有意求仕却游离于吏道之外的儒生引入

---

① 《项羽本纪》："乃求楚怀王孙心民间，为人牧羊，立以为楚怀王。"（汉）司马迁撰，[日]泷川资言考证，杨海峥整理：《史记会注考证》，卷7《项羽本纪》，页419。
② 李开元论之甚详，参见李开元《汉帝国的建立与刘邦集团——军功受益阶层研究》（北京：生活·读书·新知三联书店，2000年），页21—58。品键按：某些新世家其实是旧贵族转换了身份，如张良、项伯等。
③ 《汉书·儒林传》班固赞曰："自武帝立五经博士，开弟子员，设科射策，劝以官禄，讫于元始，百有余年，传业者浸盛，支叶蕃滋，一经说至百余万言，大师众至千余人，盖禄利之路然也。"（汉）班固撰，（清）王先谦补注：《汉书补注》，卷88《儒林传》，页5457。

朝廷当中，形成以经术缘饰吏事的情况。相较于战国的多元，过渡期之后的汉代仕途，大体有"儒"与"吏"两条路线，在此两条路线之外的知识体系，则以道家型的隐士为多。随着时代的前进，拥有足以进入宦途的知识技能却拒绝职位的士人，加上各种类型的隐士，组成了不仕之士的大部分样子。

　　本章的论述重点在于过渡期的不仕之士。以下将具体分析秦及汉初不仕之士的社会基础，并将蛰伏于秦时的战国游士一并附于秦的段落中讨论。列于秦的士人，以秦灭六国之后有不仕记载者为主，若士人不仕于始皇帝统一之前，则不列入。秦与汉的分界，则以拒绝仕宦的时间为主，如秦时有不仕之记录，终身不仕者，列于秦，如安期生；秦时不仕，后仕于汉者，亦列于秦，如樊哙；未知秦时是否不仕，但汉时方有不仕之记录者，列于汉，如盖公；秦末不仕于诸豪杰，汉兴之后亦不仕汉者，同列于秦，如范增；秦时仕，或秦末仕于其他阵营而不仕高祖者，同列于汉，如蒯通；秦时不仕，延续至高祖时亦不仕，但因其他因素而仕于汉者，则列于汉，如商山四皓。

秦朝的不仕与蛰伏之士

秦统一天下的时间并不长，自秦王政二十六年（公元前221年）灭齐之后，到汉元年（公元前206年）子婴封皇帝玺符节降沛公为止，不过短短15年。即便加上楚汉相争时期，亦即汉元年到项羽败亡（公元前202年）的这5年，亦即为20年。因为如此短暂，大批战国游士未及以吏为师，学习律令文书求仕，可蛰伏等待秦的覆灭。《史记》记载，在秦统一之前，尚有"诸侯宾客使者相望于道"请文信侯吕不韦，又有为监门小吏者如张耳、陈馀、郦食其等。除此之外，可想见如樊哙般隐于市井者应该也不少。可惜的是，由于史料湮灭，战国游士于秦时如何自处，并无大量资料可供研究，幸赖《史记》以及部分文献存之一二，可见端倪。

以下秦朝时期不仕之士的案例，共计8例。

表 3-1

序号	姓名	出处①	相关事迹	分类
1	卢生	《史记》	侯生、卢生相与谋曰："……贪于权势至如此，未可为求仙药。"于是乃亡去②	儒生
2	侯生	《史记》《说苑》	有方士韩客侯生，齐客卢生，相与谋曰："当今时不可以居……"乃相与亡去。……卢生不得，而侯生后得③	儒生
3	叔孙通	《史记》	叔孙通者，薛人也。秦时以文学征，待诏博士。……于是二世令御史案诸生言反者下吏，非所宜言。诸言盗者皆罢之。乃赐叔孙通帛二十匹，衣一袭，拜为博士。叔孙通已出官，反舍，诸生曰："先生何言之谀也？"通曰："公不知也，我几不脱于虎口！"乃亡去，之薛，薛已降楚矣。及项梁之薛，叔孙通从之④	儒生

① 相较于战国人物与先秦文献，汉代以下有信史、有正史，其资料之可信度与先秦子书相距甚大。以下不仕之士之史料出处，凡信史有之，而非信史之史料与之全同，则引信史，如正史有之，则不用《高士传》。凡早期史料有之而后期史料相同，则引早期史料。如《汉书》袭《史记》文，则不引《汉书》。若资料中非信史、后期史料另有记载，则略引之。
② （汉）司马迁撰，[日]泷川资言考证，杨海峥整理：《史记会注考证》，卷6《秦始皇本纪》，页361。
③ （西汉）刘向撰，向宗鲁校证：《说苑校证》（北京：中华书局，1987年），卷20《反质》，页517。
④ （汉）司马迁撰，[日]泷川资言考证，杨海峥整理：《史记会注考证》，卷99《刘敬叔孙通列传》，页3533—3534。

(续表)

序号	姓名	出处	相关事迹	分类
4	范增	《史记》	居鄛人范增,年七十,素居家,好奇计。……项王乃疑范增与汉有私,稍夺之权。范增大怒,曰:"天下事大定矣,君王自为之。愿赐骸骨归卒伍。"项王许之。行未至彭城,疽发背而死[①]	纵横游士
5	侯公	《史记》	汉王复使侯公往说项王,项王乃与汉约,中分天下,割鸿沟以西者为汉,鸿沟而东者为楚。项王许之,即归汉王父母妻子。军皆呼万岁。汉王乃封侯公为平国君。匿弗肯复见。曰:"此天下辩士,所居倾国,故号为平国君。"[②]	纵横游士

---

① (汉)司马迁撰,[日]泷川资言考证,杨海峥整理:《史记会注考证》,卷7《项羽本纪》,页419、455。
② (汉)司马迁撰,[日]泷川资言考证,杨海峥整理:《史记会注考证》,卷7《项羽本纪》,页463。

(续表)

序号	姓名	出处	相关事迹	分类
6	蒯通（彻）	《史记》《汉书》	太史公曰：甚矣蒯通之谋，乱齐骄淮阴，其卒亡此两人！蒯通者，善为长短说，论战国之权变，为八十一首。通善齐人安期生，安期生尝干项羽，项羽不能用其策。已而项羽欲封此两人，两人终不肯受，亡去① 韩信犹豫不忍倍汉，又自以为功多，汉终不夺我齐，遂谢蒯通。蒯通说不听，已详狂为巫② 至齐悼惠王时，曹参为相，礼下贤人，请通为客③	纵横游士

---

① （汉）司马迁撰，[日]泷川资言考证，杨海峥整理：《史记会注考证》，卷94《田儋列传》，页3443。
② （汉）司马迁撰，[日]泷川资言考证，杨海峥整理：《史记会注考证》，卷92《淮阴侯列传》，页3412。
③ （汉）班固撰，（清）王先谦补注：《汉书补注》，卷45《蒯伍江息夫传》，页3561。

(续表)

序号	姓名	出处	相关事迹	分类
7	黄石公	《史记》	良尝闲从容步游下邳圯上,有一老父,衣褐……出一编书,曰:"读此则为王者师矣。后十年兴。十三年,孺子见我济北,谷城山下黄石即我矣。"遂去,无他言,不复见①	道家型游士
8	安期生	《史记》	通善齐人安期生,安期生尝干项羽,项羽不能用其策。已而项羽欲封此两人,两人终不肯受,亡去② 少君言上:"……臣尝游海上,见安期生,安期生食巨枣,大如瓜。安期生仙者,通蓬莱中,合则见人,不合则隐。"于是天子始亲祠灶,遣方士入海求蓬莱安期生之属……求蓬莱安期生莫能得,而海上燕齐怪迂之方士多更来言神事矣③	道家型游士

---

① (汉)司马迁撰,[日]泷川资言考证,杨海峥整理:《史记会注考证》,卷55《留侯世家》,页2601—2602。
② (汉)司马迁撰,[日]泷川资言考证,杨海峥整理:《史记会注考证》,卷94《田儋列传》,页3443。
③ (汉)司马迁撰,[日]泷川资言考证,杨海峥整理:《史记会注考证》,卷28《封禅书》,页1612。

虽然案例不多，但或许与太史公的取材有关，这8个不仕案例几乎都具有游士的性格，实际上或多或少都有些政治抱负期待能被实践，但同时又"恶不由其道"①，因此游走于不同的阵营之间。8例粗略可分为三类。

第一类是儒生，或当时普遍"皆诵法孔子"的文学方术士，包含了不愿为秦始皇求仙药，引发坑儒事件的侯生、卢生，以及谄媚秦二世求苟活的叔孙通三人。这三人虽然皆可被称为儒生，但其举措与孔、孟等先秦大儒颇不相同。卢生在《秦始皇本纪》当中为皇帝求不死药，以鬼神事君，若非扶苏一句"诸生皆诵法孔子"②，难以令人联想到以讲仁义、颂礼乐为士道的先秦诸儒。侯生史料不多，但从其与卢生相与谋亡去的情况来看，两人或许是一丘之貉。叔孙通是秦文学博士，在秦二世倒行逆施之际亡去，本有"可卷而怀之"③的意思，然而叔孙通以言之谀求生，后又因汉王憎儒而变服，面谀以得亲贵④，与危言、

---

① 孟子语，见《孟子集注》，卷6《滕文公下》，（南宋）朱熹集注：《四书章句集注》，页372。
② （汉）司马迁撰，[日]泷川资言考证，杨海峥整理：《史记会注考证》，卷6《秦始皇本纪》，页361。
③ 《论语集注》，卷8《卫灵公》，（南宋）朱熹集注：《四书章句集注》，页227。
④ （汉）司马迁撰，[日]泷川资言考证，杨海峥整理：《史记会注考证》，卷99《刘敬叔孙通列传》，页3534、3536。

危行、言孙①的孔子教训亦不甚相类。太史公称其"汉家儒宗""道固委蛇"②，实是深刻的讽刺。

尽管如此，此三儒皆入仕秦帝，却都在尚无直接压迫的情况下主动亡去，因此都属于不仕之士。《史记》并未更进一步地记载此三人亡去之后如何维系生活，其中卢生与侯生是坑儒事件的案首，《史记》并未有后续记载③，遑论探索其社会基础。叔孙通有"从儒生弟子百余人"，但恐怕不似西汉后期的儒生一样以讲授为业，而是在乱世中以集团方式相当辛苦地生存着。因此叔孙通弟子会有"今不能进臣等"④的牢骚。

第二类则是典型的战国纵横游士，包含了范增、侯公、蒯通（彻）三人。范增与项梁、项羽等豪杰一样，秦时属于蛰伏者，但因其受到项羽怀疑而主动求去，项羽当时为西楚霸王，范增求去之举相当于不仕，因此列于此处。侯公指的是在楚汉相争尾声，调停中分天下的

---

① 《论语集注》，卷7《宪问》，（南宋）朱熹集注：《四书章句集注》，页207。
② （汉）司马迁撰，[日] 泷川资言考证，杨海峥整理：《史记会注考证》，卷99《刘敬叔孙通列传》，页3542。
③ 《说苑》记载了侯生与秦始皇的一段对话，最终"始皇喟然而叹，遂释不诛"。见（西汉）刘向撰，向宗鲁校证《说苑校证》卷20《反质》，页517—518。按：此段故事近乎小说家言，并非信史。
④ （汉）司马迁撰，[日] 泷川资言考证，杨海峥整理：《史记会注考证》，卷99《刘敬叔孙通列传》，页3535。

侯公。① 汉王的侯公在《史记》当中的记载极为简略，仅知其受封为平国君却"匿弗肯复见"，亦相当于主动不仕。蒯通为秦末著名的说客辩士，其较为人知的事迹是韩信不用其三分鼎足之策，因此"详狂为巫"②。除此之外，在韩信平赵之前，项羽欲封蒯通而通不受亡去，显见蒯通有不仕之举。

三人的社会基础为何，同样不甚明朗。侯公全无史料可推敲，暂且不论。范增"素居家"，因其年老，于秦时是否有其他治生之法，无法确证。从"居家"的记载，以及因陈平反间而"赐骸骨归卒伍"③的说法来看，或可简单推论范增有家庭，其家庭成员或有产业得以为

---

① 按：为秦始皇求药的侯生亦称侯公，但应为另一人。若《说苑·反质》所记载侯生与秦始皇的对话可信，则秦始皇之侯生亦为有口辩士。不过尽管秦始皇与汉王之时间相近，当时游士身兼数种学术知识亦非罕事，虽然如此，《说苑》之性质本非信史，笔者此处仍视二侯为不同人。见（西汉）刘向撰，向宗鲁校证《说苑校证》卷20《反质》，页517—518。
② （汉）司马迁撰，[日]泷川资言考证，杨海峥整理：《史记会注考证》，卷92《淮阴侯列传》，页3412。按：《史记集解》引徐广曰："一本：'遂不用蒯通……'说不听，因去详狂。""详狂"有不欲为君所用，以狂态隐避乱局之意，如箕子："被发详狂而为奴，遂隐而鼓琴以自悲。"蒯通因说不听而"详狂"，当有去韩信而不仕之意。见（汉）司马迁撰，[日]泷川资言考证，杨海峥整理：《史记会注考证》，卷92《淮阴侯列传》，页3413；卷38《宋微子世家》，页1955。
③ （汉）司马迁撰，[日]泷川资言考证，杨海峥整理：《史记会注考证》，卷7《项羽本纪》，页455。

生,类似高祖周游而其兄刘仲能治产业一般。① 蒯通是纯粹的辩士,不过既然详狂为"巫",其社会基础可能与混迹市井相关。

第三类为具有一部分隐士风采的道家型游士,包含了黄石公、安期生两人。二者皆隐匿踪迹而成传说,以至被方术士视为神仙而造作许多怪异之事迹,因此如"谷城山下黄石"或"食巨枣"等,皆不可信。黄石公、安期生两人的社会基础都无法推敲,或许与司马迁走访各地搜集逸闻传说入史有关。以安期生而言,其以策尝干项羽之事尚有可信之处,但李少君游海上所见云云,则与其言不死一样,荒诞无比。

虽然如此,二位某种程度上也具有战国游士的特质。黄石公以书传张良,并言"读此则为王者师",与游士多言能成就王霸事业相似;至于安期生,司马迁于《乐毅列传》中曾述及安期生为战国末年黄老之学的重要源头②,

---

① 《高祖本纪》:"高祖奉玉卮,起为太上皇寿,曰:'始大人常以臣无赖,不能治产业,不如仲力。……'"(汉)司马迁撰,[日]泷川资言考证,杨海峥整理:《史记会注考证》,卷8,页540。
② 《乐毅列传》:"太史公曰:……乐臣公学黄帝、老子,其本师号曰河上丈人,不知其所出。河上丈人教安期生,安期生教毛翕公,毛翕公教乐瑕公,乐瑕公教乐臣公,乐臣公教盖公。盖公教于齐高密、胶西,为曹相国师。"(汉)司马迁撰,[日]泷川资言考证,杨海峥整理:《史记会注考证》,卷80《乐毅列传》,页3169。

因此不但以策干项羽这部分具有游士特色，在成一家之言的意义上，安期生也不仅止于方术士所妄言的蓬莱仙者。二人对于世道发展、霸业兴衰的关注，亦与游士相当。

从入秦一直到汉朝成立之前，有入仕机会却拒绝的不仕之士大体有这几例。除此之外，其他并非有机会入仕，但实际上拒绝仕途的蛰伏之士亦有7个例证（见表3-2）。

表 3-2

序号	姓名	出处	相关事迹	分类
1	项梁	《史记》	项梁杀人，与籍避仇于吴中①	旧贵族
2	项羽	《史记》	项籍少时，学书不成，去，学剑，又不成 秦始皇帝游会稽，渡浙江，梁与籍俱观。籍曰："彼可取而代也。"梁掩其口，曰："毋妄言，族矣！"梁以此奇籍②	旧贵族

① （汉）司马迁撰，[日]泷川资言考证，杨海峥整理：《史记会注考证》，卷7《项羽本纪》，页412。
② （汉）司马迁撰，[日]泷川资言考证，杨海峥整理：《史记会注考证》，卷7《项羽本纪》，页412。

(续表)

序号	姓名	出处	相关事迹	分类
3	项伯	《史记》	居下邳，为任侠。项伯常杀人，从良匿①	旧贵族
4	熊心	《史记》	往说项梁曰："……以君世世楚将，为能复立楚之后也。"于是项梁然其言，乃求楚怀王孙心民闲，为人牧羊，立以为楚怀王，从民所望也②	旧贵族、牧羊
5	陈平	《史记》	少时家贫，好读书，有田三十亩，独与兄伯居。伯常耕田，纵平使游学。……陈平固已前谢其兄伯，从少年往，事魏王咎于临济③	贫寒
6	韩信	《史记》	始为布衣时，贫无行，不得推择为吏，又不能治生商贾，常从人寄食饮，人多厌之者，常数从其下乡南昌亭长寄食④	贫寒
7	樊哙	《史记》	舞阳侯樊哙者，沛人也。以屠狗为事，与高祖俱隐⑤	技艺

---

① （汉）司马迁撰，[日]泷川资言考证，杨海峥整理：《史记会注考证》，卷55《留侯世家》，页2603。
② （汉）司马迁撰，[日]泷川资言考证，杨海峥整理：《史记会注考证》，卷7《项羽本纪》，页419。
③ （汉）司马迁撰，[日]泷川资言考证，杨海峥整理：《史记会注考证》，卷56《陈丞相世家》，页2624、2626。
④ （汉）司马迁撰，[日]泷川资言考证，杨海峥整理：《史记会注考证》，卷92《淮阴侯列传》，页3387。
⑤ （汉）司马迁撰，[日]泷川资言考证，杨海峥整理：《史记会注考证》，卷95《樊郦滕灌列传》，页3445。

此 7 例基本上都活跃于秦末楚汉之际，甚至可以说是因为楚汉相争，这些人物在秦时的事迹才被稍稍记录下来，否则诸侯相兼，《史记》放绝，后世极难一窥秦时士人的面貌。但也因为是楚汉相争留下的记录，所以这 7 例大体皆有用世之心，同时其立场非楚即汉，很难通过此 7 例挖掘更多战国游士蛰伏于秦的状况。

7 例中，世世为楚将的项氏占了三人，分别是项梁、项羽以及项伯。其中项梁、项伯皆有避仇或避祸而隐匿的举措。项羽"彼可取而代也"的发言，以及项梁"毋妄言，族矣"同时又"以此奇籍"的表现，或可作为秦时战国旧贵族的某种心态：既不甘于位居秦的统治之下，却又暂时无力反抗秦的统治，只能暗中蛰伏，等待时机。

与项氏类似的，当属张良。张良家大父、父五世相韩，近似项氏世代为楚将；张良更名姓亡匿①，亦与项梁、项伯相似。不过张良入汉之后有"弃人闲事"的举措，因此属不仕之士而列于下一节。

项氏或张良都属于战国遗留的旧贵族。《史记》记载活跃于秦末的旧贵族不少，同样被列于此处的熊心，则隐于民间牧羊。若从张良在韩亡之后尚有"家僮三百

---

① （汉）司马迁撰，[日]泷川资言考证，杨海峥整理：《史记会注考证》，卷55《留侯世家》，页 2600。

人"，以及齐田氏"宗强能得人"的情况来看，旧贵族若安分守己，在秦时应该能维持不错的生活。熊心作为楚王室，当以田氏为类比，所谓"为人牧羊"云云，应该视为蛰伏等待时机的举措，不能以生活困顿目之。

其他如楚另一旧贵族景驹，以及魏之魏豹，齐田氏包含田儋、田荣等十数人，还有韩之韩成、韩王信、横阳君，赵之赵歇，等等，由于《史记》全无记载诸人在秦时的生活，无法厘清其是蛰伏还是入仕，因此不将其列入其中。但若以项氏作为参照，诸贵族可能与项氏一样，都在秦时蛰伏积蓄力量，因此方能在陈涉揭竿之后，快速趁势而起。顺服秦甚至入仕的可能性不高。因史料缺载，无法作为相关的案例来分析。

战国贵族在入秦之后，因亡国而社会基础削弱是必然的。但这里要更进一步地指出：从张良与田氏的例子来看，除非犯法，否则战国旧贵族在秦时仍可维持相当优裕的生活。再从另一个层面来看，项氏的例子表示，即便是有"栎阳逮"，甚至要避仇于吴中①，战国旧贵族依旧能通过旧时的声望与人脉，在民间拥有不小的影

---

① 《项羽本纪》："项梁尝有栎阳逮，乃请蕲狱掾曹咎书抵栎阳狱掾司马欣，以故事得已。项梁杀人，与籍避仇于吴中。吴中贤士大夫皆出项梁下。"（汉）司马迁撰，[日]泷川资言考证，杨海峥整理：《史记会注考证》，卷7《项羽本纪》，页412。

响力。换言之，战国旧贵族虽然因秦而亡国，却未必因秦而彻底失去原有的社会基础，顶多是社会基础受到了剧烈的削弱。相对于旧贵族的生活，前文提到诸位入秦之后失去舞台的战国游士，却不得不陷入贫寒的困境，陈平与韩信都是显例。此二人皆有不事生产以及贫困的记载，亦皆有类似寄食的生活，其中陈平出于其兄以及户牖富人的缘故，情况较佳，韩信则已近乎乞食。受限于史料，战国游士在秦时是否皆是如此，《史记》并未一一给予答案，但其社会基础薄弱，恐怕是常态。

樊哙的例子比较特殊，《史记》记载其"以屠狗为事，与高祖俱隐"，既然称"隐"，除了将其与战国士人常见的藏身市井做联结之外，或许也代表樊哙的才能远高于"屠狗为事"。其是否曾有入仕机会而拒绝，则不得而知。可与樊哙一同比较的汉初功臣则是周勃，《史记》云："勃以织薄曲为生，常为人吹箫给丧事，材官引强。"[1] 同样是混迹市井，亦有勇悍之名，周勃并未有"隐"的记载，而是"木强敦厚"，动辄自危恐诛。陈平取笑周勃曰："君居其位，不知其任邪。"[2] 而司马迁

---

[1] （汉）司马迁撰，[日] 泷川资言考证，杨海峥整理：《史记会注考证》，卷57《绛侯周勃世家》，页2644。

[2] （汉）司马迁撰，[日] 泷川资言考证，杨海峥整理：《史记会注考证》，卷56《陈丞相世家》，页2640。

亦论之曰:"鄙朴人也,才能不过凡庸。"① 两相对比之下,樊哙劝沛公封秦重宝财物府库还军霸上,可见其决断;鸿门宴上与项羽对饮,可见其勇敢;晚年将兵定代、燕,可见其将才。② 因此樊哙之屠狗,可被称为隐,视为蛰伏,但周勃之织薄曲,恐怕不过治生之事业罢了。然而周勃随高祖起事之后,出将入相,担任宰相时有自请免相的情况,因其发生于汉时,将列入下一节的不仕之士讨论范围。

虽然案例不多,但樊哙"屠狗"与蒯通"为巫"的记载,与战国时代不仕者往往依技艺混迹市井,或周旋于达官贵人之间的生活形态,根本上是一脉相承。可推论在史料之外,理当还有更多例证被湮没了。但反过来说,韩信、陈平的例证也表现出秦时的市井恐怕不如战国时期容易生存。以战国的普遍情况来说,仰赖他人供养(也就是成为食客),本属游士的生存之道,但秦法苛刻,加上重视生产活动的编户齐民制度,使贵族与任侠在秦时无法持续地供养并保护这些无生产能力的游士。

---

① (汉)司马迁撰,[日]泷川资言考证,杨海峥整理:《史记会注考证》,卷57《绛侯周勃世家》,页2664。
② 高祖七年、十二年樊哙定代,高祖十二年与将兵击燕王绾。见(汉)司马迁撰,[日]泷川资言考证,杨海峥整理:《史记会注考证》,卷8《高祖本纪》,页537、546;卷95《樊郦滕灌列传》,页3453。

游士的供养者从贵族公子、达官显要,变成了兄长、富人,乃至亭长小吏、城下漂母,大幅度削弱了绝大多数游士的社会基础。韩信、陈平乃将相之才,却必须仰赖这些乡里中的庶民才能生存,其变化岂在毫厘之间?

总体来说,秦时不仕之士案例缺乏的原因,可以从两部分来思考:其一,史料残缺,记载不全,因此无法更进一步窥探秦时不得推择为吏,或不屑担任秦吏的众多士人,如何维系其不仕的生活;其二,从战国到秦之间,旧贵族因亡国、犯法而削弱了社会基础,而寒门游士则因失去了舞台,其社会基础更是危如累卵,处境艰难。这导致游士在秦时必须往吏道或农桑等生产事业趋近,又或者是犯法而成为刑徒,因此无法持续"士"的身份。既然不再为"士",那么仕与不仕的抉择自然也就与他们无关了。

西汉早期的不仕之士

入汉之后,不仕的案例稍多,有可为典范的深山隐居之士,有与战国时代相接的旧贵族与游士宾客,也有汉朝成立之后的新世家,以及数量越来越多的儒生。这里的"西汉早期"是以武帝时代为界,包含高祖、惠帝、吕后、文帝、景帝诸朝，前后大约65年。以汉武帝为界自然是因为经术取士，然而汉武帝即位初年因窦太后的缘故，维持文景时期的黄老之术，理当并入西汉早期看待①，如此则大约有70年。

西汉早期的案例虽然稍多，但同样地受限于史料，在社会基础的调查上很难完整。尤其隐逸者，既选择了逃匿不现，以政治为主轴的史书记载自然容易将其忽略不记。少数记载者的社会背景又多语焉不详，如著名的商山四皓是否算得上真正的隐士，历来亦有争议，如司马光便称四人为"太子客"而不言逃匿山中，又于《考异》中言"此特辩士欲夸大四叟之事……非事实"②云云。

尽管如此，孝惠帝身边的商山四皓无论真假，可能都代表着当时有山中隐士的传闻。《淮南子·氾论训》云："今之时人，辞官而隐处，为乡邑之下，岂可同哉！"③战国末年到汉初这段乱世期间，避乱而隐居山林

---

① 武帝即位后，窦太后时期的不仕之士仅一例申公，申公生涯有两次归家不出，一次在景帝时，另一次即武帝、窦太后时。然景帝时因楚王骨靡而归鲁，较符合本书不仕定义。武帝时乃因政治压迫而不得不以疾免归，因此表3—3列仍以景帝为主。
② 《资治通鉴》与《资治通鉴考异》并见（北宋）司马光编著，元·胡三省音注《资治通鉴》（北京：中华书局，1956年6月），卷12《汉纪》4（高帝十一年），页399—400。
③ 张双棣撰：《淮南子校释》，卷13《氾论训》，页1359。

或以其他方式隐身的隐逸者，应该不在少数，只是西汉初年不若东汉初年那样，对不仕之隐逸高士特加表彰。隐士虽有超逸之节行，实与编户无异，再加上隐逸之行无涉天下大势，隐者既无意现身，史料不载也在情理之中。

隐逸之外，西汉早期的不仕之士身份相当多元，具有承先启后的地位。即便表3-3中之儒与秦时的不仕者在分类上同被列为"儒生"，也有从"儒生方士"向"通经大儒"转变的迹象。

以下为24例西汉早期不仕之士的相关资料。

表3-3

序号	不仕时间	姓名	出处	相关事迹	分类
1	高祖	东郭先生	《汉书》	齐王田荣怨项羽，谋举兵畔之，劫齐士，不与者死。齐处士东郭先生、梁石君在劫中，强从。及田荣败，二人丑之，相与入深山隐居。……乃见相国曰："……彼东郭先生、梁石君，齐之俊士也，隐居不嫁，未尝卑节下意以求仕也。"①	隐居山林

---

① （汉）班固撰，（清）王先谦补注：《汉书补注》，卷45《蒯伍江息夫传》，页3561。

(续表)

序号	不仕时间	姓名	出处	相关事迹	分类
2	高祖	梁石君	《汉书》	彼东郭先生、梁石君,齐之俊士也,隐居不嫁,未尝卑节下意以求仕也	隐居山林
3	高祖	甪里先生（四皓）	《史记》	留侯曰:"此难以口舌争也。顾上有不能致者,天下有四人。四人者年老矣,皆以为上慢侮人,故逃匿山中,义不为汉臣。然上高此四人。……"四人前对,各言名姓,曰:"东园公,甪里先生,绮里季,夏黄公。"上乃大惊,曰:"吾求公数岁,公辟逃我,今公何自从吾儿游乎?"①	隐居山林
4	高祖	东园公（四皓）	《史记》	四人者年老矣,皆以为上慢侮人,故逃匿山中,义不为汉臣	隐居山林
5	高祖	夏黄公（四皓）	《史记》	四人者年老矣,皆以为上慢侮人,故逃匿山中,义不为汉臣	隐居山林

---

① （汉）司马迁撰,［日］泷川资言考证,杨海峥整理:《史记会注考证》,卷55《留侯世家》,页2616、2619。

(续表)

序号	不仕时间	姓名	出处	相关事迹	分类
6	高祖	绮里季（四皓）	《史记》	四人者年老矣,皆以为上慢侮人,故逃匿山中,义不为汉臣	隐居山林
7	文帝	司马季主	《史记》	司马季主者,楚人也。卜于长安东市。……贾谊曰:"吾闻古之圣人,不居朝廷,必在卜医之中。今吾已见三公九卿、朝士大夫皆可知矣。试之卜数中以观采。"二人即同舆而之市,游于卜肆中①	隐士（技艺:卜）
8	文帝	河上公	《神仙传》	河上公者,莫知其姓名也。汉孝文帝时,结草为庵于河之滨,常读老子《道德经》。时文帝好老子之道……侍郎裴楷奏云:陕州河上有人诵老子。即遣诏使赍所疑义问之……帝即拜跪受经,言毕,失公所在。……时人因号河上公。②	隐士

① （汉）司马迁撰,[日]泷川资言考证,杨海峥整理:《史记会注考证》,卷127《日者列传》,页4211。
② （晋）葛洪撰,胡守为校释:《神仙传校释》（北京:中华书局,2010年）,卷8,页293—294。

（续表）

序号	不仕时间	姓名	出处	相关事迹	分类
9	高祖	盖公	《史记》《高士传》	闻胶西有盖公，善治黄老言，使人厚币请之。既见盖公，盖公为言治道贵清静，而民自定，推此类具言之。参于是避正堂舍盖公焉[1] 汉之起，齐人争往于世主，唯盖公独遁居不仕。……盖公虽为参师，然未尝仕。以寿终[2]	宾客
10	文帝	王生	《史记》	王生者，善为黄、老言，处士也。尝召居廷中，三公九卿尽会立，王生老人，……王生曰："吾老且贱，自度终无益于张廷尉。张廷尉方今天下名臣，吾故聊辱廷尉，使跪结袜，欲以重之。"诸公闻之，贤王生而重张廷尉[3]	宾客

---

[1] （汉）司马迁撰，[日]泷川资言考证，杨海峥整理：《史记会注考证》，卷54《曹相国世家》，页2593。

[2] （西晋）皇甫谧，《高士传》（台北：中华书局据《汉魏丛书》本校刊，1978年），卷中《盖公》，页7。

[3] （汉）司马迁撰，[日]泷川资言考证，杨海峥整理：《史记会注考证》，卷102《张释之冯唐列传》，页3580。

(续表)

序号	不仕时间	姓名	出处	相关事迹	分类
11	高祖	田横二客	《史记》	……拜其二客为都尉,发卒二千人,以王者礼葬田横。既葬,二客穿其冢旁孔,皆自刭,下从之①	宾客
12					
13	景帝	袁盎	《史记》	袁盎者,楚人也,字丝。父故为群盗,徙处安陵。高后时,盎尝为吕禄舍人。及孝文帝即位,盎兄哙任盎为中郎……袁盎为楚相。尝上书有所言,不用。袁盎病免,居家,与闾里浮沈,相随行斗鸡走狗。……袁盎虽家居,景帝时时使人问筹策②	宾客

---

① （汉）司马迁撰，[日]泷川资言考证，杨海峥整理：《史记会注考证》，卷94《田儋列传》，页3442—3443。
② （汉）司马迁撰，[日]泷川资言考证，杨海峥整理：《史记会注考证》，卷101《袁盎晁错列传》，页3554、3564—3565。

（续表）

序号	不仕时间	姓名	出处	相关事迹	分类
14	高祖	鲁二儒生	《史记》	叔孙通使征鲁诸生三十余人。鲁有两生，不肯行，曰："……公所为不合古，吾不行。公往矣，无污我！"叔孙通笑曰："若真鄙儒也，不知时变。"①	儒生
15					
16	惠帝	田何	《史记》《高士传》	孔子卒，商瞿传易六世，至齐人田何，字子庄，而汉兴② 惠帝时，何年老家贫，守道不仕，帝亲幸其庐。以受业终，为易者宗③	儒生（讲授）

---

① （汉）司马迁撰，[日]泷川资言考证，杨海峥整理：《史记会注考证》，卷99《刘敬叔孙通列传》，页3536。
② （汉）司马迁撰，[日]泷川资言考证，杨海峥整理：《史记会注考证》，卷121《儒林列传》，页4082。
③ （西晋）皇甫谧：《高士传》，卷中《田何》，页9。

（续表）

序号	不仕时间	姓名	出处	相关事迹	分类
17	景帝	穆生	《汉书》	初，元王敬礼申公等，穆生不耆酒，元王每置酒，常为穆生设醴。及王戊即位，常设，后忘设焉。穆生退曰："可以逝矣！醴酒不设，王之意怠……先王之所以礼吾三人者，为道之存故也；今而忽之，是忘道也。忘道之人，胡可与久处！岂为区区之礼哉？"遂谢病去。申公、白生独留①	儒生
18	景帝	申公	《史记》	吕太后时……戊立为楚王，胥靡申公。申公耻之，归鲁，退居家教，终身不出门，复谢绝宾客，独王命召之，乃往。弟子自远方至，受业者百余人。见天子。……然已招致，则以为太中大夫，舍鲁邸，议明堂事。太皇窦太后好老子言……申公亦疾免以归，数年卒②	儒生（讲授）

① （汉）班固撰，（清）王先谦补注：《汉书补注》，卷36《楚元王传》，页3250。
② （汉）司马迁撰，[日]泷川资言考证，杨海峥整理：《史记会注考证》，卷121《儒林列传》，页4072—4073。

（续表）

序号	不仕时间	姓名	出处	相关事迹	分类
19	高祖	张良	《史记》《两汉纪·上册·汉纪》	留侯谏，不听，因疾不视事 留侯乃称曰："……今以三寸舌为帝者师，封万户，位列侯，此布衣之极，于良足矣。愿弃人间事，欲从赤松子游耳。"乃学辟谷道引轻身。会高帝崩，吕后德留侯，乃强食之① "……愿弃人间事，欲从赤松子游耳。"乃学道，不食谷，遂不仕②	旧贵族
20	高祖	田横	《史记》	高皇帝……使使持节具告以诏商状，曰："田横来，大者王，小者乃侯耳；不来，且举兵加诛焉。"田横乃与其客二人乘传诣雒阳	旧贵族

---

① （汉）司马迁撰，[日]泷川资言考证，杨海峥整理：《史记会注考证》，卷55《留侯世家》，页2600、2619、2621。
② （东汉）荀悦著，张烈点校：《两汉纪·上册·汉纪》（北京：中华书局，2017年），卷3《高祖皇帝纪》，页41。

（续表）

序号	不仕时间	姓名	出处	相关事迹	分类
20	高祖	田横	《史记》	未至三十里，至尸乡厩置，横谢使者曰："人臣见天子当洗沐。"止留。谓其客曰："……今陛下在洛阳，今斩吾头，驰三十里间，形容尚未能败，犹可观也。"遂自刭，令客奉其头，从使者驰奏之高帝①	旧贵族
21	吕后	王陵	《史记》	王陵者，故沛人，始为县豪，高祖微时，兄事陵。陵少文，任气，好直言。及高祖起沛，入至咸阳，陵亦自聚党数千人……高后欲立诸吕为王，问王陵，王陵曰："不可。"问陈平，陈平曰："可。"吕太后怒，乃佯迁陵为帝太傅，实不用陵。陵怒，谢疾免，杜门竟不朝请，七年而卒②	新世家

① （汉）司马迁撰，[日]泷川资言考证，杨海峥整理：《史记会注考证》，卷94《田儋列传》，页3441—3442。
② （汉）司马迁撰，[日]泷川资言考证，杨海峥整理：《史记会注考证》，卷56《陈丞相世家》，页2637—2638。

（续表）

序号	不仕时间	姓名	出处	相关事迹	分类
22	文帝	周勃	《史记》	文帝既立，以勃为右丞相，赐金五千斤，食邑万户。居月余，人或说勃曰："君既诛诸吕，立代王，威震天下，而君受厚赏，处尊位，以宠，久之即祸及身矣。"勃惧，亦自危，乃谢请归相印。上许之。岁余，丞相平卒，上复以勃为丞相① 绛侯自知其能不如平远矣。居顷之，绛侯谢病请免相②	新世家
23	景帝	窦婴	《史记》	太后由此憎窦婴。窦婴亦薄其官，因病免。太后除窦婴门籍，不得入朝请 孝景三年，吴楚反，上察宗室诸窦毋如窦婴贤，乃召婴。婴入见，固辞谢病不足任。太后亦惭。于是上曰："天下方有急，王孙宁可以让邪？"乃拜婴为大将军，赐金千斤	新世家

① （汉）司马迁撰，[日]泷川资言考证，杨海峥整理：《史记会注考证》，卷57《绛侯周勃世家》，页2653。
② （汉）司马迁撰，[日]泷川资言考证，杨海峥整理：《史记会注考证》，卷56《陈丞相世家》，页2640。

（续表）

序号	不仕时间	姓名	出处	相关事迹	分类
23	景帝	窦婴	《史记》	孝景四年，立栗太子，使魏其侯为太子傅。孝景七年，栗太子废，魏其数争不能得。魏其谢病，屏居蓝田南山之下数月，诸宾客辩士说之，莫能来①	新世家
24	景帝	张挚	《史记》	其子曰张挚，字长公，官至大夫，免。以不能取容当世，故终身不仕②	名臣子

以上总共24例，其中例11、12"田横二客"，与例14、15"鲁二儒生"，皆失其名，故将两人合并为一栏。这24人可粗略分为五类，每一类中，有可继续区分为不同类别的，也有一些不仕之士因为身份的转换而可跨二类讨论的。

先说隐居山林之隐士，这部分合计有8人。其中隐居山林的共有6人，但实际上可分为两组，东郭先

---

① （汉）司马迁撰，[日]泷川资言考证，杨海峥整理：《史记会注考证》，卷107《魏其武安侯列传》，页3693。
② （汉）司马迁撰，[日]泷川资言考证，杨海峥整理：《史记会注考证》，卷102《张释之冯唐列传》，页3581。

生与梁石君是一组,而甪里先生、东园公、夏黄公、绮里季等四皓是另一组。东郭先生与梁石君的故事未见于《史记》,在《曹相国世家》中仅见盖公,但其事迹显然流传于汉初,除了本章所引的《汉书》之外,《韩诗外传》中亦有类似的记载,皆为客请曹参求二隐为用之意。① 由于《史记》不载,曹参是否真以东郭先生与梁石君为上宾或有可疑,但古籍中多有齐人号东郭先生者。如《韩诗外传》有齐桓公以管仲谋伐莒的故事,其中有能闻君子三色而知人心事的东郭牙,亦被称东郭先生。② 此外,《史记》虽无曹参请东郭先生、梁石君为上宾之事,但《滑稽列传》亦有齐人东郭先生:

> 齐人东郭先生以方士待诏公车,当道遮卫将军车,拜谒曰:"愿白事。"将军止车前……诏召东郭先生,拜以为郡都尉。③

---

① 《韩诗外传》中,"蒯通"作"匽生",蒯、匽音近,匽生即蒯生也。见(汉)韩婴撰,许维遹校释《韩诗外传集释》(北京:中华书局,1980年),卷7第3章,页239。

② (汉)韩婴撰,许维遹校释:《韩诗外传集释》,卷4第5章,页133—134,同故事亦见(西汉)刘向撰,向宗鲁校证:《说苑校证》,卷13《权谋》,页315—316。《说苑》作"东郭垂"。

③ (汉)司马迁撰,[日]泷川资言考证,杨海峥整理:《史记会注考证》,卷126《滑稽列传》,页4202—4203。

此齐人东郭先生处武帝时代,与司马迁同时,又与朝中新贵来往,并受有官职,当非《史记》好奇而虚构。然而遮卫将军车的东郭先生与齐王田荣相去八十余年,显然与秦楚之际时"未尝卑节下意以求仕"的东郭先生为二人。齐之异士或许多隐居于城外东郭,曹参为齐相国,礼贤下士,求二隐士亦在情理之中。

真正意义上的深山隐居多半意味着要忍受饥与贫,相当于自绝社会基础。先秦隐逸典范(如伯夷、叔齐者)隐于首阳山"采薇而食之,及饿且死"① 即为显例。东郭先生与梁石君无有饥、贫之记载,但商山四皓则在晋时《高士传》中,有"晔晔紫芝,可以疗饥"之记录,表现了人们对于隐居山林必然接受饥贫的想象。

隐居山林却跃上历史舞台,多少有"采荣"之嫌②,但西汉早期的隐士还是保有一些先秦弃名辟世的风采,如东郭先生、梁石君,以及四皓这般隐居山林的隐士,就算其人与事迹真假参半,但在当时存在着这样的文化,当无可怀疑。

相对于从人群逃离,隐遁山泽岩穴之中,亦有部分

---

① (汉)司马迁撰,[日]泷川资言考证,杨海峥整理:《史记会注考证》,卷61《伯夷列传》,页2727。
② 扬雄《解嘲》:"四皓采荣于南山。"见(汉)班固撰,(清)王先谦补注《汉书补注》,卷87下《扬雄传》,页5391。

有道之士隐其名而不隐其身,以卜筮或其他道家学识作为不仕的社会基础。亦即本章所列的隐士2人:司马季主与河上公。作为《史记·日者列传》中唯一的传主,司马季主表现出古代隐士除了藏身山泽之外的另一种典型,所谓"古之圣人,不居朝廷,必在卜医之中"之类。褚先生补《日者列传》曰:

> 从古以来,贤者避世,有居止舞泽者,有居民闲,闭口不言,有隐居卜筮闲以全身者。夫司马季主者,楚贤大夫,游学长安,通《易经》,术黄帝、老子,博闻远见。观其对二大夫贵人之谈言,称引古明王圣人道,固非浅闻小数之能。①

从褚先生的补传可知,司马季主博闻远见,无疑是典型的道家士人,而以卜筮为业。此外,褚先生也揭示了贤者避世的三种典型:"居止舞泽"②即藏身山泽岩穴之意;"居民闲"为藏身民间,不多卖弄所拥有之知识,或可与《论语》中耦而耕的长沮、桀溺类比;"隐居卜

---

① (汉)司马迁撰,[日]泷川资言考证,杨海峥整理:《史记会注考证》,卷127《日者列传》,页4218。
② 泷川资言:"舞,读为芜",见(汉)司马迁撰,[日]泷川资言考证,杨海峥整理:《史记会注考证》,卷127《日者列传》,页4219。

筮闲"即司马季主此类。

相对于司马季主之以卜为生,河上公则是以《老子》一书的诵读留名。《神仙传》虽然不是一本可信的史料文献,但其中关于河上公的记载却不违背西汉初年的状况。先秦两汉多以"河上""水上"表示岸边,即所谓"结草为庵于河之滨",在史书中不胜枚举。[1]"河上公"或"河上丈人",其意义类似于"东郭先生",都是以居住之地作为称呼,亦即住在河边的丈人。

《史记·乐毅列传》中有"河上丈人"[2],其时代为战国末年,但并未言及《老子》。传世《老子》古注有《河上公章句》,据考证,成书于西汉之后、魏晋之前,大约在东汉中后期。可推测应在《河上公章句》流行之后,才出现河上公授老子《道德经》与汉文帝的传说。[3]然而在此章句出现之前,是否有一"河上公"于汉文帝时代讲论《老子》呢?汉初是古代黄老学的全盛时期,

---

[1] 如《史记·黥布列传》记:"项籍杀宋义于河上。"《项羽本纪》云宋义领军救赵,行至安阳留而不进,项羽要求引兵渡河不果,这才即其帐中斩宋义头,并有破釜沉舟之举。可知《黥布列传》中的"河上"即河岸边之意。见(汉)司马迁撰,[日]泷川资言考证,杨海峥整理:《史记会注考证》,卷91《黥布列传》,页3375;卷7《项羽本纪》,页424—427。

[2] (汉)司马迁撰,[日]泷川资言考证,杨海峥整理:《史记会注考证》,卷80《乐毅列传》,页3169。

[3] 参见王卡点校《老子道德经河上公章句》(北京:中华书局,1993年),页3。

诵读《老子》者理当不在少数。汉初社会上接战国时代，诸子游士讲论之风未衰，后又有托名河上公之章句写定传世，因此虽然《神仙传》所记诸如"拊掌坐跃，冉冉在空虚之中，去地百余尺"①之类的神仙事迹不可信，但本章仍将其列于此处。

撇开河上公近乎怪力乱神的记载，诵读《老子》的河上公可能更接近被归类于宾客一类的王生与盖公。隐士之外，西汉早期有接续战国游士色彩浓厚的宾客型不仕之士，共5例，其中王生、盖公性质相近，都是道家型的游士，另外则是田横二客以及袁盎。

相对于《神仙传》中河上公之远离朝廷，《史记》中盖公先教授黄老学说于齐高密②，后又受齐丞相曹参厚币之请而成为其宾客，比起河上公来说更加入世。汉初仕途继承了以吏为师的秦制，但地方封国则保留了战国养士之风。曹参"避正堂舍盖公"，是将盖公待为上宾，以至于不敢自居主位的意思，正与战国时信陵君亲迎侯生，侯生上坐而公子执辔相当。③因此盖公可被视为西汉

---

① （晋）葛洪撰，胡守为《神仙传校释》，卷8，页293。
② （汉）司马迁撰，[日]泷川资言考证，杨海峥整理：《史记会注考证》，卷80《乐毅列传》，页3169。
③ 《魏公子列传》："公子从车骑，虚左，自迎夷门侯生。侯生摄敝衣冠，直上载公子上坐，不让，欲以观公子。公子执辔愈恭。……至家，公子引侯生坐上坐，遍赞宾客，宾客皆惊。"（汉）司马迁撰，[日]泷川资言考证，杨海峥整理：《史记会注考证》，卷77《魏公子列传》，页3089。

初期的道家型游士。史书并无盖公任职的记录，《高士传》则直言"盖公虽为参师，然未尝仕"①，若将盖公与战国时期诸侯、公子养士相联结，则盖公当为以讲授学术以及接受诸侯豢养作为社会基础的不仕之士。

时代稍晚的王生亦与盖公相似，以讲授黄老以及成为宾客作为不仕的社会基础。王生"善为黄老言"，同样以黄老学"召居廷中"，并以一段"使跪结袜"的政治表演确立景帝即位之后张释之的政治地位。值得注意的是，《史记》中明言王生是"处士"，并未任职，然而既然能与三公九卿并立，且为张释之谋划，其作为宾客与不仕之士的性质则相当明显。然而其自称"老且贱"的情况，加上结袜之举被视为"廷辱张廷尉"，王生的地位当远不如盖公。

盖公、王生可被视为道家型游士，然而汉初既然接续了战国时期的游士之风，那么汉初的宾客自然也表现出一部分的战国多元色彩。田横二客为田横置办丧礼之后，虽已被高祖拜为都尉，仍自到从其主于地下。这种因义而以死明志的作为，虽然以本书的定义来说可被视为"不仕"，但实际上其选择已超出了仕与不仕之间。《史记》并记载，田横门下除了二客之外，尚有海外

---

① （西晋）皇甫谧：《高士传》，卷中《盖公》，页7。

五百人"闻田横死,亦皆自杀",并评论此为"田横之高节,宾客慕义而从横死"的"至贤"举措。①

为报恩、明志或慕义而自杀者,战国时代所在多有。如侯生北乡自刭送魏公子②,又如田光为激荆卿刺秦,同时明不言之志与太子丹,因自刎而死,皆是其例。田光以"节侠"自居,可见此行与任侠之风有关,而此风可能又与墨家的"墨者之义"有些关系。《吕氏春秋》记载墨家巨子孟胜因楚阳城君事而赴死,所谓"死之,所以行墨者之义,而继其业者也",随孟胜而死者有百八人③,可谓田横故事之滥觞。汉初此风不逊于战国时代,《史记·张耳陈馀列传》记载赵王张敖门客贯高、赵午等十余人因赵王受辱,欲杀高祖,而赵王不欲背德,事发后,赵王、贯高等皆被逮捕,而门客十余人"皆争自刭",亦同此例。④因此客为田横而死而婉拒汉廷之仕,"不仕"不过是其表象,其内涵更接近为主赴火蹈刃的

---

① (汉)司马迁撰,[日]泷川资言考证,杨海峥整理:《史记会注考证》,卷94《田儋列传》,页3443。
② (汉)司马迁撰,[日]泷川资言考证,杨海峥整理:《史记会注考证》,卷77《魏公子列传》,页3092—3093。
③ 许维遹撰,梁运华整理:《吕氏春秋集释》(北京:中华书局,2009年),卷19《上德》,页521—522。
④ (汉)司马迁撰,[日]泷川资言考证,杨海峥整理:《史记会注考证》,卷89《张耳陈馀列传》,页3359。

侠客关系。

袁盎之例较为特别,他的不仕在于晚年由于为楚相上书有所言而不受用,因此病免居家。《史记》记其"与闾里浮沈,相随行斗鸡走狗",就性质上来说,更接近于混迹市井之类。袁盎父"故为群盗",秦末为盗者不少,不能单纯视其为盗匪出身,只能说其非富贵中人。袁盎早年为"吕禄舍人",所谓"舍人",多作为亲近左右宾客之通称①,因此袁盎可被视为宾客出身,而其晚年居家亦多为人筹策,因此在分类上将其置于宾客一类。虽然如此,袁盎晚年不仕的社会基础与田横二客等不一样,由于盛年时于朝中颇有影响力,晚年未必需要仰赖权贵供养,甚至尚有余力善待季心、剧孟等游侠。②袁盎不仕之社会基础,或可被视为早年财富与人脉的累积。

前面河上公、盖公以及王生三例表现出汉初黄老学盛行之下,因其学而得以不仕的情况。而西汉早期除了黄老学之外,儒家文学亦逐渐抬头,因此亦有不仕之儒

---

① (汉)班固撰,(清)王先谦补注:《汉书补注》,卷1上《高帝纪》,页32。师古曰:"舍人,亲近左右之通称也,后遂以为私属官号。"《秦始皇本纪》《史记集解》引文颖曰:"主厩内小吏官名。或曰,待从宾客,谓之舍人也。"见(汉)司马迁撰,[日]泷川资言考证,杨海峥整理:《史记会注考证》,卷6《秦始皇本纪》,页313。
② (汉)司马迁撰,[日]泷川资言考证,杨海峥整理:《史记会注考证》,卷101《袁盎晁错列传》,页3564。

生,共计有5例,包含拒绝叔孙通之鲁二儒生,以及田何、穆生与申公。

先秦时期不仕之儒生并不多,此与儒生的本质在于行仁用礼,以"斯人之徒"①自居有关,因此孔门有"不仕无义"的求仕动力。虽然如此,在汉武帝尊经之前的儒生,与战国游士一样具有多样化的面貌,韩非于《显学》中言孔墨之后"儒分为八"②,明确说明先秦儒生已有十分剧烈的分化。秦时用法深刻,但儒生仍可以文学被征为博士,如叔孙通③,或以"求芝奇药仙者"受召的文学方术士,如卢生、侯生等,这些方术士也是扶苏口中"诵法孔子"的"诸生"。显见即便是以吏为师的秦朝朝中,儒生也有不同面貌。在朝廷之外,尚有"刻石颂秦德,议封禅望祭山川之事"④的鲁地诸儒。入汉之后,叔孙通为定朝仪而征鲁诸生,不肯行的二儒也彰显出当时儒生的不同典型:有愿为礼仪损益而入朝之儒,亦有类似孟子"恶不由其道",以"无污我"严词拒绝

---

① 《论语集注》,卷9《微子》,(南宋)朱熹集注:《四书章句集注》,页258。
② (战国)韩非著,陈启天校释:《增订韩非子校释》,卷1《显学》,页2。
③ (汉)司马迁撰,[日]泷川资言考证,杨海峥整理:《史记会注考证》,卷99《刘敬叔孙通列传》,页3533。
④ (汉)司马迁撰,[日]泷川资言考证,杨海峥整理:《史记会注考证》,卷6《秦始皇本纪》,页340。

之儒。

田何与申公皆为传经之儒，田何授《易》，而申公授《鲁诗》与《穀梁春秋》①。穆生则与申公同授《诗》于浮丘伯，时代稍晚于田何，皆为楚元王刘交之中大夫，并因楚王刘戊之淫暴而不仕。穆生因"醴酒不设，王之意怠"而求去，亦有"恶不由其道"之意。申公为传经大儒，正史中对其的记载也较多，因受刘戊"胥靡"，耻而归鲁，退居家教。所谓"胥靡"，《汉书·楚元王传》云："衣之赭衣，使杵臼碓舂于市。"颜师古注曰："役囚徒以锁联缀。"②相当于以轻刑羞辱之，比起"王之意怠"更甚。因此申公之"终身不出门，复谢绝宾客"，除了"恶不由其道"之外，尚有身受此辱之故。

田何于《史记》《汉书》中皆无仕或不仕的相关记载，亦不见朝廷征召之事。《高士传》称其"年老家贫，守道不仕"，甚至"帝亲幸其庐"，未必可信。但秦火

---

① （汉）司马迁撰，[日]泷川资言考证，杨海峥整理：《史记会注考证》，卷121《儒林列传》，页4072、4082。按：太史公作《史记》之西汉初年，《穀梁》未受重视，申公传《穀梁》事见《汉书·儒林传》："瑕丘江公受《穀梁春秋》及《诗》于鲁申公。"（汉）班固撰，（清）王先谦补注：《汉书补注》，卷88《儒林传》，页5453。
② （汉）班固撰，（清）王先谦补注：《汉书补注》，卷36《楚元王传》，页3251。按："胥靡"《史记集解》引徐广曰："腐刑"，此说先贤已见其误。见（汉）司马迁撰，[日]泷川资言考证，杨海峥整理：《史记会注考证》，卷121《儒林列传》，页4073。

不及《易》，而田何以《易》授弟子为宗，若田何拒绝朝廷之征召，当以讲授《易》为社会基础。本书于此从宽认定，姑且将其列入讨论。

先秦儒生即使"恶不由其道"，亦可如荀卿般游走列国，因此如孟子般不仕者极少。汉初不仕之儒生可搜得4例（5人），虽然比起先秦时期要多一些，但比起武帝之后，仍不算多，整体而言仍接近于战国时代的延续。相对于儒生不仕，汉初贵族不仕者可略分为旧贵族与新世家两种（此处将新世家与名臣子归为一类），表现出明显的新旧时代过渡色彩。其中旧贵族代表有2人，分别为张良、田横；新世家与汉代名臣子的代表有4人，分别是王陵、周勃、窦婴、张挚。

旧贵族中，田横为齐田王族，在楚汉相争时期曾经短暂自立为齐王，因韩信、灌婴破齐而流亡。田横被视为不仕之士的理由在于高祖有"田横来，大者王，小者乃侯耳"的承诺，而田横亦有"人臣见天子当洗沐"的回应，因此对其自刭，可视为其有机会仕而拒仕的表现。作为王族，田横即使行至末路，仍有徒属五百余人，其社会基础自然是来自封建时代的贵族资本，以及当时任侠之风的潜移默化。

张良于高祖定天下之后便因"多病"而"道引不

食谷，杜门不出岁余"，因此《两汉纪·汉纪》有"遂不仕"的记录。但此时并非明显的有机会仕而不仕，要等到高祖自将击黥布，要求张良"强卧而傅太子"之后，先以留侯行少傅事，后因易太子事，张良劝谏而不听，再次"因疾不视事"时①，才真正符合本书定义中的不仕。

张良家族五世相韩，他自然也属旧贵族。值得注意的是张良同时是高祖功臣，封留侯，是旧贵族跨新世家的代表人物。其社会基础相当丰厚，已不待言。

新世家与名臣子4人出身背景各自不同，某种程度上也表现出过渡时期的多元面貌。王陵与周勃都是最早追随高祖起事的功臣，但王陵本为沛县豪强，早年高祖甚至以"兄事陵"。入关中时，王陵"自聚党数千人"，也可见其作为县豪的号召力与能力。周勃虽然也是高祖功臣，但出身极为贫寒，"织薄曲"为生之余，还要"为人吹箫给丧事"，除了"材官引强"之外，实际上"才能不过凡庸"。两人不仕的理由皆与政治环境有关，王陵因不同意诸吕为王而"谢疾免"，实际上是拒绝了帝太傅的职位。周勃晚年因功高震主恐惧自危，加上"自

---

① （汉）司马迁撰，[日]泷川资言考证，杨海峥整理：《史记会注考证》，卷55《留侯世家》，页2619。

知其能不如平远矣",自请免相。两人的"谢病"虽然都受到了政治上的压迫,但此压力皆不及退出仕途的地步,因此皆属"不仕"。由于两人皆封侯拜相,作为汉朝新世家,其社会基础自然与此有关。

窦婴亦属新世家,但原属外戚身份,其不仕的基础与王陵、周勃又略有不同。窦婴以外戚见用,文帝时先任吴相,后为詹事掌皇后、太子宫中事务。虽是窦太后从兄之子,但窦婴与窦太后并不甚和睦,也因此"薄其官,因病免",主动离开詹事职位。后七国之乱起,朝廷用人孔亟,窦婴还一度"固辞谢病不足任",可见其"不仕"未必受到政治压迫,个人主观意志影响更大。窦婴平七国之乱有功,方因军功封侯,由外戚进一步成为军功贵族。虽然也封侯拜相,但窦婴"不仕"的时间仅止于身为外戚,而立功、封侯、拜相等皆在其后,虽然仍可被视为新世家,但与王、周稍有区别。

张挚是张释之之子。张释之位列九卿,不可不谓高位,但张释之出身称不上富豪,虽能"以訾为骑郎",但仍有"久宦减仲之产"的疑虑,生怕过多消耗兄长资产,顶多只是小康。张挚虽一度官至大夫,但一方面因张释之曾得罪景帝,另一方面又有"以不能取容当世"的傲气,因此终身不仕。从《史记》的记载来看,张挚的社会基础应该包含了原本小康之家的家族资产,以及张释之多年仕途的累积,方能支撑其不仕。

张挚既无爵位,亦非外戚权贵,在汉初新世家形成的阶段,暂时不以世家贵族称之,故以"名臣子"之类独立。汉初七十余年,以名臣子不仕的例子仅有此一例,由于其社会基础与贵族一样,多少与父荫有关,因此这里将其与贵族合并讨论。武帝以后,世代居官的例子明显增加,待第四章再接续讨论。

小结:"天地一大变局"中的仕宦抉择

赵翼称秦、汉间为"天地一大变局"[1],商、周以下的封建制度至此结束,而中央集权的皇帝官僚制度从此开展。剧烈的变化不但表现在政治制度上,也冲击着"士"的知识背景、身份地位以及各种抉择。历来对于士人的讨论多半集中于"仕"途相关的部分,本书特别着重"不仕",通过对此一现象的爬梳与归纳,来观察此时代变局下的种种变迁。

---

[1] (清)赵翼著,王树民校证:《廿二史札记校证(订补本)》(北京:中华书局,1984年1月),卷2,页36。

通过以上的表列与分析，本章搜得秦与西汉初年的不仕之士共32人，若加上秦时的蛰伏之士，则有39人。现将相关的人数统计数字于本章粗略地分类整理为表格。首先是秦时不仕之士与蛰伏之士，合并表列如下。

表 3-4

	儒生	纵横游士	道家型游士	贫寒游士	贵族	市井技艺	合计
秦时不仕之士	3	3	2				8
秦时蛰伏之士				2	4	1	7

其次是汉初的不仕之士，人数统计表如下。

表 3-5

	隐居山林	隐士	宾客	儒生	旧贵族	新世家	名臣子	合计
汉初不仕之士	6	2	5	5	2	3	1	24

由二表的分类可知，从秦到汉初，史料所呈现的不仕现象已经有了不小的改变。先论"游士"，秦虽借由并吞六国海内一统消灭了游士周游的对象，但各种类型的游士仍蠢蠢欲动，秦时不仕与蛰伏者表中包含了三类游士（纵横游士、道家型游士与贫寒游士），企图出入于不同阵营之间，但汉初的不仕者表中仅见以宾客身份不任职官的不仕者，未见不合则去的游士。

秦时不仕之游士多与秦末英雄并起有关，延续着战国士人周游求用的特色，然而汉兴之后周游条件再度被削弱，因此如蒯通这般直言"臣唯独知韩信，非知陛下也"的说客便不复存在，致使"游士"之"游"的可能性大减。战国时代宾客与游士具有高度的重叠性，时至汉初，虽有不仕之宾客，汉初宾客中亦不乏豢养于汉初诸侯国者，但从"游士"变成"宾客"，士人实际上可以做出的政治抉择不得不被限制、缩小。如田横二客已无齐田氏可追随，其余宾客亦难以有"仕于汉"与"不仕"二者之外的其他选择。

虽然秦汉都是统一王朝，但从秦始皇到汉武帝之间，政治环境仍然有不小变化，这也表现在士对于仕的不同态度。整体而言秦时之士以待时而出的蛰伏为主，项梁、项羽固然如此，叔孙通、蒯通、韩信等亦然。汉兴之后，

"恶不由其道"的隐士、节士浮出台面，商山四皓、鲁二儒生可为代表。田横及其门客之所以不接受汉朝官职，亦与不能接受新时代、新统治者有关。文景时期除了"恶不由其道"的穆生、申公、张挚之外，又有忧惧而退的不仕者，如周勃之类。随着汉朝统治的深入，周游之路闭塞，此类不仕者也日益增加，将超过道家型不仕者的数量，此趋势将于后面章节中继续分析讨论。

汉兴之后，隐居山林之隐士有6人，加上河上公与司马季主则有8人，但在秦时，则几乎不见隐居山林的隐士。这个差异表现出两个层面的意义。其一，这些隐逸者不仅隐于汉时，秦时同样隐而不见，是真正意义上的"隐"，愿意于汉初跃上历史舞台，表现出汉初较为开放的政治环境。隐逸者愿意在某些条件之下现身。

其二，从秦之暴虐、高祖之无礼，到惠帝以后为人君者多见仁孝恭敬，可见为人君者一方面借由政治力量推动士人与历史文化的变迁，另一方面士人与历史文化也反过来形塑并改造了人君，使他们更接近于心目中的理想样子。不论是商山四皓、东郭先生、梁石君或河上公，这些真伪难辨的隐士之所以现身，与大时代变化下人君（或掌权者）逐渐符合士人期待不无关系。

这两方面的变化基本上集中表现在高祖一朝。若将汉初的不仕之士更进一步细分，以不仕现象出现于何朝天子为界，更能看出高祖一朝的特殊之处。

表 3-6

不仕时间分类	高祖	惠帝	吕后	文帝	景帝	合计
隐居山林	6					6
隐士				2		2
宾客	3			1	1	5
儒生	2	1			2	5
旧贵族	2					2
新世家			1	1	1	3
名臣子					1	1
合计	13	1	1	4	5	24

高祖定天下之后在位 7 年，不仕之士足足有 13 人；而惠帝与吕后掌天下合计约 15 年，不过各 1 人；文帝在位 23 年，仅 4 人；景帝在位 16 年，有 5 人。汉初高祖至景帝五朝，高祖时期的不仕之士占了总数一半以上，如盖公、商山四皓皆现身于高祖时期。四皓以现身来传达对于理想君王的期待，而鲁二儒生则以激烈的不仕来

表达对于政局的某种看法。或许可以这么说：汉初士人通过高祖的豁然大度，在政治变迁中以隐与见、仕与不仕的抉择，引导了一部分汉朝文化的创造。

另一个不仕之士的变化，在于贵族不仕的情况。如本书第一章所述，封建时代的贵族本无"不仕"的选项，只有"隐"与"见"的抉择，但战国以来由于封建制的崩坏，贵族亦有了是否入仕担任职位的问题。秦既废封建制，那么在旧时代承担统治与学术知识的贵族，本应有仕宦与否的抉择，但秦时几乎不见旧贵族拥有仕的机会，加上亡国之耻，这些旧贵族不得不蛰伏等待时机再出。汉兴之后，一方面汉高祖比秦始皇更能容纳政府组织当中包含旧贵族的存在（如田横）；另一方面旧贵族也开始学习接纳新时代的需求（如张良）。因此不仕之旧贵族在汉兴之后反而有了仕与不仕的抉择，相较秦时出现了真正意义上的不仕。

此外，汉兴之后出现了一批新的军功贵族，随着汉朝根基扎稳、统治时间拉长，世代居官的新世家也逐渐出现，并且在武帝经术取士之后，再度转化其入仕的方式。新世家与名臣子的不仕，或可作为东汉士族不仕现象隐约的远祖。

贵族之外，虽然秦与汉初皆亦有儒生不仕，相对于战国时代已经增加不少，但秦与汉初两阶段所见的不仕之儒，性质略有差别。秦时不仕之儒生或为卢生这般以方术士见用者，或为叔孙通这般以"面谀以得亲贵"受讥者；汉兴之后，不仕之儒生先有面斥叔孙通的鲁二儒生，后又有申公、穆生这般守道的通经大儒。虽然汉初不仕之儒生不多，但这几个例子亦表现出了在"不仕无义"的旗帜之下，何以在西汉末年王莽时期会大量出现不仕的儒生。

最后再与战国时期的不仕现象相比较。本书第二章统计过战国时期的不仕之士，并将其与第一章所见《庄子》书中的有道之士合并观察。将其再与秦及汉初相比，首先可见隐居山泽岩穴依旧是隐逸典范之一，从战国到汉初都有一定数量，此隐逸传统并未消失。然而除此之外，以农、牧、渔或各种技艺为社会基础的隐士数量却大量减少了，这也反映出了时代的演进。在战国时期，各国竞相变法，求贤若渴，即便身无道术，仅有一技之长亦有值得看重之处，因此小民有艺或可上通国君，才士隐身卑职贱位亦不足耻。但在以律令章程为主体的官僚体系当中，农、牧、渔或各种技艺，本为编户齐民的重要组成，若不通刑法、不谙文书，自然被排除于仕途之外，因此也没有选择"不仕"的可能。如无类似东汉光武帝表彰气节、凸显逸民之政治举措，那么这样的处士便会自然消逝于历史舞台之上。以律令章程为取士标准的情况，造成汉初人才来源的贫瘠，要到武帝时代通过选举制度以及博士弟子员补郎机制的建立，官僚体制的人才储备情况才能有所改善。

另外，战国时代不仕者或《庄子》中的有道者，除了技艺之外，还有大量不同学术脉络的诸子百家，如陈仲子、许行、田骈等。但秦与汉初时期的不仕者却更明显地往儒、道二家集中。由诸子百家而趋向儒、道，不免令人想到《论六家要旨》以及《诸子略序》中，各别引述《易传》"同归而殊途"①来论证天下学术将归于道家或儒家的说法。若不仕之士在趋势上减少了技艺者或耕、牧者，是由于政治制度的变迁，那么在趋势上减少了儒、道之外的百家言，则无疑与学术文化的变迁有关。

整体而言，秦及汉初不仕之士的社会基础调查，正足以佐证赵翼所言"天地一大变局"并不仅止于"布衣将相之局"的展现。相反地，在布衣将相之外，战国的遗绪与新时代的开启，同样地交织在此时刻游移于仕途之外的士人当中。

---

① （汉）司马迁撰，[日]泷川资言考证，杨海峥整理：《史记会注考证》，卷130《太史公自序》，页4304。（汉）班固撰，（清）王先谦补注：《汉书补注》，卷30《艺文志》，页3007。

第四章

"修六艺之术,通万方之略":
武帝至王莽秉政前的不仕之士

西汉"不仕"的辨别

战国时期由于士阶层的扩大,加上各国竞相变法,社会风气相对开放多元,因此士人在山林岩穴与怀印结绶之间,犹有相当多的选择。经过了秦及汉初的过渡,西汉时期不论在仕途或学识方面,都有更加集中化、统一化的倾向。仕途方面,汉初七国之乱后,游士几乎消逝于中国历史舞台之上,汉朝的官僚组织几乎成为唯一的选择;学识方面,秦时以吏为师,汉兴又因循而不革,代表士人若要入仕,只能以法令章程为主。武帝尊儒之后,以博士弟子补郎吏,"儒"与"吏"成为仕途的两大要求,古代士人的知识学问也因此由百家争鸣,逐步往此两方向靠拢。禄利之路将士群体整体地由战国游士带往汉代儒吏前进,却不代表必然全体进入仕途之中。不论在什么时代,总有拒绝仕宦的知识分子,即使是热衷改造社会的西汉士人也是如此。而此即为本书所要讨论的几个问题：在西汉时代拒绝仕宦的士人，来自哪些知识分子阶层与社会背景？凭借着什么社会基础支持其选择？时代的变迁，除了造成了政府组成分子的变化之外，是否也整体影响了仕途内外的所有士人？

前面诸章已经分别讨论了战国时代、秦以及西汉初年，本章接续往下搜集史料中的不仕之士。讨论范围上起汉武帝尊儒之后，下至王莽专政之前。本书将所谓"不仕"定义为：拒绝可以拥有的仕宦机会，亦即其必须有不愿进入官场的意愿，且至少有一段时间是无政治职位在身的情况。史料案例基本上依此原则筛选进行讨论，如果明确是因为政治迫害、犯罪或无仕宦可能等，而"不能仕"而非"不愿仕"者，则本章将尽量将其排除在讨论范围之外。如朱云：

> 朱云字游，鲁人也，徙平陵。少时通轻侠，借客报仇。……
>
> 有司考云，疑风吏杀人。……上于是下咸、云狱，减死为城旦。咸、云遂废锢，终元帝世。
>
> 至成帝时，丞相故安昌侯张禹以帝师位特进，甚尊重。云上书求见，公卿在前。云曰："……

> 臣愿赐尚方斩马剑，断佞臣一人，以厉其余。"上问："谁也？"对曰："安昌侯张禹。"上大怒，曰："小臣居下讪上，廷辱师傅，罪死不赦！"……上意解，然后得已。
>
> 云自是之后不复仕……薛宣为丞相，云往见之。宣备宾主礼，因留云宿，从容谓云曰："在田野亡事，且留我东阁，可以观四方奇士。"云曰："小生乃欲相吏邪？"宣不敢复言。①

朱云虽有不仕之记录，但其不仕，第一次是犯罪下狱，减刑后被废，第二次是当廷侮辱帝师张禹，虽未被治罪，但后续"不复仕"，恐怕并非出于主动意愿。丞相薛宣邀请朱云"留我东阁"，意谓引朱云为其宾客，而非朝廷内之掾吏臣僚，朱云直问是否"相吏"，薛宣又不敢言了。显见朱云之不仕，乃因为其个性不容于朝廷，而非其愿。如朱云之例，便不在本书讨论之中。

从"拒绝可以拥有的仕宦机会"的角度出发，很容易联结至传统儒家与道家的两种隐士，亦即"时隐"与

---

① （汉）班固撰，（清）王先谦补注：《汉书补注》，卷67《杨胡朱梅云传》，页4588、4590—4593。

"身隐"①的不同态度。《汉书》特以《王贡两龚鲍传》记载了两种类型的士人,并于传首序文中说明此间区别:

> 自园公、绮里季、夏黄公、甪里先生、郑子真、严君平皆未尝仕,然其风声足以激贪厉俗,近古之逸民也。若王吉、贡禹、两龚之属,皆以礼让进退云。②

所谓"以礼让进退",本为儒生风范,其不仕并非某种生活原则,而在于政治出现了特殊事故,违背了他们心中的道,可谓时势使然,属于"时隐"。但所谓"近古之逸民",如汉代通称之四皓:东园公、甪里先生、绮里季、夏黄公,亦因高祖"慢侮人"而"逃匿山中,义不为汉臣",若太子(惠帝)"为人仁孝,恭敬爱士"则可"为太子死者"③,如此则四皓何尝不是一种"时隐"?先秦隐者诸如长沮、桀溺、荷蓧丈人、渔父等,身固不仕,名亦不传,当为道家"身隐"之典范。而郑

---

① 借刘纪曜之语,参见刘纪曜《仕与隐:传统中国政治文化的两极》,见黄俊杰主编《中国文化新论思想篇一:理想与现实》,页295—297。
② (汉)班固撰,(清)王先谦补注:《汉书补注》,卷72《王贡两龚鲍传》,页4757。
③ (汉)司马迁撰,[日]泷川资言考证,杨海峥整理:《史记会注考证》,卷55《留侯世家》,页2616—2619。

子真、严君平却不然,扬雄称郑子真"名震于京师"①,严君平则得"蜀人爱敬,至今称焉"②。其身虽不仕,而名显于外,未必能与先秦之隐逸传统相接。《汉书》作于东汉,无《后汉书》所见之《逸民列传》,《汉书》以《王贡两龚鲍传》论君子出处,却罕见山林岩穴之士,是否代表西汉时期并无严格意义的道家身隐之士?亦颇值得探讨。

西汉末年王莽专政,进而代汉立新,造成了大量士人以各种理由去官不仕于莽,此为两汉之际士风的一大变故,影响所及,至东汉而不衰。因两汉之际不仕之士的案例甚多,留待本书后面章节再接续讨论。

尊儒之后的不仕与隐者

汉初不少儒生怀抱治国之心,却因环境使然,未有能进者。但史料记载不仕之儒生称不上多,除了史官所采不见及之外,由于当时战国游士之风仍未止息,儒生

---

① (汉)班固撰,(清)王先谦补注:《汉书补注》,卷72《王贡两龚鲍传》,页4755。按:《法言》原作:"名振于京师。"见(西汉)扬雄著,汪荣宝撰《法言义疏》,卷8《问神》,页173。
② (汉)班固撰,(清)王先谦补注:《汉书补注》,卷72《王贡两龚鲍传》,页4755。

或为宾客游走于王国之间,或学神仙方术而见于朝廷,或虽为儒生,实则兼通法律,因能行文吏之事而见用。到了武帝一朝,尤其是窦太后崩后,朝廷"绌黄老、刑名百家之言,延文学儒者数百人",情况大有变化。其中影响整个汉朝政治走向的关键角色,自然是"以《春秋》白衣为天子三公"的公孙弘。《史记·儒林列传》记载:

> 公孙弘为学官,悼道之郁滞,乃请曰:"……古者政教未洽,不备其礼,请因旧官而兴焉。为博士官置弟子五十人……一岁皆辄试,能通一蓺以上,补文学掌故缺;其高弟可以为郎中者,太常籍奏。……请选择其秩比二百石以上,及吏百石通一蓺以上,补左右内史、大行卒史;比百石已下,补郡太守卒史:皆各二人,边郡一人。先用诵多者,若不足,乃择掌故补中二千石属,文学掌故补郡属,备员。请著功令。佗如律令。"制曰:"可。"自此以来,则公卿大夫士吏斌斌多文学之士矣。①

---

① (汉)司马迁撰,[日]泷川资言考证,杨海峥整理:《史记会注考证》,卷121《儒林列传》,页4068—4069。

此政治举措开启了儒生仕宦之途，虽然儒生所学与当时入仕治官相差甚远，导致儒生格格不入。第三章举了兒宽的例子说明儒生进入汉代官场之后，不得不因为"不习事"而无法具体负责职务，可见即使有了入仕的途径，儒生在官场中仍不得不受尽打压。但也因制度化的渠道建立，怀抱教化天下的儒生可以在官场中学习并获得完整的政治经验，实践儒门政治理想，甚至逐步改变汉朝的政治与社会形态。

尊儒之后，天下士人由百家言汇往王官学，儒生的数量大增。但除了官僚组织当中出现更多儒生之外，由于儒家本有去取之道，不仕之儒生以相对比例来说也增加了。然而如前所述，儒生之不仕，未必自绝于仕途之外，往往是因为现实环境不能与其所守之道相符，进退去取，乃因时而定。如王吉：

> 王吉字子阳，琅邪皋虞人也。少时学明经，以郡吏举孝廉为郎。……
>
> 是时宣帝颇修武帝故事，宫室车服盛于昭帝。时外戚许、史、王氏贵宠，而上躬亲政事，任用能吏。吉上疏言得失……其指如此，上以其言迂阔，不甚宠异也。吉遂谢病归琅邪。

>……元帝初即位,遣使者征贡禹与吉。吉年老,道病卒,上悼之,复遣使者吊祠云。①

王吉是西汉典型的儒吏,能明经,更能依官僚体制之升迁渠道逐步晋升。然而其一旦升至高位,便表现出儒生卫道忠直谏正之风范,所言不受宣帝重视,宁可"谢病"去官。元帝即位时征王吉,而王吉因舟车劳顿而"道病卒",显见其入仕之心未失。再回头看宣帝时的"谢病",尽管当时可能已有病在身,但真实的不仕理由,应该是宣帝"不甚宠异"。

因为环境而离开官僚体制,若环境有变,则不妨再度入仕,如王吉。但若环境始终如此,其守道则一转而为名节,如龚胜与龚舍:

>两龚皆楚人也,胜字君宾,舍字君倩。二人相友,并著名节,故世谓之楚两龚。少皆好学明经,胜为郡吏,舍不仕。
>
>龚舍以龚胜荐,征为谏大夫,病免。复征为博士,又病去。顷之,哀帝遣使者即楚拜舍为太

---

① (汉)班固撰,(清)王先谦补注:《汉书补注》,卷72《王贡两龚鲍传》,页4757、4762、4765—4766。

山太守。舍家居在武原，使者至县请舍，欲令至廷拜授印绶。舍曰："王者以天下为家，何必县官？"遂于家受诏，便道之官。既至数月，上书乞骸骨。上征舍，至京兆东湖界，固称病笃。天子使使者收印绶，拜舍为光禄大夫。数赐告，舍终不肯起，乃遣归。

舍亦通五经，以《鲁诗》教授。①

二龚最终以"名节"著称，皆因能以其"道"对抗来自朝廷的入仕压力。龚胜故事属拒仕王莽之类，将留待于第五章讨论。龚舍早年不仕，后陆续为谏大夫、博士、太山太守等职，皆以病为由去官。从种种表现来看，龚舍要到最后一次征召、赐告"终不肯起"，才真正完全拒绝仕途。在此之前若逢征召，则往往依违于仕与不仕之间。由于《汉书》并未明言龚舍不仕的理由，但其儒生之身份毋庸置疑，或可从"无道则隐"的方向来思考。

值得注意的是，名节、节义之德行往往与不仕有所联结，而此乃是两汉之际不仕之士大量爆发的主要原因。推其士风，则西汉已发其端，早期的代表人物则是韩福。

---

① （汉）班固撰，（清）王先谦补注：《汉书补注》，卷72《王贡两龚鲍传》，页4782、4787—4788。

《汉书·昭帝纪》元凤元年三月记云：

> 赐郡国所选有行义者涿郡韩福等五人帛，人五十匹，遣归。诏曰："朕闵劳以官职之事，其务修孝弟以教乡里。令郡县常以正月赐羊酒。有不幸者赐衣被一袭，祠以中牢。"①

此诏在《王贡两龚鲍传》当中记载得更详细，平帝王莽秉政时以"韩福故事"作为表彰年老而不仕之人：

> 自昭帝时，涿郡韩福以德行征至京师，赐策书束帛遣归。……于是王莽依故事，白遣胜、汉。策曰："惟元始二年六月庚寅……盖闻古者有司年至则致仕，所以恭让而不尽其力也。今大夫年至矣，朕愍以官职之事烦大夫，其……，皆如韩福故事。所上子男皆除为郎。"②

王莽以"年至则致仕"为由，表彰龚胜、邴汉，引

---

① （汉）班固撰，（清）王先谦补注：《汉书补注》，卷7《昭帝纪》，页320—321。
② （汉）班固撰，（清）王先谦补注：《汉书补注》，卷72《王贡两龚鲍传》，页4786—4787。

韩福故事为例。但不能因此将韩福视为年老致仕的代表。东汉江革以孝称，母卒之后亦有不仕之行，汉章帝以"夫孝，百行之冠"为理由表彰之，目的是"以显异行"①，诏下要求长吏按时存问，其相关措施与韩福故事一致，惠栋云："案章帝此诏，用昭帝优赐韩福故事也。"②由此可知，韩福故事为朝廷表彰拥有德行、节义之不仕之士的早期代表，不仅于致仕而已。

韩福未必是儒生，昭帝时此类表彰恐怕也并非常例，但西汉末年王莽执政以后，不仕儒生的数量极快速地增加，好名之王莽可能为了合理化这样的现象，寻得韩福故事作为先例，欲通过表彰民间处士来扭转"无道则隐"的观感。这种表彰有德不仕者的政策被东汉光武帝更进一步地继承，形成了东汉以下的以拒仕为高的士风。若从整个汉朝士史的角度来推原其始，昭帝时期的韩福故事具有相当的意义。

回头再说因为环境而离开官僚体制的不仕现象。除了儒生有"无道则隐"的理念之外，也可能来自惧祸。董仲舒因辽东高庙灾事而不敢复言灾异，又因两相骄王，

---

① （晋）袁宏撰，周天游校注：《后汉纪校注》（天津：天津古籍出版社，1987年），卷11《后汉孝章皇帝纪上》，页303。
② （清）惠栋等著：《后汉书补注等四书》（台北：鼎文书局，1977年），卷10，页418。

数上疏谏争，恐久获罪而去位归居①，正是显例。除此之外，前述之王吉之子王骏也值得一述：

> 初，吉兼通五经，能为《驺氏春秋》，以《诗》、《论语》教授，好梁丘贺说《易》，令子骏受焉。骏以孝廉为郎。左曹陈咸荐骏贤父子，经明行修，宜显以厉俗。光禄勋匡衡亦举骏有专对材。迁谏大夫，使责淮阳宪王。迁赵内史。吉坐昌邑王被刑后，戒子孙毋为王国吏，故骏道病，免官归。起家复为幽州刺史，迁司隶校尉。②

王吉、王骏父子为世代通经之儒。王吉曾任昌邑国中尉，因昌邑王事被牵连。其子王骏先以谏大夫"责淮阳宪王"，后又迁赵国内史，王吉在坐昌邑王被刑之后，便"戒子孙毋为王国吏"，因此王骏道病免官而归。此时王骏之所以不仕，与董仲舒"事骄王"而"恐久获罪"

---

① 按：董仲舒先后任江都相与胶西相，《汉书·董仲舒传》："天子以仲舒为江都相，事易王。易王，帝兄，素骄，好勇。""胶西王亦上兄也，尤纵恣，数害吏二千石。弘乃言于上曰：'独董仲舒可使相胶西王。'"董仲舒不仕事详后。（汉）班固撰，（清）王先谦补注：《汉书补注》，卷56《董仲舒传》，页4052—4054。
② （汉）班固撰，（清）王先谦补注：《汉书补注》，卷72《王贡两龚鲍传》，页4767。

的惧祸心态几乎一致，然而只要"毋为王国吏"，亦即环境若允许，并不排斥再次入仕。

汉代士人以儒生、文吏为主，儒生身份来自通经，而文吏则与官僚体制的训练有关。那么是否有不仕的文吏？就笔者搜集的案例所见，并未见不仕之文吏。如杜钦，虽出身法律世家，祖杜周、父杜延年皆为名吏，但杜钦"少好经书"[①]，能引诸经论事，已具有儒生风范，不能以文吏世家视之。

儒生、文吏之外，此时期仍有零星之传统隐者，在类型上与战国时期的隐士较为接近，或隐居山林岩穴，如《高士传》中有挚峻，或以技艺藏身市井，如于成都市卜筮的严君平，亦有隐其姓名的彭城老父。在战国游士凋零的时代，史家对于史料的抉择更偏向于王朝的运作以及儒家主流思想的贯彻，少数传统隐士的存在多少表现出一种时代背后的伏流。虽无法弥补《汉书》欠缺类似《后汉书》专篇列举逸民入传之缺憾，但或可从中窥探古代隐逸传统的传承与变化。

以下将西汉时期的不仕之士略分为两大部分，不仕的儒生，以及儒生之外的不仕者，分别论其社会基础以及不仕之抉择。

---

① （汉）班固撰，（清）王先谦补注：《汉书补注》，卷60《杜周传》，页4275。

不仕的儒生

笔者就可见之史料搜集不仕之士的相关例证,此节以武帝以后至王莽秉政之前的西汉儒生为主,并旁及韩福。所引例证多见于《汉书》,亦有见于其他史料,如《华阳国志》《孔丛子》《高士传》等。

以下不仕之儒生共计 18 例,其中前引文提过的韩福,因不能确定其是否能被称为儒生,单独列于最前面,合并为 19 例。

表 4-1

序号	活跃时代	姓名	出处	相关事迹	分类
1	昭帝	韩福	《汉书》《高士传》	自昭帝时,涿郡韩福以德行征至京师,赐策书束帛遣归。诏曰:"朕闵劳以官职之事,其务修孝弟以教乡里。……"①	处士

---

① (汉)班固撰,(清)王先谦补注:《汉书补注》,卷72《王贡两龚鲍传》,页4786。

(续表)

序号	活跃时代	姓名	出处	相关事迹	分类
1	昭帝	韩福	《汉书》《高士传》	韩福者，涿人也，以行义修洁著名。昭帝时，将军霍光秉政，表显义士，郡国条奏行状，天子谓福等五人行义最高，以德行征至京兆，病不得进。元凤元年，诏策曰："朕愍劳福以官职之事，赐帛五十疋，遣归。其务修孝弟以教乡里。"福归，终身不仕，卒于家①	处士
2	武帝	董仲舒	《汉书》	胶西王闻仲舒大儒，善待之，仲舒恐久获罪，病免。……仲舒在家，朝廷如有大议，使使者及廷尉张汤就其家而问之，其对皆有明法②	儒生（教授）、世家

---

① （西晋）皇甫谧：《高士传》，卷中《韩福》，页73。
② （汉）班固撰，（清）王先谦补注：《汉书补注》，卷56《董仲舒传》，页4054。

(续表)

序号	活跃时代	姓名	出处	相关事迹	分类
3	昭帝—宣帝	王吉	《汉书》	王吉字子阳，琅邪皋虞人也。少时学明经，以郡吏举孝廉为郎，……宣帝颇修武帝故事，宫室车服盛于昭帝。……吉上疏言得失，……其指如此，上以其言迂阔，不甚宠异也。吉遂谢病归琅邪。……元帝初即位，遣使者征贡禹与吉。吉年老，道病卒。……初，吉兼通五经，能为《驺氏春秋》，以《诗》《论语》教授①	儒生（教授）、世家
4	元帝—成帝	孔光	《汉书》	光，最少子也，经学尤明，……为谏大夫。坐议有不合，左迁虹长，自免归教授。成帝初即位，举为博士，数使录冤狱②	儒生（教授）、世家

---

① （汉）班固撰，（清）王先谦补注：《汉书补注》，卷72《王贡两龚鲍传》，页4757、4762、4765—4767。
② （汉）班固撰，（清）王先谦补注：《汉书补注》，卷81《匡张孔马传》，页5113。

(续表)

序号	活跃时代	姓名	出处	相关事迹	分类
5	成帝—王莽	孔子立	《孔丛子》	仲骧生子立,善诗、书,少游京师,与刘歆友善。尝以清论讥贬史丹,史丹诸子并用事,为是不仕,以诗、书教于阙里数百人①	儒生(教授)、世家
6	宣帝—元帝	疏广	《汉书》	疏广字仲翁,东海兰陵人也。少好学,明春秋,家居教授,学者自远方至。征为博士太中大夫。……广谓受曰:"……如此不去,惧有后悔,岂如父子相随出关,归老故乡,以寿命终,不亦善乎?"受叩头曰:"从大人议。"即日父子俱移病。满三月赐告,广遂称笃,上疏乞骸骨。上以其年笃老,皆许之②	儒生(教授)、世家

① 傅亚庶撰:《孔丛子校释》,卷7《连丛子上》,页453。
② (汉)班固撰,(清)王先谦补注:《汉书补注》,卷71《隽疏于薛平彭传》,页4734—4735。

（续表）

序号	活跃时代	姓名	出处	相关事迹	分类
7	宣帝—元帝	翼奉	《汉书》	翼奉字少君，东海下邳人也。治齐诗……惇学不仕，好律历阴阳之占。元帝初即位，诸儒荐之，征待诏宦者署，数言事宴见，天子敬焉。……上以奉为中郎……奉以中郎为博士、谏大夫，年老以寿终。子及孙，皆以学在儒官①	儒生、世家
8	宣帝—成帝	王骏	《汉书》	初，吉兼通五经，能为《驺氏春秋》，以《诗》《论语》教授，好梁丘贺说《易》，令子骏受焉。……光禄勋匡衡亦举骏有专对材。迁谏大夫，使责淮阳宪王。迁赵内史。吉坐昌邑王被刑后，戒子孙毋为王国吏，故骏道病，免官归。起家复为幽州刺史②	儒生、世家

---

① （汉）班固撰，（清）王先谦补注：《汉书补注》，卷75《眭两夏侯京翼李传》，页4889、4893、4906。
② （汉）班固撰，（清）王先谦补注：《汉书补注》，卷72《王贡两龚鲍传》，页4767。

（续表）

序号	活跃时代	姓名	出处	相关事迹	分类
9	成帝	杜钦	《汉书》	钦字子夏，少好经书……会皇太后女弟司马君力与钦兄子私通，事上闻，钦惭惧，乞骸骨去。……钦以前事病，赐帛罢，后为议郎，复以病免。征诣大将军莫府，国家政谋，凤常与钦虑之。……优游不仕，以寿终。钦子及昆弟支属至二千石者且十人①	儒生、世家
10	王莽	邴丹	《汉书》	汉兄子曼容亦养志自修，为官不肯过六百石，辄自免去，其名过出于汉。②易有施、孟、梁丘之学。……雠授张禹、琅邪鲁伯。……鲁伯授太山毛莫如少路、琅邪邴丹曼容，著清名③	儒生、世家

① （汉）班固撰，（清）王先谦补注：《汉书补注》，卷60《杜周传》，页4275、4279、4285、4289。
② （汉）班固撰，（清）王先谦补注：《汉书补注》，卷72《王贡两龚鲍传》，页4787。
③ （汉）班固撰，（清）王先谦补注：《汉书补注》，卷88《儒林传》，页5425—5426。

(续表)

序号	活跃时代	姓名	出处	相关事迹	分类
11	宣帝—元帝	疏受	《汉书》	广徙为太傅，广兄子受字公子，亦以贤良举为太子家令。……顷之，拜受为少傅。……即日父子俱移病。……皆许之①	儒生、世家
12	成帝—王莽	郇越	《汉书》	自成帝至王莽时，清名之士……太原则郇越臣仲、郇相稚宾……皆以明经饬行显名于世。……郇越、相同族昆弟也，并举州郡孝廉茂材，数病，去官。越散其先人訾千余万，以分施九族州里，志节尤高②	儒生、世家（豪族）、牧

---

① （汉）班固撰，（清）王先谦补注：《汉书补注》，卷71《隽疏于薛平彭传》，页4734—4735。
② （汉）班固撰，（清）王先谦补注：《汉书补注》，卷72《王贡两龚鲍传》，页4800—4801。

(续表)

序号	活跃时代	姓名	出处	相关事迹	分类
13	成帝—王莽	邴相	《汉书》	邴越、相同族昆弟也,并举州郡孝廉茂材,数病,去官。……相王莽时征为太子四友,病死,莽太子遣使祝以衣衾,其子攀棺不听,曰:"死父遗言,师友之送勿有所受,今于皇太子得托友官,故不受也。"京师称之①	儒生、世家
14	成帝—哀帝	龚舍	《汉书》	两龚皆楚人也,胜字君宾,舍字君倩。……少皆好学明经,胜为郡吏,舍不仕。……便道之官。既至数月,上书乞骸骨。上征舍至京兆东湖界,固称病笃。天子使使者收印绶,拜舍为光禄大夫。数赐告,舍终不肯起,乃遣归。舍亦通五经,以《鲁诗》教授②	儒生（教授）

① （汉）班固撰，（清）王先谦补注:《汉书补注》，卷72《王贡两龚鲍传》，页4801。
② （汉）班固撰，（清）王先谦补注:《汉书补注》，卷72《王贡两龚鲍传》，页4782、4787—4788。

（续表）

序号	活跃时代	姓名	出处	相关事迹	分类
15	宣帝—元帝	贡禹	《汉书》	贡禹字少翁，琅邪人也。以明经絜行著闻。……复举贤良为河南令。岁余，以职事为府官所责，免冠谢。禹曰："冠壹免，安复可冠也！"遂去官。元帝初即位，征禹为谏大夫①	儒生
16	成帝	成公	《高士传》	成公，成帝时人，自隐姓名，常诵经，不交世利，时人号曰"成公"。成帝出游，问之成公，不屈节，上曰："朕能富贵人，能杀人，子何逆朕？"成公曰："陛下能贵人，臣能不受陛下之官；陛下能富人，臣能不受陛下之禄；陛下能杀人，臣能不犯陛下之法。"上不能折，使郎二人就受《政事》十二篇②	儒生

① （汉）班固撰，（清）王先谦补注：《汉书补注》，卷72《王贡两龚鲍传》，页4769—4770。
② （西晋）皇甫谧：《高士传》，卷中《成公》页74。

（续表）

序号	活跃时代	姓名	出处	相关事迹	分类
17	成帝—王莽	林闾①	《华阳国志》	林闾,字公孺,临邛人也。善古学。古者,天子有辖车之使,自汉兴以来,刘向之徒但闻其官,不详其职。惟闾与庄君平知之,曰:"此使考八方之风雅,通九州之异同,主海内之音韵,使人主居高堂知天下风俗也。"扬雄闻而师之,因此作方言。闾隐遁,世莫闻也②	儒生

---

① 一说林闾为复姓,其姓名当为"林闾翁孺",参见(汉)应劭撰,王利器校注:《风俗通义校注》(北京:中华书局,1981年),《风俗通义序》,页11、12注四。
② (晋)常璩撰,任乃强校注:《华阳国志校补图注》(上海:上海古籍出版社,1987年),卷10《先贤士女总赞论》,页533。按:林闾事亦见扬雄《答刘歆书》:"尝闻先代辑轩之使,奏籍之书,皆藏于周秦之室,及其破也,遗弃无见之者。独蜀人有严君平,临邛林闾翁孺者,深好训诂,犹见辑轩之使所奏言。"见《全汉文》卷35《答刘歆书》,(清)严可均校辑《全上古三代秦汉三国六朝文》(北京:中华书局,1958年),页410下左、411上右。

（续表）

序号	活跃时代	姓名	出处	相关事迹	分类
18	成帝—王莽	李弘	《华阳国志》《高士传》	仲元抑抑，邦家仪形。李弘，字仲元，成都人。少读《五经》，不为章句。处陋巷，淬励金石之志。威仪容止，邦家师之。以德行为郡功曹，一月而去① 李弘字仲元，蜀人也。居成都，里中化之，班白不负担，男女不错行。弘尝被召为县令，乡人共送之，元无心就行，因共酬饮，月余不去。刺史使人喻之，仲元遂游奔，不之官②	儒生
19	成帝—哀帝	宋胜之	《高士传》	宋胜之者，……贫依姊居，数岁，乃至长安，受《易》通明，以信义见称。从兄襃为东平内史，遣使召之，胜之曰："众人所乐者，非胜之愿也。"乃去。游太原，从邹越牧羊，以琴书自娱。丞相孔光闻而就太原辟之，不至③	儒生、牧

① （晋）常璩撰，任乃强校注：《华阳国志校补图注》，卷10上《先贤士女总赞论》，页533。
② （西晋）皇甫谧：《高士传》，卷中《李弘》，页82。
③ （西晋）皇甫谧：《高士传》，卷中《宋胜之》，页76。

从时间来看,西汉中前期不仕之儒生数量少于中后期。汉武帝在位五十余年,而武帝时期不仕之儒生仅董仲舒1位;其后昭、宣、元三朝亦共五十余年,不仕之儒生加上韩福,则有8位,其中王骏不仕于宣帝即位之初,孔光不仕于元帝时,二人活跃时间则跨至成帝时期。成帝至西汉亡于新莽为四十年,在本章去除因王莽因素而不仕的情况下,不仕之儒生则有10位。其中郏丹无法判断活跃时间,从《汉书》记载的前后文来看,或许大约在王莽秉政之后,以不仕之时间来说,可与两汉之际不仕之士并列。但郏丹并非因王莽而不仕,因此仍列于本章此处讨论。

由此可见,西汉时期不但儒生总体数量增加,官僚群体当中的儒生、儒吏比例大增,出于各种原因而不仕的儒生数量也有渐次增长的情况。

正因为儒生的数量是渐次增长,因此昭帝时期的韩福,相对来说时代较早,是否能被视为儒生,还需要多一点考虑。韩福本人的社会基础并未有更清楚的记载,史料仅称其"有行义者""以德行征",时代较晚的皇甫谧《高士传》则称其"行义修洁",皆未称其通经。诏书中有"其务修孝弟以教乡里"的勉励,看似与儒生相关,但汉朝以孝治国,孝惠帝时便有"举民孝弟力田者，复其身"①之政治举措，高后时更"初置孝弟力田二千石者一人"②，相当于要求各郡必须在乡间查访孝悌、力田者，予以免除劳役之奖励。因此所谓"务修孝弟以教乡里"，本为汉朝立国以来的政策，不但官府极力劝赏，更期待民间贤人共同努力，未必与通经儒生直接相关。换言之，韩福之"行义""德行"，符合汉朝对于民间贤人的期待，至于是否明经，能否被称为儒，未可断言。

韩福之外，成公与林间也尚有疑虑。成公故事见于皇甫谧《高士传》，所谓"自隐姓名"并非隐身山泽的逸民之类，而是姓名不欲为人所知，身则无妨面见天子。从成公与成帝的对话，以及"使郎二人就受《政事》十二篇"这两部分来推敲，成公对于政治之事颇为热衷，并有一套对于政事的看法。《政事》十二篇当属子书，不见于《汉书·艺文志》，从书名来看，如不入于儒家，则当近乎法家或黄老道家。若成公为法家之流，虽可解释"臣能不犯陛下之法"，但不为官不受禄，则又非法家之类。从汉成帝时期儒学已然兴盛的情况来看，成公

---

① （汉）班固撰，（清）王先谦补注：《汉书补注》，卷2《惠帝纪》，页135。
② （汉）班固撰，（清）王先谦补注：《汉书补注》，卷3《高后纪》，页143。

"常诵经"之"经",仍以儒家经典较为可能,而非黄老道家之经典,因此将其列于儒生。

林闾故事则见于《华阳国志》与扬雄《答刘歆书》,其事迹与知古代"𬨎车之使"采异代方言有关,亦即其"善古学"的部分。"𬨎车之使"为先秦古制,由于未见于五经之中,因此不称明经而云善古学,然而此类古学与儒家所论之王官学是一致的,因此同样将其列于儒生。

以上三例,林闾之事迹记载极少,《华阳国志》称其"隐遁""世莫闻也",不知其社会基础。不过《答刘歆书》提到"翁孺(即林闾)与雄外家牵连之亲",不知是否为地方宗族豪强。韩福虽然不仕,却受到朝廷关注赏赐,但除此之外同样不知其社会基础,未必全仰赖朝廷照护。成公"诵经"且"不交世利",如果皇甫谧所记之事迹为真,那么其社会基础很有可能是以讲授经典为生。

自孔子以下,传道授徒本为先秦儒者常见的生活方式,汉初的代表人物当为申公,《史记》云其"弟子自远方至,受业者百余人"[①]。申公之后,董仲舒亦有授徒,如吕步舒等,但《汉书》本传记载董仲舒"去位归

---

① (汉)司马迁撰,[日]泷川资言考证,杨海峥整理:《史记会注考证》,卷121《儒林列传》,页4072—4073。

居,终不问家产业,以修学著书为事",并非全以教授为业。从朝廷如有大议便"使使者及廷尉张汤就其家而问之"来看,董仲舒极有可能如韩福一般,受到朝廷照护。再加上"子及孙皆以学至大官",其社会基础亦可归于世家一类。

董仲舒之外,王吉"兼通五经","以《诗》《论语》教授",又出身郡吏,拥有完整的文吏训练,其仕宦乃西汉时期儒吏兼修之典型,其不仕亦为以明经教授为社会基础的不仕之士之模范。尤其值得注意的是,王吉及其子王骏、其孙王崇,官皆过二千石,亦为通经世家,《汉书》记载其经济生活,颇耐人寻味:

> 自吉至崇,世名清廉,然材器名称稍不能及父,而禄位弥隆。皆好车马衣服,其自奉养极为鲜明,而亡金银锦绣之物。及迁徙去处,所载不过橐衣,不畜积余财。去位家居,亦布衣疏食。天下服其廉而怪其奢,故俗传"王阳能作黄金"。①

如王吉世家清廉之名并无狡诈之嫌,那么禄位与教

---

① (汉)班固撰,(清)王先谦补注:《汉书补注》,卷72《王贡两龚鲍传》,页4769。

授所带来的经济收益，在太平之时足使王家拥有"自奉养极为鲜明"的生活，而无"金银锦绣之物"，亦无法有"畜积余财"。所谓"服其廉而怪其奢"，可推论汉代廉吏理当无法"好车马衣服"，亦即做不到如此程度的"自奉养"，而王吉祖孙三代能有这样的经济收入，可能便来自明经教授。东汉时期常有儒生不仕，纯以教授为生，授徒多者亦未见贫困；西汉时代教授者，汉初申公不过百余人，时代晚于王吉的孔子族裔孔子立，教授则有数百人，推估王吉教授当在百余人之谱，所得能使王骏、王崇奉养鲜明，亦在情理之中。

孔子后人孔光、孔子立为通经世家，故不待言。《汉书》记孔光之父孔霸为关内侯，属孔子世家大宗。另《孔丛子》记载，子立一门高祖时有功封侯，亦世代为官，因此不但是传经之家，亦是官宦之家。孔光为谏大夫，因坐议有不合左迁，因此自免归教授，其后再为博士，而孔子立则因"以清论讥贬史丹"而不仕。二人的经济来源除了教授之外，孔子世家身份理当也有所助益。

疏广"明春秋""家居教授"，后为太傅，为儒生无疑。疏广兄子疏受为少傅，在独尊儒术的此时担任少傅，当为儒生。本书对于西汉的"新世家"取舍较为宽松，在战国旧贵族消亡之后，凡宗族中有二人在西汉中期以后仕宦并载于史籍者，便以世家视之。疏广、疏受同为师傅，又有乡里宗族与居家教授的情况，其后人亦于《晋书》有传①，视之为世家当无疑虑。

翼奉与董仲舒相似，"子及孙，皆以学在儒官"，不过不仕的历程略有不同，董仲舒是晚年而去位归居，而翼奉则是早年"惇学不仕"文吏文化以及翼奉的生平来看，所谓"惇学与不愿从基层文吏学习法令章程之事有关，中所任职之待诏、中郎、博士、谏大夫等，议之类，非治民之官。但翼奉也确实通过了甚而使子孙以学为官。

杜钦的例子略有不同。董仲舒等是通过通经而仕宦，而杜钦比较接近通过仕宦而通经。或者可以这样说：前者是"儒生学吏"，后者则是"文吏学经"。杜钦是西汉著名酷吏杜周之孙，《汉书》称杜钦"子及昆弟支属至二千石者且十人"，不可不谓显赫。班固《杜周传赞》中称其"起文墨小吏""俱有良子，德器自过，爵位尊显，继世立朝"②，堪称法律世家。但如前文所引述，杜

---

① （唐）房玄龄等撰：《晋书》（北京：中华书局，1974年），卷51《束皙》，页1427。按：疏广后人于王莽时避乱改姓，详见本书第六章。
② （汉）班固撰，（清）王先谦补注：《汉书补注》，卷60《杜周传》，页4294—4295。

钦"少好经书"，作为大将军王凤之属僚，或引《礼》《乐》《诗》《书》为谏，或延《春秋》灾异为说，其表现与西汉儒生无异。杜钦有此转换，对于仕途本大有可为，但他选择入王凤幕府，则其优游不仕的社会基础除了其世家背景之外，自然也与王凤有关。

对于附记于《汉书》龚胜传之后的邴汉、邴丹叔侄，以较为宽松的定义来说，邴氏二人皆为官，因此也被列入世家。邴汉因王莽秉政而与龚胜俱乞骸骨，当列为两汉之际不仕之士讨论。邴丹附记于邴汉之后，无法判断其不仕的时间，只知道其"养志自修"并非反对王莽，而是另有"为官不肯过六百石"的坚持，姑且视其与邴汉同时代，列入西汉时期。

董仲舒以下这些儒学世家案例中，虽然不仕之原因、不仕之时间与结果各有不同，但整体而言汉代士人由通经而能仕宦，由仕宦而成世家，由世家而能不仕。对比两汉之间士风的趋势，其中关联不可不察。

郇越、郇相同族昆弟则是另一种案例。《汉书》称其"皆以明经饬行显名于世"，或可称为"通经家族"，两人"并举州郡孝廉茂材"，也同样去官。但《汉书》又称郇越"散其先人訾千余万，以分施九族州里"，若其"先人"也是通经仕宦而有资财，《汉书》无有道理只字不提。郇越家族以何事业致富？又郇越既散家产，不仕之后以何社会基础支撑其生活？从《高士传》中所见的宋胜之故事或可窥知一二。

宋胜之虽然"贫依姊居"，但有两个条件可恃之入仕，其一是"受《易》通明"，其二是"从兄褒为东平内史"。就这两个条件而言，宋胜之及其宗族也有通经、仕宦、世家的可能性，但其从兄宋褒不见于史传，"东平内史"为东平国长吏，级秩权位不低，也可能是官僚体系中陆续迁转上来的能吏，未必是通经儒生。可能因为学识上的差异，使宋胜之说出"众人所乐者，非胜之愿也"，而不仕。

无论如何，宋胜之选择了不仕，而其不仕的社会基础是"从郇越牧羊"，此选择颇有古隐者弃官躬耕之风，以农、渔、牧等经济生产事业来维系生活。而《高士传》这条资料也可参证郇越不仕的社会基础可能与牧羊有关，近乎卜式之类，在类型上与其他儒生有异。

纯粹以通经教授为业者，当为前文讨论过的龚舍。如前所述，龚舍多次摆荡于去取之间，而以称病去官为多，从《汉书》所见之"以《鲁诗》教授"以及"郡二千石长吏初到官皆至其家，如师弟子之礼"等记载来看，龚舍当为楚地著名经师，且长吏到任都必须"如师弟子之礼"存问，则教授当为龚舍不仕最重要的社会基础。

跟东汉相比，甚至与西汉末年王莽秉政时期相比，西汉儒生以经教授者同样算不上多。推其原因，或许西汉儒生之人生志向仍以通经致用为要，因此居家教授并非第一选项，如疏广乃教授于举博士之前，而孔光亦等待时机再度举为博士，等等。此外，从本节的整理约略可知，西汉不仕之儒生或有世家身份，或并非长期自绝于宦途，纯以教授为生而不仕者为极少数，可见迟至王莽当政之前，通经教授在西汉时期只能作为儒生经济来源的一种重要辅助，尚不能跃居主干位置。相对于东汉，西汉儒生的社会基础较为薄弱，更加仰赖来自朝廷的各种支援，如此一来，选择不仕也相对更加困难。

儒生不仕，明经教授是想当然耳的选项，但家族若多人为官，家族或宗族的资产往往也是士选择不仕的一个重要原因。西汉时期世家大族逐渐兴起，虽然不若东汉士族如此强力，但蛛丝马迹亦可见于本章此处的整理。撇开孔子世家的超然地位不说，前述董仲舒子及孙皆"以学至大官"，某种程度上已开启了世代通经并世代为官的先河。王吉、王骏也是父子通经，而王骏之子王崇亦为大官①,三人皆有不仕之记录。

其他尚有不知其社会基础的不仕之儒,分别是贡禹、李弘。贡禹以明经著闻,先任博士,再"举贤良任河南令"。河南令是基层长吏,要负担沉重的治民工作。儒生出身的贡禹担任河南令是西汉典型的儒生学吏,也就是在迁转过程中历练文吏职事。然而贡禹也因职事为府官所责,并去官。此一行为与翼奉"惇学不仕"类似,皆与儒、吏之间的学识扞格有关。不过贡禹也因为经历过这样的职事历练,后续担任御史大夫时,方能苦民之苦,提出多项与基层百姓息息相关的改革措施。

李弘在史传当中的资料不多,仅《华阳国志》中可见其事迹。首先就"少读《五经》,不为章句"来看,李弘虽为儒生,但因西汉经术取士之徒必守师法,其"不为章句"某种程度上也是自绝于禄利之路之外。再从"以德行为郡功曹,一月而去"以及《高士传》中"尝被召为县令""无心就行"等行为推敲,郡功曹、县令都有治民之责,必须面对大量的律令文书,李弘为儒生而不乐为吏,或者与翼奉、贡禹相似,抗拒刀笔文书之职。而"州从事"则略有不同,为刺史幕僚,而刺史职在监察百官,非治民之长吏,因此李弘得"以公正

---

① 王崇不仕王莽,非本章论述范围。详第五章。

谏争为志"。

李弘在传世典籍中其名不显，但在蜀地颇有名望，《华阳国志》记其"邦家仪形"，同为蜀人的扬雄也在《法言》中论其为人：

> 或问："子，蜀人也，请人。"曰："有李仲元者，人也。"……"如是，则奚名之不彰也？"曰："无仲尼，则西山之饿夫与东国之绌臣恶乎闻？"曰："王阳、贡禹遇仲尼乎？"曰："明星皓皓，华藻之力也与？"曰："若是，则奚为不自高？"曰："皓皓者，己也；引而高之者，天也。子欲自高邪？仲元，世之师也。……"①

此段述李弘名之不彰，是因为欠缺能"引而高之者"，并非李弘本身欠缺德行。汪荣宝所言十分精当："王、贡之名所以彰于仲元者，非独其节行使然，由其仕宦之显也。"②

此也带出了西汉时期不仕之士数量略少的因缘：若无"仕宦之显"，节行之人则有"名之不彰"之虑。如

---

① （西汉）扬雄著，汪荣宝撰：《法言义疏》，卷17《渊骞》，页490—491。
② （西汉）扬雄著，汪荣宝撰：《法言义疏》，卷17《渊骞》，页494。

其人本不慕声名，以古之隐逸为尚则罢，但如李弘，本有公正谏争之志，则名之不彰不免遗憾。与东汉初年表彰气节之后大量出现的节士相比，李弘故事正可作一极强烈的对比。此外，比起魏晋以后之名士风流，汉代显然更重视士之致用，因此作于东汉之《汉书》比起作于南朝宋之《后汉书》，在史料选择上也欠缺能将"明星皓皓"类型之士人"引而高之"的力量。士风尚治平之道，既为少不仕之士之因，亦为逸民无传之果也。

儒生之外的不仕者

讨论完不仕的儒生之后，此节接续讨论武帝以后至王莽秉政之前，除了儒生之外的不仕之士。以下包含田畜、卜筮、巫医、各种隐士以及名臣之子几个部分，共计14例。

表 4-2

序号	活跃时代	姓名	出处	相关事迹	分类
1	成帝	郑朴	《汉书》	其后谷口有郑子真,蜀有严君平,皆修身自保,非其服弗服,非其食弗食。成帝时,元舅大将军王凤以礼聘子真,子真遂不诎而终。……谷口郑子真不诎其志,耕于岩石之下,名震于京师,岂其卿?岂其卿?①	耕
2	武帝	卜式	《史记》	卜式,河南人也。以田畜为事。……是时汉方数使将击匈奴,卜式上书,愿输家之半县官助边。天子使使问式:"欲官乎?"式曰:"臣少牧,不习仕宦,不愿也。"……初,式不愿为郎。上曰:"吾有羊上林中,欲令子牧之。"式乃拜为郎,布衣屩而牧羊。……上以式为奇,拜为缑氏令试之,缑氏便之。迁为成皋令,将漕最②	牧

① (汉)班固撰,(清)王先谦补注:《汉书补注》,卷72《王贡两龚鲍传》,页4755。
② (汉)司马迁撰,[日]泷川资言考证,杨海峥整理:《史记会注考证》,卷30《平准书》,页1686—1688。

（续表）

序号	活跃时代	姓名	出处	相关事迹	分类
3	成帝	严遵（庄遵）	《汉书》	君平卜筮于成都市……裁日阅数人,得百钱足自养,则闭肆下帘而授《老子》。……杜陵李彊……至蜀,致礼与相见,卒不敢言以为从事,乃叹曰:"杨子云诚知人!"君平年九十余,遂以其业终,蜀人爱敬,至今称焉①	技艺（卜）
4	成帝	安丘望之	《高士传》	安丘望之者,京兆长陵人也,少治《老子》经,恬静不求进宦,号曰安丘丈人。成帝闻,欲见之,望之辞不肯见。上以其道德深重,常宗师焉,望之不以见敬为高,愈日损退,为巫医于民间,著《老子章句》,故老氏有安丘之学。扶风耿况、王汲等皆师事之,从受老子。终身不仕,道家宗焉②	技艺（巫医）

① （汉）班固撰,（清）王先谦补注:《汉书补注》,卷72《王贡两龚鲍传》,页4755。
② （西晋）皇甫谧:《高士传》,卷中《安丘望之》,页75。

(续表)

序号	活跃时代	姓名	出处	相关事迹	分类
5	平帝—新王莽—公孙述	任文公	《后汉书》	任文公，巴郡阆中人也。父文孙，明晓天官风角秘要。文公少修父术，州辟从事。……文公遂以占术驰名。辟司空掾。平帝即位，称疾归家。王莽篡后，文公推数，知当大乱……遂奔子公山，十余年不被兵革①	技艺（方术）
6	武帝	挚峻	《高士传》	挚峻，字伯陵，京兆长安人也。少治清节，与太史令司马迁交好。峻独退身修德，隐于岍山。迁既亲贵，乃以书劝峻……峻遂高尚不仕②	隐居山林

---

① （南朝宋）范晔撰，（唐）李贤等注：《后汉书》（北京：中华书局，1965年），卷82上《方术列传上》，页2707—2708。
② （西晋）皇甫谧：《高士传》，卷中《挚峻》，页71—72。

(续表)

序号	活跃时代	姓名	出处	相关事迹	分类
7	王莽时	彭城老父	《高士传》《汉书》	彭城老父者，楚之隐人也，见汉室衰，乃自隐修道，不治名利，至年九十余。王莽时，征故光禄大夫龚胜……胜遂不食而死。……老父痛胜以名致祸，乃独入哭胜，甚悲。既而，曰："嗟乎！薰以香自烧，膏以明自销。龚先生竟夭天年，非吾徒也。"哭毕而趋出，众莫知其谁也[①]……有老父来吊，哭甚哀，既而曰："嗟乎！薰以香自烧，膏以明自销。龚生竟夭天年，非吾徒也。"遂趋而出，莫知其谁[②]	隐士

[①] （西晋）皇甫谧：《高士传》，卷中《彭城老父》，页80—81。
[②] （汉）班固撰，（清）王先谦补注：《汉书补注》，卷72《王贡两龚鲍传》，页4789。

(续表)

序号	活跃时代	姓名	出处	相关事迹	分类
8	平帝—王莽	张仲蔚	《高士传》《文选注》	张仲蔚者,平陵人也,与同郡魏景卿俱修道德,隐身不仕。明天官,博物,善属文,好诗赋,常居穷,素所处蓬蒿没人,闭门养性,不治荣名,时人莫识,唯刘龚知之① 顾念张仲蔚,蓬蒿满中园②	隐士
9	平帝—王莽	魏景卿	《高士传》	张仲蔚者,平陵人也,与同郡魏景卿俱修道德,隐身不仕③	隐士
10	宣帝	韩延寿三子	《汉书》	延寿三子皆为郎吏。且死,属其子勿为吏,以己为戒。子皆以父言去官不仕。至孙威,乃复为吏至将军。威亦多恩信,能抚众,得士死力④	世家
11					
12					

---

① (西晋)皇甫谧:《高士传》,卷中《张仲蔚》,页77。
② (南朝梁)萧统编,(唐)李善等六臣注:《文选》,卷31左记室思《咏史》,页456下左。
③ (西晋)皇甫谧:《高士传》,卷中《张仲蔚》,页77。
④ (汉)班固撰,(清)王先谦补注:《汉书补注》,卷76《赵尹韩张两王传》,页4953。

(续表)

序号	活跃时代	姓名	出处	相关事迹	分类
13	昭帝	车千秋子	《汉书》	（魏相）后迁河南太守，禁止奸邪，豪强畏服。会丞相车千秋死，先是千秋子为雒阳武库令，自见失父，而相治郡严，恐久获罪，乃自免去。相使掾追呼之，遂不肯还①	世家
14	成帝—王莽	羊期②	《华阳国志》	仲鱼谦冲。羊期，字仲鱼，郪人也。父甚为交州刺史，卒官。期迎丧，不敢取官舍一物。郡三察孝廉，公府辟州别驾，皆不应③	世家

与西汉时代逐渐增加的不仕儒生相比，武帝以后非儒生的不仕之士却相对减少了。史料中可见的不仕之士里，儒生的数量已经超越了非儒生的部分，这一部分表

---

① （汉）班固撰，（清）王先谦补注：《汉书补注》，卷74《魏相丙吉传》，页4845。
② 《华阳国志》："后为太守孙宝、蔡茂功曹。"按：孙宝、蔡茂皆哀、平时人，故羊期不仕当属西汉末。见（晋）常璩撰，任乃强校注《华阳国志校补图注》，卷10中《广汉士女》，页565、575注第25。
③ （晋）常璩撰，任乃强校注：《华阳国志校补图注》，卷10中《广汉士女》，页565。

现出社会文化的发展，可能也表现出史官对于西汉史事、史料剪裁的特定偏重。西汉以前的不仕之士常见以农、牧等生产活动作为生活的凭借，但在西汉时期这样的记载少得多，且其中还包含了如郇越、宋胜之这样兼有通经儒生身份的。

西汉不仕之士有农耕记录的，为郑朴。郑朴在《王贡两龚鲍传》中与严君平并称，同时代的扬雄曾于《法言》中提及郑子真："耕乎岩石之下，名振于京师。"①从相关记载来看，郑朴名震京师的主要原因可能与其不诎于王凤之聘有关。至于"耕于岩石之下"是高其隐逸的虚写还是事实，无法判断，暂且不论。

农耕之外，则为畜牧。除郇越、宋胜之以外，西汉以畜牧为业又有不仕记录者，当以卜式最为著名。但卜式的出身经历并非典型的士人。《史记·平准书》记载卜式"以田畜为事"，且不仕之理由为"少牧，不习仕宦"，因此不愿为官，自绝于士人之外。但卜式有能力上书输家产助边，又拜为郎后，牧羊岁余便能建言曰："治民亦犹是也。"显见其心中有治民之方。且试为缑氏令、成皋令皆有治绩，皆表现其对于国事绝非毫无想法，所谓"不习仕宦"未必是真心之论，或可推论为某

---

① （西汉）扬雄著，汪荣宝撰：《法言义疏》，卷8《问神》，页173。

种拒绝仕宦的借口。

先秦多有高士逸民隐身山泽以农、渔为业,这些高士往往以生产之道推论天下治民之术。《庄子》书中虚构或改造了大量有道之士来作为隐逸的典范,其中也包含了黄帝问涂于牧马童子的故事:

> 黄帝将见大隗乎具茨之山……至于襄城之野,七圣皆迷,无所问涂。适遇牧马童子,问涂焉……黄帝又问。小童曰:"夫为天下者,亦奚以异乎牧马者哉?亦去其害马者而已矣。"黄帝再拜稽首,称天师而退。①

《庄子》书中牧马童子"为天下"的一番论述,与汉武帝时卜式对答武帝的言语极为类似:

> 上过见其羊,善之。式曰:"非独羊也,治民亦犹是也。以时起居;恶者辄斥去,毋令败群。"上以式为奇,拜为缑氏令试之,缑氏便之。迁为

---

① (战国)庄子等著,(清)郭庆藩集释:《庄子集释》,卷8中《徐无鬼》,页908—912。

成皋令,将漕最。上以为式朴忠,拜为齐王太傅。①

为天下无异乎牧马,治民亦犹牧羊,皆在斥去有害之恶者。就这个部分来说,卜式似乎与先秦时期《庄子》书中所代表的方外之士有所联结,但卜式的生涯选择,却又与古之高士大异其趣。隐逸高士对于仕宦、利禄多半避之唯恐不及,但卜式却是主动上书与官府接触,且一路升迁至齐相。卜式早期的不仕,虽不能用终南捷径形容,但多少有官、民合作试图创造某种士人新典范的味道。

除了农、渔、牧等生产活动之外,另一个常见于先秦至汉初不仕之士的社会基础则为卜、巫之类,如《史记》之司马季主,或如说韩信而不听于是详狂为巫的蒯通,二者皆可为代表。西汉时期则有严遵与安丘望之,一为卜筮,一为巫医,时间皆在西汉末期。

严遵事主要见于《汉书》,《王贡两龚鲍传》记"蜀有严君平""君平卜筮于成都市"②,又《地理志》

---

① (汉)司马迁撰,[日]泷川资言考证,杨海峥整理:《史记会注考证》,卷30《平准书》,页1688。
② (汉)班固撰,(清)王先谦补注:《汉书补注》,卷72《王贡两龚鲍传》,页4755。

记蜀地有"王褒、严遵、扬雄之徒"①，颜师古引《三辅决录》云"君平名尊"②，则严遵字君平，为同一人。据《华阳国志》校补可知，"严遵"亦作"庄遵"③，当因东汉明帝刘庄之名避讳而改。此外《后汉书·逸民列传》记"严光字子陵，一名遵"，则东汉初年会稽有另一严遵，与西汉卜筮于成都之严遵当为二人。④《王贡两龚鲍传》记严遵以《老子》之言为教，卜筮则"得百钱足自养"而已，虽然也有依于孝、顺、忠等言论，但不外乎道家"因势导之"的实践。成都严遵的社会基础虽称不上结实，却颇合老、庄养生之道。

《汉书》未见安丘望之，史料时代较晚的《后汉书》中，有耿况与王莽从弟王伋"共学老子于安丘先生"⑤的

---

① （汉）班固撰，（清）王先谦补注：《汉书补注》，卷28下《地理志》，页2826。
② （汉）班固撰，（清）王先谦补注：《汉书补注》，卷72《王贡两龚鲍传》，页4755。
③ （晋）常璩撰，任乃强校注：《华阳国志校补图注》，卷10上《先贤士女总赞论》，页532。
④ 严光属于两汉之际的不仕之士，详第五章。又《太平御览》引《益部耆旧传》曰："严遵字王思，为扬州刺史。"则蜀人除严君平之外，又有一严遵字王思，非逸民之属。周天游注司马彪《续汉书·逸民传》言是也，见周天游辑注《八家后汉书辑注（修订本）》（上海：上海古籍出版社，2020年），页497。
⑤ （南朝宋）范晔撰，（唐）李贤等注：《后汉书》，卷19《耿弇列传》，页703。

记载，注引嵇康《圣贤高士传》称之"安丘望之"或"安丘丈人"，为成帝时人。《后汉书》李贤注引的嵇康《圣贤高士传》内容与辑自《太平御览》题西晋皇甫谧之《高士传》略同而省，而皇甫谧《高士传》言安丘望之"著《老子章句》，故老氏有安丘之学"①，复见《隋书·经籍志》中有"汉长陵三老毌丘望之注《老子》二卷""《老子指趣》三卷毌丘望之撰"②，"安""毌"形近而误，因此《高士传》所称"安丘之学"显非空言。

安丘望之的社会基础包含了"为巫医于民间"以及《老子》学的传授。虽然"卜筮"与"巫医"略有不同，但严遵或安丘望之颇有相似之处。二人行迹皆流传于西汉末年，一方面以数术方技之道混迹于市井，严遵于成都，而安丘望之则于京兆；另一方面两人皆依《老子》等道家文献讲授与著述，并因此在史料中留下名声。此类不仕者上有司马季主③，下则有东汉韩康④，虽然与先

---

① （西晋）皇甫谧：《高士传》，卷中《安丘望之》，页75。
② （唐）魏征、令狐德棻撰：《隋书》（北京：中华书局，1973年），卷34《经籍志》，页1000。
③ 《史记》："司马季主者，楚人也。卜于长安东市。"（汉）司马迁撰，[日]泷川资言考证，杨海峥整理：《史记会注考证》，卷127《日者列传》，页4211。
④ 《后汉书》："韩康字伯休，一名恬休，京兆霸陵人。家世著姓。常采药名山，卖于长安市。"（南朝宋）范晔撰，（唐）李贤等注：《后汉书》，卷83《逸民列传》，页2770。

秦时期隐其名的隐逸高士仍有区别，但可作为古代隐逸传统的旁系别支之一。

任文公的身份较接近于方术士之流，以"天官风角秘要"之占卜类术数，而且是家学。西汉学风多图谶预言，《后汉书》无述任文公通老子、黄老，加上任文公历仟州从事、司空掾等职，应该不是传统道家隐逸之类，可能更接近于儒生方士。任文公的社会基础仍未脱离官僚体制，但可推测因"占术驰名"而有其他的经济收入。其于平帝即位时就"称疾归家"，王莽篡位之后又避乱奔山，从时间点来看，平帝时的"称疾归家"未必是因王莽秉政之朝政乱象而不仕，因此此案例不列入两汉之际不仕王莽之类而归于西汉时代。此外，任文公奔子公山是为了避乱，亦与传统隐逸山林的隐士不同。

隐逸传统当中最主流的，当数隐身山林岩穴，而非混迹市井。除了汉初的四皓等人之外，西汉时期隐居山林的不仕之士还有挚峻。挚峻事迹不见于两汉时期各类史料，晋时《高士传》方得记载，《文选》李善注左思《吴都赋》亦引了《挚伯陵答司马迁书》。① 此外，东汉后期有不仕之士挚恂，《后汉书·马融列传》记载："京

---

① （南朝梁）萧统编，（唐）李善等六臣注：《文选》，卷5左太冲《吴都赋》，页88上左；卷24潘安仁《为贾谧作赠陆机》，页358上左。

兆挚恂以儒术教授，隐于南山。"①而《高士传》则称其为"伯陵之十二世孙"②，从司马迁的人生故事以及当时的社会文化背景来看，隐于岍山的挚峻故事应该不是空穴来风。

挚峻的故事能流传于魏晋时期，一个重要的原因在于他曾经与司马迁有书信往来。司马迁为完成《史记》遍访天下，在李陵事件之前，为国举才而劝进挚峻，亦为当时时代风气。而挚峻之报书，也符合西汉前期黄老道家转向儒家过渡期的士风。由四皓与挚峻的相关记载或可推论：当时山林岩穴之间，可能还有更多保持类似人生观的隐逸高士，在西汉时期的经世致用的士风中真正做到了隐名匿迹。

同样不见于两汉史料而见于《高士传》与《文选》注的，还有张仲蔚与魏景卿。《高士传》以张仲蔚为目并附记魏景卿，云二人"俱修道德，隐身不仕"，而张仲蔚也成了魏晋六朝以下常见的文学典故之一，除了左思《咏史》之外，又如陶渊明有《咏贫士诗》"仲蔚爱

---

① （南朝宋）范晔撰，（唐）李贤等注：《后汉书》，卷60上《马融列传》，页1953。
② （西晋）皇甫谧：《高士传》，卷下《挚恂》，页102。

穷居，绕宅生蒿蓬"等。①从《高士传》的编排来看，张仲蔚应该与宋胜之、严遵约略同时，"唯刘龚知之"中的刘龚，应该即是王莽时附和其称帝的明德侯刘龚，属西汉末年，平帝至新莽之间。

魏景卿除了"修道德"之外，几乎没有任何其他相关记载，推测可能也是道家隐士之类。张仲蔚则除了"修道德"之外，还有明天官、博物、善属文、好诗赋等知识背景，明显属兼通诸家博学多识的类型。再从居穷、处蓬蒿的情况来看，可能并非挚峻之类隐居山林者，更有可能是居处城市而贫困的士人。

隐逸高士既隐其名，因此多有文献记载阙如的情况。彭城老父事迹是龚胜故事的附传，除吊、哭甚哀之外，一无所见。时代较晚的《高士传》中有"楚之隐人也。见汉室衰，乃自隐修道，不治名利，至年九十余"等记载，其中包含了年纪、自隐之原因等讯息，与《汉书》中"莫知其谁"的说法矛盾，恐怕不可信。

总而言之，若以典范的先秦隐逸传统来说，则名声不显、事迹不载的挚峻、张仲蔚、魏景卿、彭城老父等，无疑更近于荷蓧丈人、接舆之类。

---

① （东晋）陶潜著，杨勇校笺：《陶渊明集校笺》（台北：正文书局，1999年），卷4《咏贫士诗》其六，页223。

最后再谈名臣世家中的不仕之士。汉初不论新、旧贵族皆有选择不仕的士人，但武帝之后，传统世家有儒家化的倾向，身为世家却非通经儒生，同时还选择不仕的士人在史料中并不多见。较为典型的，当为车千秋之子。车千秋本姓田，是先齐的诸田王室，其身份原属于先秦旧贵族，汉时将田氏徙居长陵，车千秋于是在武帝时期为"高寝郎"。颜师古注曰"高庙卫寝之郎"①，可能是诸田居长陵世袭的工作。车千秋死后，有子为雒阳（洛阳）武库令，畏惧河南太守魏相治郡严厉而弃官免去。其后如何，史料并未明言，《汉书》车千秋本传中有子车顺，嗣侯并官至云中太守②，与雒阳武库令可能不是同一人。

田氏以先秦旧贵族身份活跃于汉朝，某种程度上算是世家的延续，汉初《易》学名家田何也是齐诸田，但田何以齐田徙杜陵③，与车千秋并非同支。④从史料来看，

---

① （汉）班固撰，（清）王先谦补注：《汉书补注》，卷66《公孙刘田王杨蔡陈郑传》，页4554、4555注三。
② （汉）班固撰，（清）王先谦补注：《汉书补注》，卷66《公孙刘田王杨蔡陈郑传》，页4558。
③ 《汉书·儒林传》："汉兴，田何以齐田徙杜陵，号杜田生。"（汉）班固撰，（清）王先谦补注：《汉书补注》，卷88《儒林传》，页5423。
④ 齐田氏有诸多支属，在汉代各有不同发展，《潜夫论·志氏姓》："齐人谓陈田矣。汉高祖徙诸田关中，而有第一至第八氏。丞相田千秋、司直田仁，及杜阳田先、砀田先，皆陈后也。武帝赐千秋乘小车入殿，故世谓之车丞相。及莽，自谓本田安之后，以王家故更氏云。莽之行诈，实以田常之风。"（东汉）王符著，胡楚生集释：《潜夫论集释》（台北：鼎文书局，1979年），卷35《志氏姓》，页669。

车千秋此一齐田支属在西汉时期可能并未儒家化，后续也淡出了历史舞台。

与车千秋类似的例子当举韩延寿三子以父言而去官不仕。韩延寿本身"少为郡文学"①，为吏亦以"上礼义，好古教化"②等儒家教训为要，但韩延寿仍以"善为吏"著称③。《汉书·循吏传》更云韩延寿为"汉世良吏"之一④，显见当时儒生、文吏二身份结合的情况。因此韩延寿自身为"郡文学"出身，不代表其三子必定也循同样路线成为郎吏，也可能是地方文吏察举而补郎。韩延寿三子皆不仕，其孙韩威则"复为吏至将军""亦多恩信，能拊众，得士死力"，表现出武吏出身的样子，更可见三子未必皆为儒生。

总而言之，韩延寿三子之不仕，未可轻言断定其皆儒生，从数世为郎来看，作为世家附于此处可能更合理些。

---

① （汉）班固撰，（清）王先谦补注：《汉书补注》，卷76《赵尹韩张两王传》，页4945。
② （汉）班固撰，（清）王先谦补注：《汉书补注》，卷76《赵尹韩张两王传》，页4946。
③ 《汉书·地理志》："韩延寿为东郡太守，承圣恩，崇礼义，尊谦争，至今东郡号善为吏。"（汉）班固撰，（清）王先谦补注：《汉书补注》，卷28下《地理志》，页2850。
④ 《汉书·循吏传》："故汉世良吏，于是为盛，称中兴焉。若赵广汉、韩延寿、尹翁归、严延年、张敞之属，皆称其位。"（汉）班固撰，（汉）班固撰，（清）王先谦补注：《汉书补注》，卷89《循吏传》，页5460。

最后还有见于《华阳国志》的羊期，由于资料不多，只知其父为交州刺史，因此也附于此处。值得注意的是，羊期数次察举、公府辟除皆不应，但羊期后仍任功曹入仕。这种基于某种原则或理由的择官、择事而仕的现象，在王莽秉政之后颇为常见，从羊期的例子来看，不仕王莽虽是一时风潮，但此现象未必始于王莽之时。

小结：西汉盛世不仕现象的变化

西汉时代的不仕之士，也就是本章论述范围中那些曾经拒绝政治，或自绝于官僚体制之外的士人，相对于汉初以前或王莽专政之后，数量相对较少。第三章据笔者爬梳史料之后的统计，秦朝15年，不仕之士8人；汉初不过71年，不仕之士24人，其中有13人集中于高祖一朝。合计秦及汉初，共86年[①]，不仕之士有32人。而本章所计之西汉时期的不仕之士，则是33人。

士人对于仕宦与否的选择，应该可以表现出文化变

[①] 按：始皇帝二十六年（前221年）秦初并天下，至汉武帝建元六年（前135年）窦太后崩。（汉）司马迁撰，[日]泷川资言考证，杨海峥整理：《史记会注考证》，卷6《秦始皇本纪》，页328；卷49《外戚世家》，页2520。又按：汉书云窦太后"元光六年崩"，颜师古已言其误。见（汉）班固撰，（清）王先谦补注《汉书补注》，卷97上《外戚传》，页5929。

迁的脉络，且表现在两个层面上。首先，政治环境可能很大程度地影响了士人进入或拒绝仕途，因此某些士人不仕或隐逸于秦，却在汉初愿意现身；其次，士人通过学识形塑出理想国君的样子，并且在改朝换代时发挥影响力，甚至可能推动历史潮流的演变。这两个层面，都表现在著名的商山四皓的仕隐抉择上。

汉初之后，不仕之士的总体数量略微减少，除了主要史料《史记》《汉书》的记载选择之外，多少与仕进之途的扩大有关。汉朝的官僚体制本以秦之律令文书为主，武帝"绌黄老、刑名百家之言，延文学儒者数百人"①，不过是"诸博士具官待问"身份的调整。真正影响仕途的，是通过博士弟子补郎制度的建立，打破了"以吏为师"的官僚体制，从此非文吏训练出身的士人除了"具官待问"之外，也有机会实际负责各种政治任务，担任官吏。此一举措，使武帝之后的仕途比起汉初更加开放，能够吸纳文吏文化之外的不同学识，从而使更多的士人得以进入官场。换言之，这种政治环境的改变，使士人在官场中有更多的发挥空间，可能促使士人放弃了不仕的念头。

---

① （汉）司马迁撰，[日]泷川资言考证，杨海峥整理：《史记会注考证》，卷121《儒林列传》，页4067。

在朝廷与士人之间，相对于分裂且彼此竞争人才的战国时代，统一的西汉朝廷显然是更强而有力，也更具有主动权。因此若以推动历史潮流来说，西汉中央政府的政治举措改造了士群体的样子，对于整体文化变迁的影响力毋宁是更大的。但儒生的去取抉择，亦即通过"时隐"之手段给予朝廷一定程度的政治压力，多少也推动了西汉王朝的更进一步儒化。前文几次提到的王吉，其"述旧礼明王制"的强烈主张，与"颇修武帝故事"的宣帝存在着立场的对抗，宣帝"以其言迂阔，不甚宠异"，而王吉也以"谢病"不仕作为抗议。王吉与贡禹"取舍同也"①的抉择若能代表当代儒生的普遍心声，那么宣、元之际汉朝由"霸王道杂之"转向"纯任德教"的变化，士人的不仕显然也具有与商山四皓类似的文化影响力。

回头继续说明政治举措改造士群体样子之后，对于西汉不仕现象的具体影响。首先较为开放的仕途环境虽然主要针对通经之儒，但其包含了博士弟子的训练，使战国时代各凭本事开展新学问的游士群体，因禄利之路与体制建立教育制度，大量往儒学、吏事两方面靠拢。

---

① （汉）班固撰，（清）王先谦补注：《汉书补注》，卷72《王贡两龚鲍传》，页4766。

原本就不在少数的儒生数量，更进一步快速增加，并且连带着使不仕之士当中儒生数量所占的相对比例也明显攀升。根据本书前面几章所统计的战国、秦、汉初不仕之士，可将其中的儒生与非儒生简单列为表4-3。

战国至西汉不仕之士中儒生之数量比例

表 4-3

	儒生		非儒生		不仕之士
战国[①]	1	5.0%	19	95.0%	20
秦及汉初	8	25.0%	24	75.0%	32
西汉[②]	19	57.6%	14	42.4%	33

由表4-3可以看出，不仕之士中儒生的数量以及所占的比例，明显地随着朝代更替而上升，由5.0%上升到25.0%，再进一步提升至57.6%，即使不计入韩福，西汉不仕之儒生也占了54.5%，已经成了不仕之士的主要组成部分。此数据的解读，不能单纯以儒生大量拒绝仕宦来解释，其背后各自有着不同的历史因缘。相对于战国时期儒生可周游求用，秦及汉初因政治大一统，且

[①] 据本书对于不仕之士的定义，战国不仕儒生仅1例，即孟子。
[②] 表中儒生栏位计入了韩福。

以刑名之法治民，儒生守道坚贞，因此不仕之士中儒生比例上升。然而武帝之后，儒生仕进之途畅通，且朝廷吏事缘饰以儒术，甚而纯用德教，正是儒生改造社会、推行教化的大好时机。此外，西汉时期儒生若脱离仕途，其社会基础并不稳固，足以支撑儒生不仕的强大的宗族尚未形成，虽然可通过经书的教授获得一部分的生活资本，但还未及成为生活支柱的程度。儒生高度仰赖政府才能生存，政府亦有引入儒生来改造官僚体系的需求。在这样的情况下，儒生在不仕之士中的比例依旧大幅上升，其主要原因只能用整体士群体不论仕与不仕，都出现了儒家化与经术化的现象来解释。

儒生的增加来自政治举措的推动，但由于孔子"不仕无义"以及"无道则隐"的教训，士群体大幅度地儒家化，也会蓄积儒生通过去取抉择来影响政治的能量。当大量的儒生宁可承受生活困顿也要选择不仕，表示当权者乃"无道"者时，这将会形成巨大的政治压力。这样的现象具体表现在两汉之际士人对王莽的态度，在本书第五章与第六章将进行重点介绍。

不仕的儒生比例增加，相对的以《老子》思想为核心的"道家型隐士"，以及藏身山林岩穴或以农、渔为业的不仕者，此类型的传统隐逸在史料中出现的比例则降低了。同样根据笔者爬梳史料后的统计，不仕之士中传统隐逸者的数量与比例简单列为表4-4。

战国至西汉不仕之士中传统隐逸之数量比例表

表 4-4

	传统隐逸		非传统隐逸		不仕之士
战国	15	75.0%	5	25.0%	20
秦及汉初	10	31.3%	22	68.7%	32
西汉	7	21.2%	26	78.8%	33

前文并未特别将非儒生的不仕之士另外区分出传统隐逸来，如果要以此为参照点去统计的话，大抵就是在14例非儒生的不仕之士中，先去掉世家名臣子的5例，再去掉主动以财富干政，明显非传统隐逸的卜式，以及历任从事、掾的任文公。剩下的郑朴、严遵、安丘望之、挚峻、彭城老父、张仲蔚、魏景卿等7人较接近传统隐逸。从表4-4可以看出传统隐逸数量在进入大一统王朝后急遽下降，武帝之后仍维持减少的趋势，但下降幅度似乎有趋缓的情况。

传统隐逸在不仕中所占比例的减少，自然与仕途开放以及儒生比例相对大幅度增加有关,但这样的推论必须要加入几个可能存在的情况。首先武帝之后确实是增加了官僚体系选拔人才的渠道,但既罢黜百家,代表地方政府察举时,以道家思想为主的隐逸未必能像汉初以前那样受到重视。战国时代各国求贤若渴,但在博士弟子制度建立之后,王朝有了制度化的人才培育机制,且在承平时期,政府对循吏的需求可能更大于挖掘隐藏的特出人才,这都导致了纯粹的隐士因史料选择而减少。道家思想本身亦不追求仕宦,如彭城老父这般的"身隐"者,若非龚胜之死,恐怕也无缘见载史籍。

另一个值得讨论的部分是,不仕之士身份当中的贵族世家背景。历经秦与汉初对于战国旧贵族的打压,西汉初年高祖时期的军功新世家取代了先秦的封建旧贵族,然而武帝独尊儒术并以通经取士之后,借由通经而世代官宦的宗族又开始萌芽,并逐渐占据官僚体系且延续数个世代,到此通经新世家又渐渐取代了汉初的军功贵族。在西汉时代,儒生的社会基础远不如东汉时期厚实,通经世家也才刚刚萌芽,经学讲授也还不到能取代禄利之路的地步,因此儒生还无法在入"仕"与"不仕"之间自由选择。然而从本书的统计来看,已经约略可以看出其中的趋势。

整体来说，汉武帝至王莽秉政之前的西汉王朝，是一个强力政府主导文化变迁的时代。通过对士人去取抉择、不仕之士身份背景的考察、社会基础的挖掘，可以发现政治力量不断加强对士群体的收编与改造，而被儒家化与官僚化之后的士人，也逐步展现出下个阶段抗拮政治权力的潜力。

第五章

不仕王莽：
两汉之际的不仕之士（上）

两汉之际"不仕"的辨别

士在不同的时代会有不同的发展样子,其仕宦抉择往往受到许多因素的影响而有不小的变化。整体来说,战国时代的士人选择较多;入秦之后直到汉初,有一个明显的过渡时期,从百家争鸣而往儒、吏两方向收束;武帝以后,尊儒的效应相当明显地表现了出来,不仕儒生的数量远比先秦直至汉初来得更多。

"不仕之士"是指主观意愿上拒绝仕宦机会,且至少有一段时间是无政治职位在身的士人。因此如士人并无拒绝仕宦的意愿,却因政治环境而无法踏入仕途者,则不在本书的论述范围,如梅福:

> 梅福字子真,九江寿春人也。少学长安,明《尚书》《穀梁春秋》,为郡文学,补南昌尉。后去

官归寿春,数因县道上言变事,求假轺传,诣行在所条对急政,辄报罢。

是时成帝委任大将军王凤,凤专势擅朝……

福孤远,又讥切王氏,故终不见纳。……是时,福居家,常以读书养性为事。

至元始中,王莽颛政,福一朝弃妻子,去九江,至今传以为仙。其后,人有见福于会稽者,变名姓,为吴市门卒云。[1]

梅福因通经而为郡文学,补南昌尉,不知为何而去官归家,从他后续不断上言变事的情况来看,恐怕并非主动地抗拒仕途。而"孤远"不被官僚体制接受,再加上反对专政的王氏,才是他始终无法再度进入官场的主因。到了王莽专政时,梅福采取激进的举措,弃妻子、去九江,从先前的情况来看,固然有类似于夷、齐不食周粟的可能,但与其说是不仕,更像是长期反对王氏而避难远走。

换言之,梅福去官归寿春之后,便再也没有获得仕宦机会,即便他确实因反对王莽而更加远离仕途,本章亦不将其列入不仕之士讨论范围中,而将其改列第六章

---

[1] (汉)班固撰,(清)王先谦补注:《汉书补注》,卷67《杨胡朱梅云传》,页4593—4594、4604—4605。

的避难之类。

在汉武帝以经术取士改造汉朝的官僚体制之后，战国时期百家争鸣的士群体逐渐往儒、吏的方向收拢，且儒生、文吏也开始出现身份叠合的情况。西汉中期之后，儒生与文吏成为士群体中最重要的组成分子，由于文吏的价值取向必然在官僚体系当中呈现，因此能依违于仕途内外，以进退去取表现"士道"的，便集中于儒生身份之中。① 相较于西汉初年以前，在汉武帝之后直到王莽秉政这段时间里，不仕之士的总体人数并未增加，但史料所见的不仕之士中，儒生比例却有极大幅度的上升，此或可从反面佐证士群体整体的质变。在汉王朝政治相对稳定的时期，不仕之士的总数不过33人，称不上多，然而"无道则隐""贤者辟世"本为孔门教训②，一旦有剧烈的政治波动，儒家传统"士道"便会集体表现出来，一方面推动历史前进，另一方面也会改变隐逸与不仕的样子。

本章以及第六章将讨论西汉末年至东汉光武帝初年这段时间的不仕之士，并简单将这段时间的不仕现象分

---

① 除了儒生之外，还有方士，详见后文。
② 《论语·泰伯》："天下有道则见，无道则隐。"《宪问》："贤者辟世，其次辟地，其次辟色，其次辟言。"见《论语集注》，卷4《泰伯》，（南宋）朱熹集注《四书章句集注》，页142；《论语集注》，卷7《宪问》，（南宋）朱熹集注《四书章句集注》，页220。

为两大部分。第一部分是史料当中有明确记载，因王莽当政或改立新朝而不仕的士人。若相关的不仕之士早在王莽执政之前就因其他因素而拒绝仕途，不仕王莽不过是过往抉择的延续，这类型的不仕者皆已于第四章讨论过，不列入本章的讨论范围。但是若其过往的不仕与不仕王莽之间没有延续性，或者理由全然不同，或者在不仕王莽之前处于仕宦状态，那么这些例子便会被列入本章的讨论之中。

《汉书》中的"两龚"（即龚胜与龚舍）正好可以作为这部分的案例。西汉末年龚舍便多次以病辞官：

> 初，龚舍以龚胜荐，征为谏大夫，病免。复征为博士，又病去。顷之，哀帝遣使者即楚拜舍为太山太守。舍家居在武原，使者至县请舍，欲令至廷拜授印绶。舍曰："王者以天下为家，何必县官？"遂于家受诏，便道之官。既至数月，上书乞骸骨。上征舍，至京兆东湖界，固称病笃。天子使使者收印绶，拜舍为光禄大夫。数赐告，舍终不肯起，乃遣归。……舍年六十八，王莽居摄中卒。①

---

① （汉）班固撰，（清）王先谦补注：《汉书补注》，卷72《王贡两龚鲍传》，页4787—4788。

龚舍故事落在哀帝、平帝时期，其不仕的事实，包含了平帝、王莽秉政至以假皇帝居摄的这段时间。从史料的记载来看，龚舍不仕的动机其来有自，未必与王莽有关，因此虽然龚舍在这段时间不仕，却必须将其改列入西汉时期的不仕之士。

龚胜在哀帝时期也有不仕的记录，但主要原因在于任职有错遭到贬秩，被外放为渤海太守，因此谢病不任之官直到免归：

>……制曰："贬秩各一等。"胜谢罪，乞骸骨。上乃复加赏赐，以子博为侍郎，出胜为渤海太守。胜谢病不任之官，积六月免归。
>
>上复征为光禄大夫。胜常称疾卧。数使子上书乞骸骨，会哀帝崩。……王莽秉政，胜与汉俱乞骸骨。……于是胜、汉遂归老于乡里。①

龚胜虽消极抗拒渤海太守职位，但当其重新被征为光禄大夫时便不再强烈抗拒，直到王莽秉政时以年至致仕归老。若龚胜不仕的记录止于此，那么当与龚舍一样，

---

① （汉）班固撰，（清）王先谦补注：《汉书补注》，卷72《王贡两龚鲍传》，页4785—4787。

被列为西汉时期的不仕之士。但龚胜其后却以激烈的方式抗拒王莽授予的职位：

> 莽既篡国，遣五威将帅行天下风俗，将帅亲奉羊酒存问胜。明年，莽遣使者即拜胜为讲学祭酒，胜称疾不应征。后二年，莽复遣使者奉玺书，太子师友祭酒印绶，安车驷马迎胜……胜自知不见听，即谓晖等："吾受汉家厚恩，亡以报，今年老矣，旦暮入地，谊岂以一身事二姓，下见故主哉？"……遂不复开口饮食，积十四日死，死时七十九矣。①

龚胜不任王莽的讲学祭酒、太子师友祭酒等职位，其原因在于不愿"一身事二姓"，因此其所谓"称疾不应征"与当年被任命渤海太守而"谢病不任之官"并非相同的理由。此外，虽然表面上的原因都是谢病称疾，但龚胜之前愿受征为光禄大夫，一度重新回到仕途，再致仕归老，因此龚胜的不仕并非延续性的，应可称为两度不仕。依本书的分类原则，龚胜应被列入不仕王莽的案例中讨论。

---

① （汉）班固撰，（清）王先谦补注：《汉书补注》，卷72《王贡两龚鲍传》，页4788—4789。

如果不仕王莽者在两汉之际同时也拒绝光武帝或其他割据势力，那么此类型则列入第二部分案例中讨论。第二部分的不仕之士，指从乱世到中兴之间，拒绝各方割据阵营的不仕之士，亦包含了一部分不仕光武帝的不仕之士。所谓各方割据阵营包含了更始帝、公孙述、隗嚣、窦融等，史料中如有记载拒绝担任割据势力官职的士人，便被列入这个部分讨论，无论其是否曾经在西汉或王莽时期担任过官吏，或其后是否在东汉时代入仕，除非不仕这些割据势力者，同时也有不仕光武帝的情况。

最后需要特别说明一下不仕光武帝的部分。本章所要处理的，是曾经拒绝王莽或其他割据势力，同时又拒绝光武帝的不仕之士，亦即其不仕的行为是具有延续性的，在断代上才能列入两汉之际。如果该案例是单纯的不仕于东汉，那么这个案例将被列入东汉的不仕之士另文处理。

《后汉书·逸民列传》记载了严光、王霸二人，可以作为本章取材的例子。先论严光：

> 严光字子陵，一名遵，会稽余姚人也。少有高名，与光武同游学。及光武即位，乃变名姓，隐身不见。帝思其贤，乃令以物色访之。

> 除为谏议大夫，不屈，乃耕于富春山，后人名其钓处为严陵濑焉。①

严光②既与光武同游学，理当也经历了王莽时代，但翻遍史料，几乎无严光于两汉之际活动的记录，其隐身、不仕的记载也都集中于光武一朝，无法确知是否由西汉乃至两汉之际延续而来。故严光之不仕，当被列为东汉时代，非本章的讨论范围。

相对于严光的记载只见于东汉，王霸则有王莽时的事迹：

> 王霸字儒仲，太原广武人也。少有清节。及王莽篡位，弃冠带，绝交宦。建武中，征到尚书，拜称名，不称臣。有司问其故。霸曰："天子有所不臣，诸侯有所不友。"司徒侯霸让位于霸。梁令阎阳毁之曰："太原俗党，儒仲颇有其风。"遂止。以病归。隐居守志，茅屋蓬户。连征不至，以寿终。③

---

① （南朝宋）范晔撰，（唐）李贤等注：《后汉书》，卷83《逸民列传》，页 2763—2764。
② 本作庄光，因避东汉明帝刘庄名讳而作严光，本书依《后汉书》皆称严光。
③ （南朝宋）范晔撰，（唐）李贤等注：《后汉书》，卷83《逸民列传》，页 2762。

同样是不仕、隐居于东汉,但王霸有"王莽篡位,弃冠带,绝交宦"的事迹,虽然可能动机在于避祸,但以较为宽泛的定义来说,也是一种拒绝仕宦的表现。且这种志向延续到了东汉光武帝时代,因此虽然"征到尚书",仍表现其"天子有所不臣"之志。因此将王霸列入本章的讨论之中。

乱世当中的身份认定还有一个值得讨论的,在于"避乱"与"不仕"之间的差别。首先避乱多半是离开朝廷,或离开政治中心动荡的区域,前往地方或政治边陲相对稳定的地方,此符合了孔子"贤者辟世"之意。以汉朝的察举制度来说,离开了熟悉的地方,多半也相当于离开了原本具有优势社会基础的领域。两汉之际的避乱者多半不在官僚体制当中,由于放弃了原本建立起来的乡里名声以及可能的仕进之途,因此史料中也多有"隐居"的形容。如果单纯就是否成为官吏来说,或许避乱隐居也是一种不仕,但本书对"不仕"的定义为本有仕宦机会而主动放弃,而两汉之际避乱隐居的士人,多半为逃离乱局,而非拒绝仕途,此二者理当有所区别。

"不仕"未必"避乱",如前述之龚胜止于不仕,并未徙居他处避王莽之召,但避乱者是否符合本书对不仕的定义,则多半难以确定。虽然如此,由于避乱有极大可能同时抗拒入仕，因此本章将史料中所见案例，凡有弃官、不仕等记载者，均列入不仕之士讨论，而仅记载避乱、避世者，则另外独立统计讨论。如刘茂，《后汉书》云："为沮阳令，会王莽篡位，茂弃官，避世弘农山中教授。"① 本为沮阳令，因王莽而弃官避世，便符合放弃仕途的定义，在本章中被列为不仕之士讨论。但若如沈靖："济阴太守，避王莽之难，隐居桐柏山。"② 只言其避王莽难隐居，未云济阴太守是西汉时还是东汉时任官，因此无从判断是否为弃官避世，只好单独列表讨论。

由于两汉之际值得讨论的案例太多，为避免章节篇幅比重失衡，本书不得不将两汉之际的不仕之士切割为上下两章。本章先分析讨论两汉之际不仕之士的分类原则，以及第一部分不仕王莽的诸案例。第六章则接续析论避乱隐居以及第二部分不仕割据势力的诸案例，同时将不仕光武帝之案例单独讨论，以见其中承先启后之关键，最后再为两汉之际的不仕之士作一小结。

---

① （南朝宋）范晔撰，（唐）李贤等注：《后汉书》，卷81《独行列传》，页2671。
② （北宋）欧阳修、宋祁撰：《新唐书》（北京：中华书局，1975），卷74上《宰相世系表》，页3146。

❧ 两汉之际的儒生与隐士

在汉武帝以经术取士,并以儒术缘饰文法吏事之后[①],西汉的官僚体制便逐渐出现变化,一方面因官学的兴办与扩大取士,"士"与"仕"有了更紧密的结合,儒生进入官僚体制之后不得不学吏,文史为了更上一层楼也不得不学经。西汉中期以后的汉代官僚,出现了许多兼擅经术与吏事的长吏。如丙吉[②]、王尊[③]、翟方进[④]、

---

① 《史记·平津侯主父列传》:"公孙弘……天子察其行敦厚,辩论有余,习文法吏事,而又缘饰以儒术,上大说之。"(汉)司马迁撰,[日]泷川资言考证,杨海峥整理:《史记会注考证》,卷112《平津侯主父列传》,页3838。

② 《汉书·魏相丙吉传》:"(丙)吉本起狱法小吏,后学《诗》《礼》,皆通大义。及居相位,上宽大,好礼让。"(汉)班固撰,(清)王先谦补注:《汉书补注》,卷74《魏相丙吉传》,页4860。

③ 《汉书·赵尹韩张两王传》:"(王)尊窃学问,能史书。年十三,求为狱小吏。数岁,给事太守府,问诏书行事,尊无不对。太守奇之,除补书佐,署守属监狱。久之,尊称病去,事师郡文学官,治《尚书》《论语》,略通大义。"(汉)班固撰,(清)王先谦补注:《汉书补注》,卷76《赵尹韩张两王传》,页4967。按:两汉之际另有一不仕王莽之王尊,字君公,与此王尊不同,详见后文。

④ 《汉书·翟方进传》:"(翟)方进年十二三,失父孤学,给事太守府为小史,号迟顿不及事,数为掾史所詈辱。方进自伤,乃从汝南蔡父相问己能所宜。蔡父大奇其形貌,谓曰:'小史有封侯骨,当以经术进,努力为诸生学问。'方进既厌为小史,闻蔡父言,心喜,因病归家,辞其后母,欲西至京师受经。……积十余年,经学明习,徒众日广,诸儒称之。以射策甲科为郎。二三岁,举明经,迁议郎。"(汉)班固撰,(清)王先谦补注:《汉书补注》,卷84《翟方进传》,页5181。

路温舒①等。再加上传统的宗族联结，新形态的士人也开始出现世代为官的情况，如萧望之萧氏②，或稍晚的班况班氏③。整体而言，西汉的士群体有明显的儒学化、官僚化、世族化的趋向④，并且在这样的趋势之下，士人由通经而能仕宦、由仕宦而成世族，在拥有更充裕的经济生活、更高尚的社会地位情况下，士人因此能累积更多的社会基础与政治资本，最后个别士人便能通过更强大的社会基础而选择不仕。

禄利之路使士群体逐渐走向儒学化，通经教授也因此成为士人维持经济生活的方式之一，这使士群体因教育活动的活跃而更扩大，更强化了通经教授的社会需求。在西汉中期，经学教授作为儒生的社会基础还不够结实，只能作为利禄之外的辅助。但到了西汉末年，传经授徒

---

① 《汉书·贾邹枚路传》："路温舒字长君，巨鹿东里人也。父为里监门。使温舒牧羊，温舒取泽中蒲，截以为牒，编用写书。稍习善，求为狱小吏，因学律令，转为狱史，县中疑事皆问焉。太守行县，见而异之，署决曹史。又受《春秋》，通大义。"（汉）班固撰，（汉）班固撰，（清）王先谦补注：《汉书补注》，卷51《贾邹枚路传》，页3841。
② 《汉书·萧望之传》："望之八子，至大官者育、咸、由。""由字子骄……家至吏二千石者六七人。"（汉）班固撰，（清）王先谦补注：《汉书补注》，卷78《汉书·萧望之传》，页5040、5043。
③ 即班固家族，见（汉）班固撰，（清）王先谦补注《汉书补注》，卷100上《叙传》，页6221。
④ 参见刘增贵《汉代豪族研究——豪族的士族化与官僚化》（台北：台湾大学历史学研究所博士学位论文，指导教授：韩复智，1985年）。

已经到了能与朝廷利禄抗衡的地步,从而倒过来让儒生有了选择不仕的可能。当王莽代汉这样的政治大事件发生时,不仕王莽的选择便大量地出现了。

两汉之际不仕之儒生相当多,但是否传经授徒则未必见于史料之中,本章也只能以史料所见作为判断标准。至于世家,西汉时期的儒家新世家处于形成阶段,不少西汉诞生的世家连绵不断直到唐朝,但也有不少未能延续于后世者。因此本书采取较为宽松的认定标准,只要史料当中见载父子或兄弟俱仕为官者,便将其视为世家。

两汉之际的不仕之士当中,同时兼有儒生、教授、世家并见载于史料者,最为典型的当数杨震之父杨宝:

> 杨震字伯起,弘农华阴人也。八世祖喜,高祖时有功,封赤泉侯。高祖敞,昭帝时为丞相,封安平侯。父宝,习《欧阳尚书》。哀、平之世,隐居教授。居摄二年,与两龚、蒋诩俱征,遂遁逃,不知所处。光武高其节。建武中,公车特征,老病不到,卒于家。[1]

---

[1] (南朝宋)范晔撰,(唐)李贤等注:《后汉书》,卷54《杨震列传》,页1759。

杨宝即属汉代赫赫有名的弘农杨氏士族，从汉高祖定天下起，世代连绵居官直到魏晋时代以下。杨氏同时也是世代传经的儒学世家，除了杨宝的《欧阳尚书》之外，其子杨震更是"明经博览，无不穷究"，被称为"关西孔子"。① 杨宝在哀、平时期便"隐居教授"，但王莽居摄时期又以遁逃避征，因此同样是不仕，但两时期的状况不太一样，其不仕的行为应被列入两汉之际而非西汉。进入东汉之后，杨宝又以老病不到特征。从活跃时间来看，应该确实是因为老病而不能到，因此亦不将其视为不仕光武者。

作为世家，杨宝的社会基础已相当稳固了，再加上经学的教授，杨宝因此能做到几乎终身不仕。相形之下高容、高诩父子虽然也是经学世家，却未有于民间教授的记录：

> 高诩字季回，平原般人也。曾祖父嘉，以《鲁诗》授元帝，仕至上谷太守。父容，少传嘉学，哀、平间为光禄大夫。
>
> 诩以父任为郎中，世传《鲁诗》。以信行清

---

① （南朝宋）范晔撰，（唐）李贤等注：《后汉书》，卷54《杨震列传》，页1759。

操知名。王莽篡位，父子称盲，逃，不仕莽世。光武即位，大司空宋弘荐诩，征为郎。①

高氏世代传《鲁诗》，同时也世代为官，在王莽篡位后称盲，逃而不仕。从《后汉书》的记载来看，高嘉以《鲁诗》授元帝，有可能世代是帝王家的经师，但此是否与民间讲授冲突，因史料缺载而不可知。

相对于没有民间教授记录的高容、高诩父子，洼丹所属的洼氏世代传经，却未必世代为官：

> 洼丹字子玉，南阳育阳人也。世传《孟氏易》。王莽时，常避世教授，专志不仕，徒众数百人。建武初，为博士，稍迁，十一年，为大鸿胪。作《易通论》七篇，世号洼君通。丹学义研深，易家宗之，称为大儒。②

西汉通经者多半能居官，因此汉代常见以明经察举

---

① （南朝宋）范晔撰，（唐）李贤等注：《后汉书》，卷79下《儒林列传》，页2569。
② （南朝宋）范晔撰，（唐）李贤等注：《后汉书》，卷79上《儒林列传》，页2551。

入仕①，而《孟氏易》于宣帝时便立为学官②，因此洼氏既世传《孟氏易》，在某种程度上也能世代为官。在这种情况下，方能解释《后汉书》称洼丹于王莽时"专志不仕"的意涵。不过洼氏除洼丹之外亦无其他人物见于青史，因此不能被称为世家。

在战国诸子百家逐渐转化为通经儒生的过程当中，先是儒生受到禄利之路的引导而扩大，其后依附于朝廷的士人也逐渐发展出各种禄利之外的社会基础。宗族互相支援的力量是其一，而知识传授则是其二，这两条途径皆与汉代以前的社会传统相连接，并非突如其来出现的变量。因此儒生社会基础的变化过程在史料中并不那么明显，必须通过更仔细的爬梳与整理，方能窥知一二。

此外，如将视野从儒生放大到整个士群体来看，在战国到西汉末年这段时间里，士群体明显地由多元走向

---

① 举数例如下：金钦"钦举明经，为太子门大夫"；韦玄成"以明经擢为谏大夫"；眭弘"从嬴公受《春秋》。以明经为议郎，至符节令"；盖宽饶"明经为郡文学"；孙宝"以明经为郡吏"。诸如此类，不胜枚举。以上诸例见（汉）班固撰，（清）王先谦补注《汉书补注》，卷68《霍光金日磾传》，页4650；卷73《韦贤传》，页4814；卷75《眭两夏侯京翼李传》，页4869；卷77《盖诸葛刘郑孙毋将何传》，页4987、5004。

② 《汉书·儒林传赞》："至孝宣世，复立大小夏侯《尚书》，大小戴《礼》，施、孟、梁丘《易》，穀梁《春秋》。"（汉）班固撰，（清）王先谦补注：《汉书补注》，卷88《儒林传》，页5457。

以经术为主体的融合。在这个过程当中,士不同的身份背景以及不同的社会基础,会逐渐地叠合在一起。因此当我们爬梳史料,分析西汉末年士人的出身背景与社会基础时,同样是儒生,便可看出因史料取舍而有不同叠合方式的情况。但是史料未载不代表西汉末年全体士人都已经是儒生、官僚、世家的综合体,西汉儒生世族化的情况远不如魏晋以下普遍,贫寒儒生在两汉之际选择不仕的也非罕见,如刘茂:

> 刘茂字子卫,太原晋阳人也。少孤,独侍母居。家贫,以筋力致养,孝行著于乡里。及长,能习《礼经》,教授常数百人。……遭母忧去官。服竟后为沮阳令。会王莽篡位,茂弃官,避世弘农山中教授。①

刘茂家贫"以筋力致养"母亲,从《后汉书》的记载来看,并没有宗族给予接济。但在王莽篡位后,他仍做出了弃官而教授的选择。从刘茂的例子来看,也可推敲经学的教授已经隐隐可与禄利之路相抗衡了。

---

① (南朝宋)范晔撰,(唐)李贤等注:《后汉书》,卷81《独行列传》,页2671。

除了文吏官僚之外，另一个常与儒生身份叠合的是方士。儒生与方士的界限早在秦时便相当模糊，秦始皇怒韩众、徐市、卢生等求奇药之方士，将其坑之咸阳，而扶苏劝谏则称之曰："诸生皆诵法孔子。"① 显见儒生和方士的身份未有严格区别。入汉之后，经术又有灾异谶纬之学，虽与方仙道不同类，但同可被称为方术。《后汉书》中有《方术列传》，其中郭宪亦不仕王莽：

> 郭宪字子横，汝南宋人也。少师事东海王仲子。……及后（王莽）篡位，拜宪郎中，赐以衣服。宪受衣焚之，逃于东海之滨。莽深忿恚，讨逐不知所在。
>
> 光武即位，求天下有道之人，乃征宪拜博士。②

"东海王仲子"即王良，亦不仕。《后汉书》本传称王良："习《小夏侯尚书》。"③ 则师事王良的郭宪于东汉时期当以《小夏侯尚书》为博士，为通经之儒生无

---

① （汉）司马迁撰，[日]泷川资言考证，杨海峥整理：《史记会注考证》，卷6《秦始皇本纪》，页361。
② （南朝宋）范晔撰，（唐）李贤等注：《后汉书》，卷82上《方术列传》，页2708。
③ （南朝宋）范晔撰，（唐）李贤等注：《后汉书》，卷79上《儒林列传》，页2566。

疑。然范晔《后汉书》不以郭宪入《儒林列传》而入《方术列传》，多少有其史家之批判。

本章因郭宪之故，将二不仕方术士案例并于儒生一类讨论。值得注意的是，方术士若不仕，以所知之方术于民间为生，则多见以巫、医、卜等技艺混迹市井，如严遵、安丘望之云云。此二人皆非儒生，更接近于传统隐逸。以源头来说，卜筮等方术更早于儒家经学，作为古代中国之传统文化，故能渗透影响不同学术支流。依《汉书·艺文志》所见之汉代学术分类，则方技、术数皆可自成一类，方士可为儒生，亦可为道士，不可一概而论。

回头续论士之社会基础。儒生若选择不仕，或因宗族支持，或以教授为业，少部分又有方术背景，可见西汉末年儒生社会基础有多面向的发展。不过同样因史家对史料的抉择，不仕之儒生不知其是否教授，或是否有宗族，某些世代为官的宗族同样未能知其是否为儒生，其世家也未必儒家化。对于这些类型，本书都会尽量做出区隔来分析，此处便不再举例。

儒生之外，两汉之际传统的道家型隐逸，接续着西汉时代减少的趋势，人数相对更少，如向长：

> 向长字子平，河内朝歌人也。隐居不仕，性尚中和，好通《老》《易》。贫无资食……王莽大司空王邑辟之，连年乃至，欲荐之于莽，固辞乃止。潜隐于家。……建武中，男女娶嫁既毕，敕断家事勿相关，当如我死也。于是遂肆意，与同好北海禽庆俱游五岳名山，竟不知所终。①

向长好通《老》《易》，本就隐居不仕，受大司空王邑召"连年乃至"，亦即拒绝了多次才受召，其后又潜隐于家。从史料的记载来看，其不仕的行为具有一贯性，延续至王莽以及光武时代。依本书的定义，若向长于东汉时期入仕，则此案例当被列入西汉时代讨论。但向长于建武中采取由"不仕"而"隐逸"，不知所终，加上先前一度应王莽朝之召辟，因此当归类于第六章的不仕光武一类。

传统的道家型隐逸数量日益减少，一来与士群体中的儒生数量比例大幅上升有关，二来在于当代史家是否能关注到那些不求其名的隐逸士人。两汉之际的史料以《汉书》《后汉书》为主，成书于东汉的《汉书》是距

---

① （南朝宋）范晔撰，（唐）李贤等注：《后汉书》，卷83《逸民列传》，页2758—2759。

离两汉之际最近的重要史料，但班固对于不仕与隐逸算不上重视，仅以《王贡两龚鲍传》记载相关事迹。《后汉书》对于士的不同姿态特别留意，不但有《逸民列传》专记隐逸之士，又有《独行列传》记载各种"名体虽殊而操行俱绝"的独行之士，显然受到了魏晋以下性分学说的影响。然而《后汉书》成书于南北朝时期，距离两汉之际有四百年之久，虽然保存了不少两汉之际不见于《汉书》的不仕之士资料，但史料湮灭难免，即令范蔚宗也无可奈何。

两汉之际的不仕之士，最重要的是发展出了从重视"去就之节"到"绝尘不反"的不同形态。对于士人风尚在两汉之际的转变，《后汉书》颇有记载，《党锢列传》云：

> 至王莽专伪，终于篡国，忠义之流，耻见缨绋，遂乃荣华丘壑，甘足枯槁。虽中兴在运，汉德重开，而保身怀方，弥相慕袭，去就之节，重于时矣。①

---

① （南朝宋）范晔撰，（唐）李贤等注：《后汉书》，卷67《党锢列传》，页2185。

范晔《党锢列传》序颇有"秦汉士史"之意,如其所述,因王莽之故,即使汉室已中兴,"去就之节"仍"重于时矣"。值得注意的是,所谓"去就",依孔子的教训而言,当以"有道则见,无道则隐"的原则来做抉择,因此若天下无道,贤者避世不仕是合理的选择,但若邦有道,孔子便云"贫且贱焉,耻也"①。西汉后期刘向于《说苑》中有云:

> 审乎人情。知所去就,故虽穷不处亡国之势,虽贫不受污君之禄。……贤者非畏死避害而已也,为杀身无益而明主之暴也。……是以贤人闭其智,塞其能,待得其人然后合;故言无不听,行无见疑,君臣两与,终身无患。②

儒家"待得其人然后合",因此有所去,亦有所就,乃传统意义上的"去就"③。然而光武中兴之后,此时已非专伪篡国之势,不仕者仍以"保身怀方"为其"节",则士人的"去就"与外在环境的有道、无道未必相关,

---

① 《论语集注》,卷4《泰伯》,(南宋)朱熹集注:《四书章句集注》,页142。
② (西汉)刘向撰,向宗鲁校证:《说苑校证》,卷17《杂言》,页410—411。
③ 其原始或可追溯至孔子之前儒家思想尚未诞生之时,详本书第一章。

可说是一种内在的个人选择。如单就"节"而言,坚持信守某种承诺皆可谓守节,为特定君主尽忠不移为节,如荀息死奚齐①,太史公称之为"守节"②;季札坚辞君位,无论父、兄、吴人之命皆不受,亦为守节。③换言之,在两汉之际,士人之"节"已由为君王尽忠的"荀息式守节",转而出现了不受禄位的"季札式守节"。前者在光武中兴之后自然"达节"再度入仕,而后者则从此"绝尘不反",《逸民列传》云:

> 汉室中微,王莽篡位,士之蕴藉义愤甚矣。是时裂冠毁冕,相携持而去之者,盖不可胜数。……

---

① 《左传·僖公九年》:"冬十月,里克杀奚齐于次,书曰:'杀其君之子。'未葬也,荀息将死之,人曰:'不如立卓子而辅之。'荀息立公子卓以葬。十一月,里克杀公子卓于朝。荀息死之。"杨伯峻注:《春秋左传注》,《僖公九年》,页329。

② 《史记·郑世家》:太史公曰:"守节如荀息,身死而不能存奚齐。"(汉)司马迁撰,[日]泷川资言考证,杨海峥整理:《史记会注考证》,卷42《郑世家》,页2206。

③ 《左传·襄公十四年》:"吴子诸樊既除丧,将立季札,季札辞曰:'曹宣公之卒也,诸侯与曹人不义曹君,将立子臧,子臧去之,遂弗为也,以成曹君,君子曰:"能守节。"君,义嗣也,谁敢奸君?有国,非吾节也。札虽不才,愿附于子臧,以无失节。'固立之,弃其室而耕,乃舍之。"见杨伯峻注《春秋左传注》,《襄公十四年》,页1007—1008。曹宣公之子公子欣时(字子臧)云:"前志有之曰:'圣达节,次守节,下失节。'为君非吾节也,虽不能圣,敢失守乎?"见杨伯峻注《春秋左传注》,《成公十五年》,页873。按:季札之节来自子臧,而季札之名盛,故以其为类型之名。

光武侧席幽人，求之若不及，旌帛蒲车之所征贲，相望于岩中矣。若薛方、逢萌聘而不肯至，严光、周党、王霸至而不能屈。群方咸遂，志士怀仁，斯固所谓"举逸民天下归心"者乎！肃宗亦礼郑均而征高凤，以成其节。……盖录其绝尘不反，同夫作者，列之此篇。①

王莽之后，不仕之士由天下无道"耻见缨绋"，转变为未必与政治直接相关的节操，因此即使是东汉的太平盛世，仍以"成其节"为要。这种以"季札式守节"为志向的不仕之士，萌芽于西汉后期，成形于两汉之际，而大盛于东汉时代。

守节作为不仕之士的一大类型，与儒生身份同样多有重叠，典型者如《逸民列传》所列举的周党：

> 周党字伯况，太原广武人也。家产千金。少孤，为宗人所养……既而散与宗族，悉免遣奴婢，遂至长安游学。……敕身修志，州里称其高。
>
> 及王莽窃位，托疾杜门。……

---

① （南朝宋）范晔撰，（唐）李贤等注：《后汉书》，卷83《逸民列传》，页2756—2757。

建武中，征为议郎，以病去职，遂将妻子居黾池。复被征，不得已，乃着短布单衣，縠皮绡头，待见尚书。及光武引见，党伏而不谒，自陈愿守所志，帝乃许焉。……党遂隐居黾池，著书上下篇而终。邑人贤而祠之。

初，党与同郡谭贤伯升、雁门殷谟君长，俱守节不仕王莽世。建武中，征并不到。

逸民之逸，历来或以"遁"为逸[①]，或谓之"节行超逸"[②]，二者意韵略有差别。以"遁"解"逸"者，在于心迹离俗遁世而不见，以"节行超逸"解"逸"者，则是拔高于尘俗之上，有出类拔萃而凸显之感。本书从后者之解释，将"隐"与"逸"之意义区别开来，但两种解释实可并存，即因超逸出尘，无所容身，故而隐遁不见。后世论逸民，却未必有"遁"之意，常以超逸且不

---

① 如成帝鸿嘉二年诏曰："官无废事，下无逸民。"颜师古注"逸民"云："逸，遁也。"又《后汉书·逸民列传》范晔开篇序曰："《易》称'遁之时义大矣哉'。"皆是其例。见（汉）班固撰，（清）王先谦补注《汉书补注》，卷10《成帝纪》，页437—438；（南朝宋）范晔撰，（唐）李贤等注：《后汉书》，卷83《逸民列传》，页2755。
② 何晏："逸民者，节行超逸也。"见（三国魏）何晏集解，（北宋）邢昺疏《论语注疏》（台北：艺文印书馆，1976年，据阮元校刻《十三经注疏附校勘记》影印），卷18《微子》，页166下右。

仕论。周党敕身修志，却不隐其名，使州里称高；征不愿到，却著书存迹，甚至使"邑人贤而祠之"。换言之，周党的"隐居"不过是"不仕"而已，其志节未尝有隐遁之意。

更值得注意的是，周党虽然隐居黾池，但并非传统的道家型隐逸，西汉时期他曾经"至长安游学"，因此有儒生的背景。周党有"家产千金"，少孤而"为宗人所养"，显然少时也有不算弱的宗族能给予一定程度的支持。从宗族与游学两方面来看，周党宗族虽不见于史料，但很有可能正是前述西汉儒家化、官僚化、世族化的情况下，士人得以选择不仕的代表，因此成为东汉以下不仕逸民的典范。

虽然《后汉书》成书较晚，但附记于《周党传》后的谭贤、殷谟，只云"俱守节不仕"而已，某种程度上或许也代表着"守节"在两汉之际也可以独立作为士人的一种标志，无须作为儒生或其他身份背景的旁衬。

本章以下的分析讨论将所有的不仕之士区分为两大部分，已如前文所述，由于身份背景与社会基础的不同，又可依其不仕之理由而区分为下列六类：

01 儒生；

02 世家；

03 豪族；

04 道家；

05 守节；

06 避乱隐居。

其中第 1 类儒生的数量最多，因此再从身份背景与社会基础在史料中的记载差异、叠合程度区别，将其分为六个子类型：

01-1 儒生、世家、教授；

01-2 儒生、世家；

01-3 儒生、教授；

01-4 儒生、市井；

01-5 儒生、方术士；

01-6 儒生。

两汉之际史料中未见有以教授《老子》等其他经典而不仕的士人，因此其中教授的部分没有疑虑，全部都是儒生。世家则未必都是儒生，凡世家而有儒生身份者，皆合并于第 1 类的"儒生"之中，其余无法判断的，则列为第 2 类"世家"。第 3 类"豪族"与第 2 类"世家"的分类定义略有不同，"世家"指家庭或家族中有多人为官者，"豪族"则是地方上社会地位或经济实力特强的宗族，二者若有重叠，则合并于第 2 类"世家"之中。

列为第4类的"道家",是史料有明确记载其学识背景为黄、老,或老、易之类的传统道家型隐逸者,似西汉时期河上公之类。本书以讨论社会基础优先,史料若有混迹市井(如屠肆、侩牛)之类,本当另独立为一类市井,然而两汉之际市井案例仅得二人,一为儒生,一属世家,因此分别并入儒生与世家案例中。两汉之际为乱世,又涉及改朝换代,因此守节与避乱者众,凡于仕宦中有所坚持,又不属前述诸类者,则被列为第5类"守节"之中。

前文有讨论过避乱隐居的情况,本章亦独立为第6类,但避乱隐居者若身份符合上述1—5类者,则以前述类型分类之。

此处所分辨的案例类型与分类方式,将分别于本章与第六章具体讨论。以下先从两汉之际数量最多、影响最大的不仕王莽部分谈起。爬梳史料的结果,共搜得46个不仕王莽的案例,由于例子众多,以下再将所有案例依史料记载的情况,区分为儒生以及儒生之外两大部分,分别论述。

🏛 不仕王莽:儒生

两汉之际有不仕王莽记录的史料案例极多,本章将其中不仕其他割据势力以及不仕光武的部分都切割出去,第六章再做讨论。这里先析论单纯不仕王莽的史料案例。

不仕王莽的案例当中,史料明确记载可知为儒生者共有 21 例,绝大多数见于《汉书》与《后汉书》中。如上节所述,依身份与社会基础的重叠情况,又可分为 6 个类型,以下先表列前 5 类,即除了儒生之外,尚可判断有世家、通经教授、方术或混迹市井等相关记载的不仕之士,共有 13 例,如表 5-1 所示。

表 5-1

序号	活跃时代	姓名	出处	相关事迹	分类
1	哀帝—居摄—光武	杨宝	《后汉书》	父宝,习欧阳尚书。哀、平之世,隐居教授。居摄二年,与两龚、蒋诩俱征,遂遁逃,不知所处。光武高其节。建武中,公车特征,老病不到,卒于家①	01-1儒生、世家、教授

① (南朝宋)范晔撰,(唐)李贤等注:《后汉书》,卷 54《杨震列传》,页 1759。

（续表）

序号	活跃时代	姓名	出处	相关事迹	分类
2	新	刘宣①	《后汉书》	初，茂与同县孔休、陈留蔡勋、安众刘宣、楚国龚胜、上党鲍宣六人同志，不仕王莽时，并名重当时 刘宣字子高，安众侯崇之从弟，知王莽当篡，乃变名姓，抱经书隐避林薮。建武初乃出，光武以宣袭封安众侯②	01-2 儒生、世家

① 刘宣从兄刘崇，《后汉书集解》引顾炎武说："'崇'当从汉表作'宠'。"又引陈景云说："崇死于莽未篡汉之先，建武二年，从父弟宠绍封，此传写误也。"则刘崇另有从弟刘宠，与刘宣有异。又校补云："'宣'与'宠'自系一人名，因形近而误。"则刘宣与刘宠为一人。按：今暂依《后汉书·卓鲁魏刘列传》作刘宣。见（南朝宋）范晔著，（清）王先谦撰《后汉书集解》（北京：中华书局据1915年虚受堂刊本影印，1984年），卷15《李王邓来列传》，页214左上。

② （南朝宋）范晔撰，（唐）李贤等注：《后汉书》，卷25《卓鲁魏刘列传》，页872。

（续表）

序号	活跃时代	姓名	出处	相关事迹	分类
3	新	孔子建	《后汉书》	曾祖父子建，少游长安，与崔篆友善。及篆仕王莽为建新大尹，尝劝子建仕。对曰："吾有布衣之心，子有衮冕之志，各从所好，不亦善乎！道既乖矣，请从此辞。"遂归，终于家①	01-2 儒生、世家
4	新	高容	《后汉书》	容，少传嘉学，哀、平闲为光禄大夫。……王莽篡位，父子称盲，逃，不仕莽世②	01-2 儒生、世家
5	新—光武	高诩	《后汉书》	诩以父任为郎中，世传《鲁诗》。以信行清操知名。王莽篡位，父子称盲，逃，不仕莽世。光武即位，大司空宋弘荐诩，征为郎，除符离长。去官，后征为博士③	01-2 儒生、世家

① （南朝宋）范晔撰，（唐）李贤等注：《后汉书》，卷79上《儒林列传上》，页2560。按：孔子建事亦见《孔丛子》，见傅亚庶撰《孔丛子校释》，卷7《连丛子上》，页453。
② （南朝宋）范晔撰，（唐）李贤等注：《后汉书》，卷79下《儒林列传下》，页2569。
③ （南朝宋）范晔撰，（唐）李贤等注：《后汉书》，卷79下《儒林列传下》，页2569。

(续表)

序号	活跃时代	姓名	出处	相关事迹	分类
6	新	鲍宣	《汉书》《后汉书》	鲍宣字子都,渤海高城人也。好学明经,为县乡啬夫,守束州丞。……平帝即位,王莽秉政,阴有篡国之心,乃风州郡以罪法案诛诸豪桀,及汉忠直臣不附己者,宣及何武等皆死① ……上党鲍宣六人同志,不仕王莽时,并名重当时② 鲍永字君长,上党屯留人也。父宣,哀帝时任司隶校尉,为王莽所杀③	01-2 儒生、世家

① (汉)班固撰,(清)王先谦补注:《汉书补注》,卷72《王贡两龚鲍传》,页4790、4799。
② (南朝宋)范晔撰,(唐)李贤等注:《后汉书》,卷25《卓鲁魏刘列传》,页872。
③ (南朝宋)范晔撰,(唐)李贤等注:《后汉书》,卷29《申屠刚鲍永郅恽列传》,页1017。

(续表)

序号	活跃时代	姓名	出处	相关事迹	分类
7	新	牟长	《后汉书》	牟长字君高,乐安临济人也。其先封牟,春秋之末,国灭,因氏焉。长少习《欧阳尚书》,不仕王莽世。建武二年,大司空弘特辟,拜博士,稍迁河内太守,坐垦田不实免。长自为博士及在河内,诸生讲学者常有千余人,著录前后万人①	01-3 儒生、教授
8	新	洼丹	《后汉书》	洼丹字子玉,南阳育阳人也。世传《孟氏易》。王莽时,常避世教授,专志不仕,徒众数百人。建武初,为博士,稍迁,十一年,为大鸿胪。作《易通论》七篇,世号洼君通。丹学义研深,易家宗之,称为大儒②	01-3 儒生、教授

---

① (南朝宋)范晔撰,(唐)李贤等注:《后汉书》,卷79上《儒林列传上》,页2557。
② (南朝宋)范晔撰,(唐)李贤等注:《后汉书》,卷79上《儒林列传上》,页2551。

(续表)

序号	活跃时代	姓名	出处	相关事迹	分类
9	新	薛方	《汉书》	薛方尝为郡掾祭酒,尝征不至,及莽以安车迎方,方因使者辞谢曰:"尧舜在上,下有巢由,今明主方隆唐虞之德,小臣欲守箕山之节也。"使者以闻,莽说其言,不强致。方居家以经教授,喜属文,著诗赋数十篇。……世祖即位,征薛方,道病卒①	01-3 儒生、教授
10	新	刘茂	《后汉书》	刘茂……独侍母居。家贫,以筋力致养,孝行著于乡里。及长,能习《礼经》,教授常数百人。……遭母忧去官。服竟后为沮阳令。会王莽篡位,茂弃官,避世弘农山中教授。建武二年,归,为郡门下掾。……诏书即征茂拜议郎,迁宗正丞②	01-3 儒生、教授(贫)

---

① (汉)班固撰,(清)王先谦补注:《汉书补注》,卷72《王贡两龚鲍传》,页4801。
② (南朝宋)范晔撰,(唐)李贤等注:《后汉书》,卷81《独行列传》,页2671。

(续表)

序号	活跃时代	姓名	出处	相关事迹	分类
11	新	王尊①	《后汉书》司马彪《续汉书》	初，萌与同郡徐房、平原李子云、王君公相友善，并晓阴阳，怀德秽行。房与子云养徒各千人，君公遭乱独不去，侩牛自隐。时人谓之论曰："避世墙东王君公。"② 平原王君公以明道深晓阴阳，怀德灭行，和光同尘，不为皎皎之操。王莽世退身，侩牛自给③	01-4 儒生、市井

---

① 或作"遵"，见（三国魏）嵇康著，张亚新校注《嵇康集详校详注》（北京：中华书局，2021年），余编《圣贤高士传赞》，页1030—1032。
② （南朝宋）范晔撰，（唐）李贤等注：《后汉书》，卷83《逸民列传》，页2760。
③ 周天游辑注：《八家后汉书辑注（修订本）》，司马彪《续汉书》，页496—497。

(续表)

序号	活跃时代	姓名	出处	相关事迹	分类
12	平帝	郭宪	《后汉书》	郭宪字子横,汝南宋人也。少师事东海王仲子。时王莽为大司马……莽阴奇之。及后篡位,拜宪郎中,赐以衣服。宪受衣焚之,逃于东海之滨。莽深忿恚,讨逐不知所在。光武即位,求天下有道之人,乃征宪拜博士。再迁,建武七年,代张堪为光禄勋。……宪对曰:"齐国失火,故以此厌之。"后齐果上火灾,与郊同日。……宪遂以病辞退,卒于家①	01-5 儒生、方术士

① (南朝宋)范晔撰,(唐)李贤等注:《后汉书》,卷82上《方术列传上》,页2708—2709。

(续表)

序号	活跃时代	姓名	出处	相关事迹	分类
13	新	许杨①	《后汉书》	许杨字伟君,汝南平舆人也。少好术数。王莽辅政,召为郎,稍迁酒泉都尉。及莽篡位,杨乃变姓名为巫医,逃匿他界。莽败,方还乡里。……建武中,太守邓晨欲修复其功,闻杨晓水脉,召与议之。……晨大悦,因署杨为都水掾,使典其事②	01-5 儒生、方术士

不仕王莽的儒生世家,史料当中有清楚记载的有6例,其中杨宝已于上个小节讨论过,其兼具世家与通经教授的双重社会基础。

本书所论之"世家"采以较宽松的定义,其中高容、高诩父子已如前述,此处不复赘言。但高容父子之外,汉朝宗室的刘宣与孔子族裔孔子建都是相当典型的世家大族。

---

① 谢承《后汉书》作"许阳",见周天游辑注《八家后汉书辑注(修订本)》,页182。(许杨不确定是否属于儒生,但一定为方术士。但后文计算时,将其列入"儒家"中)
② (南朝宋)范晔撰,(唐)李贤等注:《后汉书》,卷82上《方术列传上》,页2710。

刘宣从兄安众侯刘崇于王莽居摄时率众从者数百人攻之，族人中有随之攻莽者①，有附莽而主张严惩刘崇者②，亦有如刘宣"乃变名姓，抱经书隐避林薮"者。西汉刘姓宗室儒家化源远流长，前有河间献王刘德③，后有领校秘书的刘向、刘歆父子，其间亦不乏以经学教授者，如刘向长子伋以《易》教授之类。④ 刘宣"变名姓"避乱，隐避林薮亦不忘"抱经书"，或有经学教授而未知。

孔子建于《后汉书·儒林列传》叙述不多，不过孔子族裔有《孔丛子》一书传世，保存了不少孔子世家事

---

① 《汉书·王莽传》："安众侯刘崇与相张绍谋曰：'安汉公莽专制朝政，必危刘氏。天下非之者，乃莫敢先举，此宗室耻也。吾帅宗族为先，海内必和。'绍等从者百余人，遂进攻宛，不得入而败。"刘崇率宗族为先，合张绍等不过百余人，则刘崇所率宗族人数不甚多，如刘嘉、刘宣等不同选择的族人理当不少。（汉）班固撰，（清）王先谦补注：《汉书补注》，卷99上《王莽传》，页6085—6086。

② 即刘崇族父刘嘉，见（汉）班固撰，（清）王先谦补注《汉书补注》，卷99上《王莽传》，页6086—6089。

③ 《汉书·景十三王传》："献王……其学举六艺，立《毛氏诗》《左氏春秋》博士。修礼乐，被服儒术，造次必于儒者。山东诸儒者从而游。"（汉）班固撰，（清）王先谦补注：《汉书补注》，卷53《景十三王传》，页3896。

④ 楚元王世家颇能表现刘姓宗室儒家化的痕迹，楚元王好《诗》亦家传《鲁诗》，但其后有"好读《诗》，能属文"之刘辟强，亦有"修黄老术，有智略"之刘德，显见儒家化并不彻底。而刘向由"通达能属文辞"进而"受《穀梁》，讲论五经于石渠"，亦表现出儒学经术浸润之痕迹。参见（汉）班固撰，（清）王先谦补注《汉书补注》，卷36《楚元王传》，页3249、3253—3254、3257、3303—3304。

迹。孔子后世自谓："以经学为业，家传相承。"①孔子建祖父孔子立亦不仕，"以诗、书教于阙里数百人"②，因此孔子建不仕王莽归乡里，理当亦有经学之教授而史料不载者。

鲍宣、鲍永父子皆为官，与前文已经提过的高容、高诩父子一样，皆不仕王莽。鲍氏作为世家不如刘与孔，鲍宣传称其"好学明经"，自是儒生无疑。《汉书·儒林传》云，林尊事欧阳高，为博士，授平当，平当又授鲍宣。③《后汉书·鲍永传》又云，永"习《欧阳尚书》"④，鲍永子鲍昱亦"少传父学"。由此可见鲍宣以下世传《欧阳尚书》。鲍宣即使不是出身世家，至少也是世家之始。若依《汉书》本传而论，鲍宣于哀帝时任司隶校尉时便犯罪被刑。平帝时王莽秉政，因其不附从自己而借故杀之，其当时无有职位，似乎未曾有拒绝仕宦机会的情况。然而《后汉书》多以鲍宣为"不仕王

---

① 傅亚庶撰：《孔丛子校释》，卷7《连丛子上》，页447。
② 傅亚庶撰：《孔丛子校释》，卷7《连丛子上》，页453。
③ （汉）班固撰，（清）王先谦补注：《汉书补注》，卷88《儒林传》，页5434。
④ （南朝宋）范晔撰，（唐）李贤等注：《后汉书》，卷29《申屠刚鲍永郅恽列传》，页1017。

莽"①"不仕新室"②之代表人物之一，所谓"不附己"是否包含王莽以职位试探不可知，这里暂且依《后汉书》列入不仕之士中。

不仕王莽的儒生而明确有以经学教授的，亦有5人，前文已谈论过杨宝，还有避世教授徒众数百人、传《孟氏易》的洼丹，以及家贫"以筋力致养"母亲的刘茂。这三人分别代表着三种不同的经师典型：杨宝是汉初军功世家，后转为儒生世家；洼丹是传《易》学家法的学官经师；刘茂则少孤、家贫，出身地方小吏，虽然通经，却不以经学升迁，反而以"天下义士"著名。

除此之外，尚有牟长、薛方。牟长类似洼丹，是习《欧阳尚书》的学官经师，因此皆于光武时拜博士，也同样以经学教授。比较特别的地方在于，牟长有先秦旧贵族的背景，秦汉之后，旧贵族皆为编户齐民，由《后汉书·儒林列传》中的记载看不出来牟长是否也与洼丹一样世传《尚书》学，因此很难判断其是否也世代为官。

薛方曾经为"郡掾祭酒"，与刘茂一样出身地方，而受礼遇则过之。值得注意的是，"祭酒"本为"同辈

---

① （南朝宋）范晔撰，（唐）李贤等注：《后汉书》，卷25《卓鲁魏刘列传》，页872。
② （南朝宋）范晔撰，（唐）李贤等注：《后汉书》，卷50下《蔡邕列传》，页1979。详后蔡勋例。

之长",司马彪《续汉书志·百官志二》"博士祭酒"条下刘昭注引胡广曰:"官名祭酒,皆一位之元长者也。"①因此布衣、掾吏、学士、近御皆可为祭酒,可为职官之长,亦可纯为尊奉之意。②如《后汉书·循吏列传》记龙丘苌:"乘辇诣府门,愿得先死备录。……遂署议曹祭酒。"其中所谓"备录",注云:"请编名录于郡职也。"③则龙丘苌为职官无疑。又《后汉书·卓鲁魏刘列传》记卓茂:"常为门下掾祭酒,不肯作职吏。"④则卓茂为郡太守所尊,不受职位。

薛方作为郡掾祭酒,是如龙丘苌般"备录",抑或如卓茂般"不肯作职吏"呢?从《后汉书》有限的记载来看无法判断。但从"尝为郡掾祭酒"到"居家以经教授"之间,合理推论其曾受郡守礼遇而"居郡廷",在此期间可能拒绝了郡廷职位或中央职位的征召,因此《汉书》记"尝征不至"。其后辞谢王莽使者,则以"守箕

---

① (西晋)司马彪撰,(梁)刘昭注补:《后汉书志》(北京:中华书局,并于范晔《后汉书》中,1965年),卷25《百官志二》,页3572。
② 赵翼述之甚详:"祭酒本非官名,古时凡同辈之长皆曰祭酒,盖饮食聚会,必推长者先祭。"见《陔余丛考》,卷26《祭酒》,(清)赵翼撰,曹光甫校点《赵翼全集》(南京:凤凰出版社,2009年),页472—473。
③ (南朝宋)范晔撰,(唐)李贤等注:《后汉书》,卷76《循吏列传》,页2461。
④ (南朝宋)范晔撰,(唐)李贤等注:《后汉书》,卷25《卓鲁魏刘列传》,页871。

山之节"改为"居家"。既有此一差别，故本章将其列为两汉之际。

王尊为儒生之中极为特殊的案例。王尊字君公，诸家《后汉书》都称王君公，嵇康《圣贤高士传赞》云："逢萌、徐房、李云、王尊。同时相友。世号之四子。"① 则王君公名尊。

王尊事迹在史料当中记载得颇分散，《后汉书》只记载了"君公遭乱独不去"，但司马彪《续汉书》中有"王莽世退身"的文字，因此这里将其列为不仕王莽的一个案例。此外，嵇康《圣贤高士传赞》又云：

> 君公明《易》，为郎。数言事不用，乃自污与官婢通，免归。②

王尊既能以"明《易》"为郎，当属儒生之类，而其"王莽世退身"的原因在于"数言事不用"，故"自污"而被免归。换言之，王尊之不仕，不因王莽政乱，乃所言不见用而主动地退出仕途。就其不仕原因来说，

---

① （三国魏）嵇康著，张亚新校注：《嵇康集详校详注》，余编《圣贤高士传赞》，页1029。
② （三国魏）嵇康著，张亚新校注：《嵇康集详校详注》，余编《圣贤高士传赞》，页1030。

王尊颇有儒生风范，但范晔将王尊附传于《逸民列传》的《逢萌传》后，逢萌于两汉之际解冠不仕，或客于辽东，或隐于琅邪劳山，[1]而王尊则"侩牛自隐"。李贤注曰："侩，谓平会两家卖买之价"[2]，即今所谓商业中介之类。王尊既以"侩牛"为业，所居自然不离于市，因此被称为"避世墙东"。相对于其他儒生多见通经教授之类，侩牛自隐属于混迹市井一类，与后文将会提到的胡刚颇为类似，与儒生身份有些格格不入。虽然王尊以明《易》为郎，但《易》毕竟为占卜之书，是否代表王尊之《易》学，颇有超出汉代通经致用之处？或可称王尊为非典型的儒生。

不仕王莽的方术士有二，其中郭宪已如前述，另一例则为许杨。许杨于王莽辅政时迁至酒泉都尉，而于王莽篡位时逃匿他界，当为弃官而走，自然列于不仕王莽一类。从《方术列传》的相关记载来看，许杨无疑属水利工程兴修之技术官僚一类，本传仅云许杨"少好术数"，又"为巫医"，未必是儒生。然而王莽多用儒生，既召为郎，则或有经术也说不定，只是史料缺载，不可

---

[1] （南朝宋）范晔撰，（唐）李贤等注：《后汉书》，卷83《逸民列传》，页2759—2760。

[2] （南朝宋）范晔撰，（唐）李贤等注：《后汉书》，卷83《逸民列传》，页2760。

断言，姑且与郭宪同列于此处。除了许杨之外，以上诸例多为儒生而身兼其他身份或社会基础。

以下 8 例，则只能判断皆为儒生：

表 5-2

序号	活跃时代	姓名	出处	相关事迹	分类
14	平帝	彭宣	《汉书》	彭宣字子佩，淮阳阳夏人也。治《易》，事张禹，举为博士，迁东平太傅……会哀帝崩，新都侯王莽为大司马，秉政专权。宣上书言："……臣资性浅薄，年齿老眊，数伏疾病，昏乱遗忘，愿上大司空、长平侯印绶，乞骸骨归乡里，俟置沟壑。"……莽恨宣求退，故不赐黄金安车驷马。宣居国数年，薨，谥曰顷侯。①	01-6 儒生

---

① （汉）班固撰，（清）王先谦补注：《汉书补注》，卷71《隽疏于薛平彭传》，页 4749—4751。

(续表)

序号	活跃时代	姓名	出处	相关事迹	分类
15	平帝—新	龚胜	《汉书》	薛广德……以《鲁诗》教授楚国，龚胜、舍师事焉① ……胜谢罪，乞骸骨。上乃复加赏赐，以子博为侍郎，出胜为渤海太守。胜谢病不任之官，积六月免归。……莽遣使者即拜胜为讲学祭酒，胜称疾不应征。后二年，莽复遣使者奉玺书，太子师友祭酒印绶，安车驷马迎胜……胜自知不见听，即谓晖等："吾受汉家厚恩，亡以报，今年老矣，旦暮入地，谊岂以一身事二姓，下见故主哉？"……语毕，遂不复开口饮食，积十四日死，死时七十九矣②	01-6 儒生

---

① （汉）班固撰，（清）王先谦补注：《汉书补注》，卷71《隽疏于薛平彭传》，页4743。
② （汉）班固撰，（清）王先谦补注：《汉书补注》，卷72《王贡两龚鲍传》，页4784、4786—4789。

(续表)

序号	活跃时代	姓名	出处	相关事迹	分类
16	新	栗融	《汉书》	齐栗融客卿、北海禽庆子夏、苏章游卿、山阳曹竟子期皆儒生，去官不仕于莽①	01-6 儒生
17	新	禽庆	《汉书》《后汉书》	齐栗融客卿、北海禽庆子夏、苏章游卿、山阳曹竟子期皆儒生，去官不仕于莽 （向长）……与同好北海禽庆俱游五岳名山②	01-6 儒生
18	新	苏章	《汉书》	齐栗融客卿、北海禽庆子夏、苏章游卿、山阳曹竟子期皆儒生，去官不仕于莽	01-6 儒生

---

① （汉）班固撰，（清）王先谦补注：《汉书补注》，卷72《王贡两龚鲍传》，页4802。
② （南朝宋）范晔撰，（唐）李贤等注：《后汉书》，卷83《逸民列传》，页2759。

(续表)

序号	活跃时代	姓名	出处	相关事迹	分类
19	新	曹竟	《汉书》	齐栗融客卿、北海禽庆子夏、苏章游卿、山阳曹竟子期皆儒生,去官不仕于莽。莽死,汉更始征竟以为丞相,封侯,欲视致贤人,销寇贼。竟不受侯爵。会赤眉入长安,欲降竟,竟手剑格死①	01-6 儒生
20	新	范升	《后汉书》	范升……少孤,依外家居。九岁通《论语》《孝经》,及长,习《梁丘易》《老子》,教授后生。王莽大司空王邑辟升为议曹史。时莽频发兵役,征赋繁兴,升乃奏记邑曰:"……今众人咸称朝圣……愿蒙引见,极陈所怀。"邑虽然其言,而竟不用。升称病乞身,邑不听,令乘传使上党。升遂与汉兵会,因留不还。建武二年,光武征诣怀官,拜议郎,迁博士……②	01-6 儒生

---

① (汉)班固撰,(清)王先谦补注:《汉书补注》,卷72《王贡两龚鲍传》,页4784、4786—4789。
② (南朝宋)范晔撰,(唐)李贤等注:《后汉书》,卷36《郑范陈贾张列传》,页1226—1227。

(续表)

序号	活跃时代	姓名	出处	相关事迹	分类
21	新	陈宣	谢承《后汉书》	陈宣字子兴，沛国萧人也。刚猛性毅，博学，明《鲁诗》。遭王莽篡位，隐处不仕。光武即位，征拜谏议大夫①	01-6 儒生

以上8例，龚胜已于前文讨论过，是东汉以后不仕王莽的著名人物之一。尚有值得讨论之处在于，龚胜归老乡里之后，是否有经学教授的情况？《王贡两龚鲍传》将两龚合传，事迹亦交错记之，述龚胜归老乡里之后，先言"舍终不肯起"，并补下数句：

> 舍亦通五经，以《鲁诗》教授。舍、胜既归乡里，郡二千石长吏初到官皆至其家，如师弟子之礼。②

龚胜与龚舍皆通《鲁诗》，但《汉书》仅记龚舍以《鲁诗》教授，不言龚胜，可能龚胜并无教授之实。虽

---

① 周天游辑注：《八家后汉书辑注（修订本）》，谢承《后汉书》，页209。
② （汉）班固撰，（清）王先谦补注：《汉书补注》，卷72《王贡两龚鲍传》，页4788。

然如此，龚胜毕竟是名儒，纵无大规模的讲授，仍有门人学生，因此王莽遣使者"五日壹与太守俱问起居"时，龚胜家中除两子之外，又有"门人高晖"①随侍。由于史料并无更明确的教授记载，仅云长吏"至其家，如师弟子之礼"之类，以及单一的门人高晖，不能视之为龚胜的社会基础。

再说彭宣。彭宣事张禹，张禹为施雠弟子，张禹与彭宣都是通经为博士至高官的典型。彭宣位列三公且封侯，却自称"资性浅薄""昏乱遗忘"而不能担任三公之职。从王莽"恨宣求退"的情况来看，所谓"覆乱美实"②当为不仕王莽的委婉借口。此外，彭宣虽然同时上还大司空、长平侯印绶，但王莽仍保留了他的侯爵并命就国，也居国数年并传子至孙，其社会基础自不待言。可见不仕王莽有多种形态，有如龚胜这般以死明志者，亦有如彭宣这般婉转求全者。

栗融、禽庆、苏章、曹竟四人并列于《汉书·王贡两龚鲍传》中，资料极少，只记载了"皆儒生，去官不仕于莽"寥寥数语，难以确知其社会基础。禽庆与《后

---

① （汉）班固撰，（清）王先谦补注：《汉书补注》，卷72《王贡两龚鲍传》，页4789。
② （汉）班固撰，（清）王先谦补注：《汉书补注》，卷71《隽疏于薛平彭传》，页4751。

汉书·逸民列传》所见之尚长为友，与其共游五岳名山，但也没有更多记录了。四人之中，仅曹竟仕更始帝而有更多记载，《后汉书·冯岑贾列传》云：

> 更始数欲遣光武徇河北，诸将皆以为不可。是时左丞相曹竟子诩为尚书，父子用事，异劝光武厚结纳之。及度河北，诩有力焉。①

综合《汉书》《后汉书》之所见，曹竟去官不仕王莽之后，应更始帝征，任左丞相但不受侯爵。光武帝欲往河北时，曹竟与其子曹诩劝光武帝结纳更始帝下诸将，并协助光武渡河北。其后赤眉入长安，曹竟不降，与之搏斗而死。由此可知，曹竟虽不仕王莽，但仕更始，亲光武，不降赤眉，从更始征其为丞相来看，应为两汉之际重要的通经大儒，其所作为亦符合儒生风范。

范升为东汉初年反对《费氏易》《左氏春秋》立博士的大将之一。但在王莽时不过是大司空王邑下的议曹史，亦强烈地想通过王邑施行抱负，因此有"愿蒙引见，极陈所怀"的说法。从这样的记载来看，范升对于政治

---

① （南朝宋）范晔撰，（唐）李贤等注：《后汉书》，卷17《冯岑贾列传》，页640。

是相当有企图心的，甚至不怎么反对王莽。其去莽而从汉，更大的可能是因为王邑不能用他，故另谋他处。

从"少孤，依外家居"的记载来看，范升理当非儒生世家。那么其是否通经教授呢？《后汉书》本传云其"教授后生"，是以自家后生晚辈为徒，不能简单视之为社会基础。《后汉书·儒林列传》中有杨政：

> 杨政字子行，京兆人也。少好学，从代郡范升受《梁丘易》，善说经书。京师为之语曰："说经铿铿杨子行。"教授数百人。①

杨政从代郡范升受《梁丘易》，显然是范升之学生，然而这亦不能作为范升以通经教授作为社会基础之证明。汉代经学博士下本有博士弟子，范升既然以《梁丘易》为博士，其下自然有太学弟子从之，此为朝廷禄利之必然。如杨政并非博士，而能教授数百人，方能以教授作为社会基础。从这个情况来看，范升虽一度去官不仕王莽，但整体而言其依旧是必须依附朝廷方能生存的儒生，并无其他社会基础。

---

① （南朝宋）范晔撰，（唐）李贤等注：《后汉书》，卷79上《儒林列传》，页2551—2552。

最后论陈宣。范晔《后汉书》无陈宣之传，其人见于谢承《后汉书》。从谢承书的相关记载来看，陈宣多言灾异，可能因此而范晔不录。虽然陈宣的部分事迹因刘昭注司马彪《续汉书》而保留片段①，但其隐处不仕有何社会基础可凭借，不得而知。

以上所论21例两汉之际的不仕之士，皆为儒生。部分案例可能兼通他学，如范升为《易》博士而兼通《老子》，但无碍于其儒生身份。以下接着析论儒生之外的不仕王莽者。

不仕王莽：儒生之外

儒生之外的不仕之士共25例，其中不少案例从史料无从判断是不是儒生，也合并于这部分来讨论。由于例子不少，以下同样将25例切割为两个部分来讨论。首先是世家15例，包含世家而兼有黄老、市井等知识或社会背景各1例，15例之外，再加上豪族1例、道家（黄老）1例，共17例。

---

① 今本《后汉书》志即刘昭取自司马彪《续汉书》补之，引谢承书《陈宣传》，见（西晋）司马彪撰，（梁）刘昭注补《后汉书志》，卷15《五行三》，页3307—3308。

表 5-3

序号	活跃时代	姓名	出处	相关事迹	分类
22	平帝	邴汉	《汉书》	琅邪邴汉亦以清行征用，至京兆尹，后为太中大夫。王莽秉政，胜与汉俱乞骸骨。……王莽依故事，白遣胜、汉。……于是胜、汉遂归老于乡里。汉兄子曼容亦养志自修，为官不肯过六百石，辄自免去，其名过出于汉①	02 世家
23	平帝—新	宣秉	《后汉书》	宣秉……少修高节，显名三辅。哀、平际，见王氏据权专政，侵削宗室，有逆乱萌，遂隐遁深山，州郡连召，常称疾不仕。王莽为宰衡，辟命不应。及莽篡位，又遣使者征之，秉固称疾病。更始即位，征为侍中。建武元年，拜御史中丞	02 世家

---

① （汉）班固撰，（清）王先谦补注：《汉书补注》，卷72《王贡两龚鲍传》，页4786。

（续表）

序号	活跃时代	姓名	出处	相关事迹	分类
23	平帝—新	宣秉	《后汉书》	秉性节约，常服布被，蔬食瓦器。……所得禄奉，辄以收养亲族。其孤弱者，分与田地，自无担石之储。六年，卒于官，帝敏惜之，除子彪为郎①	02 世家
24	成帝—新	陈咸	《后汉书》《汉书》	曾祖父咸，成、哀间以律令为尚书。平帝时，王莽辅政，多改汉制，咸心非之。……乞骸骨去职。及莽篡位，召咸以为掌寇大夫，谢病不肯应。……其后莽复征咸，遂称病笃② 如陈咸……之属，皆京师世家③	02 世家

---

① （南朝宋）范晔撰，（唐）李贤等注：《后汉书》，卷 27《宣张二王杜郭吴承郑赵列传》，页 927。
② （南朝宋）范晔撰，（唐）李贤等注：《后汉书》，卷 46《郭陈列传》，页 1547—1548。
③ （汉）班固撰，（清）王先谦补注：《汉书补注》，卷 84《翟方进传》，页 5188。

(续表)

序号	活跃时代	姓名	出处	相关事迹	分类
25	新	陈参	《后汉书》	莽篡位，召咸以为掌寇大夫，谢病不肯应。时，三子参、丰、钦皆在位，乃悉令解官，父子相与归乡里，闭门不出入……于是乃收敛其家律令书文，皆壁藏之[①]	02 世家
26	新	陈丰	《后汉书》	莽篡位，召咸以为掌寇大夫，谢病不肯应。时，三子参、丰、钦皆在位，乃悉令解官，父子相与归乡里	02 世家
27	新	陈钦	《后汉书》	莽篡位，召咸以为掌寇大夫，谢病不肯应。时，三子参、丰、钦皆在位，乃悉令解官，父子相与归乡里	02 世家

---

① （南朝宋）范晔撰，（唐）李贤等注：《后汉书》，卷46《郭陈列传》，页1547—1548。

（续表）

序号	活跃时代	姓名	出处	相关事迹	分类
28	平帝	王崇	《汉书》	骏子崇以父任为郎，历刺史、郡守，治有能名。……平帝即位，王莽秉政，大司空彭宣乞骸骨罢，崇代为大司空，封扶平侯。岁余，崇复谢病乞骸骨，皆避王莽，莽遣就国。岁余，为傅婢所毒，薨，国除①	02世家
29	新	高固	《三国志·魏书》	高柔……父靖，为蜀郡都尉 注引《陈留耆旧传》曰：靖高祖父固，不仕王莽世，为淮阳太守所害，以烈节垂名②	02世家

---

① （汉）班固撰，（清）王先谦补注：《汉书补注》，卷72《王贡两龚鲍传》，页4786。
② （晋）陈寿撰，（南朝宋）裴松之注，卢弼集解，钱剑夫整理：《三国志集解》（上海：上海古籍出版社，2009年），卷24《魏书·韩崔高孙王传》，页1859。

（续表）

序号	活跃时代	姓名	出处	相关事迹	分类
30	新	逢贞[1]	嵇康《圣贤高士传赞》	逢贞字叔平。杜陵人。……贞世二千石。王莽辟不至。尝为杜陵门下掾。终身不窥长安门。但闭户读书，未尝问政，不过农田之事[2]	02 世家
31	居摄	应翊	《全晋文》	王莽居摄。以病告归。后赤眉贼攻其所居城。粮尽。翊以私谷数十万斛赈城中。于时粟斛钱数万。民莫不称其仁[3]	02 世家

---

[1] 又作"王真""逢真"，暂从后出之张亚新校用"逢贞"。见（三国魏）嵇康著，戴明扬校注《嵇康集校注》（北京：中华书局，2014 年），附录《圣贤高士传赞》，页 669。（三国魏）嵇康著，张亚新校注：《嵇康集详校详注》，余编《圣贤高士传赞》，页 1026。

[2] （三国魏）嵇康著，张亚新校注：《嵇康集详校详注》，余编《圣贤高士传赞》，页 1026。

[3] 《全晋文》，卷 35 应亨《应翊像赞序》，（清）严可均校辑：《全上古三代秦汉三国六朝文》，页 1663 上右。

(续表)

序号	活跃时代	姓名	出处	相关事迹	分类
32	新	戴遵	《后汉书》	戴良字叔鸾，汝南慎阳人也。曾祖父遵，字子高，平帝时，为侍御史。王莽篡位，称病归乡里。家富，好给施，尚侠气，食客常三四百人。时人为之语曰："关东大豪戴子高。"①	02 世家
33	新	郭坚	《后汉书》《华阳国志》	贺字乔卿，雒人。祖父坚伯，父游君，并修清节，不仕王莽② 乌丸校尉郭坚，字阙③	02 世家
34	新	郭游君	《后汉书》	贺字乔卿，雒人。祖父坚伯，父游君，并修清节，不仕王莽	02 世家

---

① （南朝宋）范晔撰，（唐）李贤等注：《后汉书》，卷83《逸民列传》，页2772—2773。
② （南朝宋）范晔撰，（唐）李贤等注：《后汉书》，卷26《伏侯宋蔡冯赵牟韦列传》，页908。
③ （晋）常璩撰，任乃强校注：《华阳国志校补图注》，卷11《益梁宁三州先汉以来士女目录》，页691。

（续表）

序号	活跃时代	姓名	出处	相关事迹	分类
35	新	蔡勋	《后汉书》	初……陈留蔡勋……六人同志，不仕王莽时① 蔡邕……六世祖勋，好黄老，平帝时为郿令。王莽初，授以厌戎连率。勋对印绶仰天叹曰："吾策名汉室，死归其正。昔曾子不受季孙之赐，况可事二姓哉？"遂携将家属，逃入深山，与鲍宣、卓茂等同不仕新室②	02世家（兼黄老）
36	居摄—新	胡刚	《后汉书》	胡广字伯始，南郡华容人也。六世祖刚，清高有志节。平帝时，大司徒马宫辟之。值王莽居摄，刚解其衣冠，县府门而去，遂亡命交阯，隐于屠肆之间。后莽败，乃归乡里。父贡，交阯都尉③	02世家（兼市井）

① （南朝宋）范晔撰，（唐）李贤等注：《后汉书》，卷25《卓鲁魏刘列传》，页872。
② （南朝宋）范晔撰，（唐）李贤等注：《后汉书》，卷60下《蔡邕列传》，页1979。
③ （南朝宋）范晔撰，（唐）李贤等注：《后汉书》，卷44《邓张徐张胡列传》，页1504。

(续表)

序号	活跃时代	姓名	出处	相关事迹	分类
37	新	王丹	《后汉书》	王丹字仲回,京兆下邽人也。哀、平时,仕州郡。王莽时,连征不至。家累千金,隐居养志,好施周急。……邑聚相率,以致殷富。……会前将军邓禹西征关中,军粮乏,丹率宗族上麦一千斛。禹表丹领左冯翊,称疾不视事,免归。后征为太子少傅①	03 豪族
38	新	闵贡	《太平御览》《后汉书》	闵仲叔,太原人,好黄老,清志洁行,不仕王莽之世,恬静养神,弗役于物。与周党相友……②……建武中,应司徒侯霸之辟,既至,霸不及政事,徒劳苦而已。……遂辞出,投劾而去。复以博士征,不至。……客居安邑。老病家贫,不能得肉③	04 道家（黄老）

① （南朝宋）范晔撰，（唐）李贤等注：《后汉书》，卷27《宣张二王杜郭吴承郑赵列传》，页930—931。
② （北宋）李昉等编：《太平御览》（台北：台湾商务印书馆，据《四部丛刊》三编子部，静嘉堂文库藏南宋蜀刊本影印，1967年），卷478人事部《赠遗》，页2318下左。
③ （南朝宋）范晔撰，（唐）李贤等注：《后汉书》，卷53《周黄徐姜申屠列传》，页1740。

不仕王莽的儒生之外的世家 15 例，加上不仕王莽的儒生中的"儒生、世家、教授"及"儒生、世家"6 例，则两汉之际因王莽而不仕的世家共有 21 例。21 例中包含了属于儒生的高容、高诩父子，以及儒生之外的陈咸、陈参、陈丰、陈钦父子，可见两汉之际不仕王莽者不仅有出身世家者，而且举家不仕的情况也存在。此外，王崇其父王骏、祖王吉，于西汉时代亦有不仕的记录，虽然理由不一，但在仕宦之途上一家三代都曾经选择不仕，某种程度上堪称东汉世家不仕之风的源头。①

邴汉以"清行"征用，《汉书·百官公卿表》记其任京兆尹在成帝绥和二年（公元前 7 年），在此之前则任光禄大夫。平帝元始二年（公元 2 年），因王莽秉政，邴汉与龚胜同时致仕。②《汉书》对邴汉的记载很少，但其居官至少九年，应活跃于成、哀之间，至平帝时则因王莽秉政而不仕。

---

① 如前述杨宝，其家风便为典型。杨宝之子杨震："不答州郡礼命数十年……年五十，乃始仕州郡。"又杨震之子杨秉："常隐居教授。年四十余，乃应司空辟。"又杨秉之子杨赐："常退居隐约，教授门徒，不答州郡礼命。……公车征不至，连辞三公之命。"又杨赐之子杨彪："初举孝廉，州举茂才，辟公府，皆不应。"见（南朝宋）范晔撰，（唐）李贤等注《后汉书》，卷 54《杨震列传》，页 1759—1760、1769、1775—1776、1786。
② 《汉书·王贡两龚鲍传》："王莽秉政，胜与汉俱乞骸骨。……策曰：'惟元始二年六月庚寅，光禄大夫、太中大夫者艾二人以老病罢。'"（汉）班固撰，（清）王先谦补注：《汉书补注》，卷 72《王贡两龚鲍传》，页 4786。

西汉有丞相丙吉，史书中亦写作"邴吉"，成帝以"善善及子孙"封丙吉孙丙昌复为博阳侯，邴汉与丙昌同时，如二人皆丙吉之后，则《汉书》当有相关记录，推论二人为同姓而无关联。

邴汉兄子邴曼容亦居官，除此之外，未见其他社会基础的相关记载。依本书较为宽松的世家定义列于此处。

再说宣秉，其"少修高节，显名三辅"，但不知是否仕宦。哀、平之际"据权专政"的王氏即王莽，因此"隐遁深山"以下，也都是针对王莽而不仕。王莽败后，不论是更始帝或是光武帝，则应征而仕。其"高节"与龚胜一样，表现在不仕二姓上，但其学识背景则无从判断。

宣秉节约至极，但或许不能被视为贫穷。他收养亲族，分田地与亲族孤弱者。其子宣彪亦仕，《东观汉记》云："宣彪官至玄菟太守。"[①] 因此宣秉为官之后，不但照顾宗族，也庇荫儿子入仕至郡守，因此被列为世家。

陈咸、陈参、陈丰、陈钦父子一家身处两汉之间，陈咸父子不仕之记录出自《后汉书·郭陈列传》中的《陈宠传》。传云："曾祖父咸，成哀间以律令为尚书。"

---

① （东汉）刘珍等撰，吴树平校注：《东观汉记校注》（北京：中华书局，2008年），卷14，页518。

从《郭陈列传》所见陈咸时代以及出身背景来看，当为《汉书·公孙刘田王杨蔡陈郑传》中陈万年之子。① 陈万年位居三公，为御史大夫，陈咸因此成为西汉著名世家，《汉书》多次称陈咸为"公卿子""世家"，如《萧望之传》"始（萧）育与陈咸俱以公卿子显名"②；《薛宣朱博传》"前将军望之子萧育、御史大夫万年子陈咸以公卿子著材知名"③；《翟方进传》"如陈咸、朱博、萧育……皆京师世家，以材能少历牧守列卿，知名当世"④，等等。可见陈咸知名于当世。然而《后汉书》中所见之陈咸，与《汉书》记载颇不一致，其中不少细节

---

① 《汉书·公孙刘田王杨蔡陈郑传》《汉书·萧望之传》皆记陈咸十八为"左曹"，应劭《汉官仪》："左、右曹受尚书事。"则所谓以律令为尚书者，即为左曹也。（汉）班固撰，（清）王先谦补注：《汉书补注》，卷66《公孙刘田王杨蔡陈郑传》，页4573；卷78《汉书·萧望之传》，页5042。（清）孙星衍等辑：《汉官六种》（北京：中华书局，1990年），应劭《汉官仪》卷上，页141。
② （汉）班固撰，（清）王先谦补注：《汉书补注》，卷78《汉书·萧望之传》，页5048。
③ （汉）班固撰，（清）王先谦补注：《汉书补注》，卷83《薛宣朱博传》，页5165。
④ （汉）班固撰，（清）王先谦补注：《汉书补注》，卷84《翟方进传》，页5188。按：朱博出身武吏，既非文吏，更非儒生，原不可以"世家"目之。然朱博后拜相封侯，因受封而被称世家亦无不可，然陈万年、陈咸父子皆未曾封侯，此处言及朱博，或因诸人结交故连称之。

值得推敲。①

其一，《汉书》诸传颇重翟方进与陈咸在政治上的角力，《公孙刘田王杨蔡陈郑传》称："方进奏归咸故郡，以忧死。"②又《翟方进传》云："咸既废锢，复徙故郡，以忧发疾而死。"③可见东汉时期对于陈咸的了解颇为一致，于翟方进之奏免后归乡忧死，无有《后汉书》所载不仕王莽的相关记录。如依《汉书》所记，则陈咸乃因翟方进而不得仕，并非不仕，亦非因王莽而"乞骸骨去职"。

由于涉及本书主旨，此部分更必须仔细梳理，笔者以为，此乃史官剪裁史料使然。考陈咸年岁，《汉书》云陈咸于元帝时任御史中丞，当时二十余岁，④而石显

---

① 按：如胡三省注《资治通鉴》便以为二陈咸各是一人："陈咸以淳于长事，废归故郡，以忧死。咸，沛郡相人也。此书国陈咸，本之后汉书陈宠传。光武始改沛郡为沛国，二陈咸虽同居沛，各是一人。"见（北宋）司马光编著，元·胡三省音注《资治通鉴》，卷37，页1196。
② （汉）班固撰，（清）王先谦补注：《汉书补注》，卷66《公孙刘田王杨蔡陈郑传》，页4575。
③ （汉）班固撰，（清）王先谦补注：《汉书补注》，卷84《翟方进传》，页5192。
④ 《汉书·萧望之传》："咸最先进，年十八为左曹，二十余御史中丞。"见（汉）班固撰，（清）王先谦补注《汉书补注》，卷78《汉书·萧望之传》，页5042。

专权，陈咸颇言其短，① 石显任中书已久，专权却在建昭（公元前38年）之后②。翟方进于永始二年（公元前15年）为丞相③，同年陈咸被奏免少府。数年后，绥和元年（公元前8年）翟方进以王立说淳于长事趁机奏免陈咸等④，陈咸废锢归郡当在此年，此时距离建昭年间石显专权最多不过三十年，则陈咸为五十岁上下。《汉书》记陈咸事止于此，其后便以陈咸忧死作结。

《后汉书·郭陈列传》所记，则正好接续《汉书》。《郭陈列传》云"咸乞骸骨去职"乃因"莽因吕宽事诛不附己者何武、鲍宣等"，吕宽事发生于元始三年（公

---

① 《汉书·公孙刘田王杨蔡陈郑传》："万年死后，元帝擢咸为御史中丞，总领州郡奏事，课第诸刺史，内执法殿中，公卿以下皆敬惮之。是时，中书令石显用事颛权，咸颇言显短，显等恨之。"（汉）班固撰，（清）王先谦补注：《汉书补注》，卷66《公孙刘田王杨蔡陈郑传》，页4573。
② 《汉书·王商史丹傅喜传》："建昭之间，元帝被疾，不亲政事，留好音乐。"又《汉书·佞幸传》："元帝被疾，不亲政事，方隆好于音乐，以显久典事，中人无外党，精专可信任，遂委以政。事无小大，因显白决，贵幸倾朝，百僚皆敬事显。"则石显任中书典事已久，但元帝因疾而委政，则在建昭之间。见（汉）班固撰，（清）王先谦补注《汉书补注》，卷82《王商史丹傅喜传》，页5139；卷93《佞幸传》，页5588。
③ （汉）班固撰，（清）王先谦补注：《汉书补注》，卷84《翟方进传》，页5188。又见（汉）班固撰，（清）王先谦补注：《汉书补注》，卷19下《汉书·百官公卿表》，页988—989。
④ 《汉书·成帝纪》绥和元年："定陵侯淳于长大逆不道，下狱死。"（汉）班固撰，（清）王先谦补注：《汉书补注》，卷10《成帝纪》，页453。

元3年）①，则陈咸于此年乃有职于身。其后莽篡位，亦即始建国元年（公元9年）之后，此时陈咸六十五岁上下，《郭陈列传》再记陈咸两度谢病不应征，先"召咸以为掌寇大夫，谢病不肯应"，后"莽复征咸，遂称病笃"。

综合班、范二史所载陈咸事可知，《汉书》以陈咸续于其父陈万年之下，记事详于前而略其后，而《后汉书》正好相反，以陈宠为传主而附传陈宠曾祖陈咸之事，故详于后而略其前。逼使陈咸归乡的翟方进，早于绥和二年（公元前7年）便因荧惑守心被迫自杀②，在政敌翟方进死后，不过五十余岁的陈咸再度复起，亦在情理之中。③此后因王莽当权而不仕，并两度拒绝王莽征召。如此两汉书所见的陈咸事迹，方能有所解释。

其二，《后汉书·郭陈列传》称陈咸：

---

① 《汉书·何武王嘉师丹传》："元始三年，吕宽等事起。……武在见证中，大理正槛车征武，武自杀。"（汉）班固撰，（清）王先谦补注：《汉书补注》，卷86《何武王嘉师丹传》，页5275。

② （汉）班固撰，（清）王先谦补注：《汉书补注》，卷84《翟方进传》，页5194—5197。按：翟方进因荧惑守心自杀一案，黄一农论述颇精彩，参见黄一农《汉成帝与丞相翟方进死亡之谜》，载于黄一农《制天命而用：星占、术数与中国古代社会》（成都：四川人民出版社，2018年），页1—17。

③ 按：班固尝随窦宪北征，而陈宠与窦宪有隙，或因此而不知陈咸晚年事也。

> 咸性仁恕，常戒子孙曰："为人议法，当依于轻，虽有百金之利，慎无与人重比。"①

然而《汉书·公孙刘田王杨蔡陈郑传》称陈咸为官："公卿以下皆敬惮之。"又言：

> 所居以杀伐立威，豪猾吏及大姓犯法，辄论输府，以律程作司空，为地臼木杵，舂不中程，或私解脱钳钛，衣服不如法，辄加罪笞。督作剧，不胜痛，自绞死，岁数百千人，久者虫出腐烂，家不得收。
>
> ……下吏畏之，豪强执服，令行禁止，然亦以此见废。②

所谓"杀伐立威""督作剧"云云，与"议法当依于轻""无与人重比"堪为南辕北辙，犹如二人。《汉书》记载陈咸因与翟方进有隙而被奏免归郡，其理由之

---

① （南朝宋）范晔撰，（唐）李贤等注：《后汉书》，卷46《郭陈列传》，页1548。
② （汉）班固撰，（清）王先谦补注：《汉书补注》，卷66《公孙刘田王杨蔡陈郑传》，页4573—4574。

一为"所居皆尚残贼酷虐,苛刻惨毒以立威"[①],陈咸既然因此见废,或许因此颇有悔悟,乃至于以仁恕戒子孙。《后汉书》成书较晚,或得听闻陈氏子孙追述先祖事,由于陈咸前后事迹分别见载两部史书,更显差别之大。

其三,王莽篡汉后,两度征召陈咸而不应,其中先以"掌寇大夫"召之者。《汉书·王莽传》记始建国元年曰:

是岁长安狂女子碧呼道中曰:"高皇帝大怒,趣归我国。不者,九月必杀汝!"莽收捕杀之。治者掌寇大夫陈成自免去官。[②]

"陈成"与"陈咸"形近,然《后汉书》云陈咸"谢病不肯应",并无应召为掌寇大夫,与《汉书》此段言陈成"自免去官",陈成当与陈咸为二人。

其四,《汉书·王莽传》又记始建国三年云:

琅邪左咸为讲《春秋》、颍川满昌为讲《诗》、长安国由为讲《易》、平阳唐昌为讲《书》、沛

---

① (汉)班固撰,(清)王先谦补注:《汉书补注》,卷84《翟方进传》,页5191。按:《公孙刘田王杨蔡陈郑传》所载略有不同,当取其大略而已。
② (汉)班固撰,(清)王先谦补注:《汉书补注》,卷99中《王莽传》,页6125。

郡陈咸为讲《礼》、崔发为讲《乐》祭酒。遣谒者持安车印绶，即拜楚国龚胜为太子师友祭酒，胜不应征，不食而死。①

王莽篡汉后政制颇改，此处所记诸祭酒，或为王莽欲征之士，非应征而至者。以时间而论，与《后汉书》云"莽复征咸，遂称病笃"符合。然而此处之"沛郡陈咸为讲《礼》"与前述陈咸是否为一人，颇启人疑窦。陈咸乃文法吏出身，且以酷烈知名，虽然汉代文法吏而兼通经书者并不罕见②，然以酷吏任六经祭酒，未免不类。由于史料没有更详细的记录，姑且以王莽政乱视之。

以上，陈咸与其三子陈参、陈丰、陈钦本皆在位为官，且皆因王莽而不仕。其世家由陈万年始，绵延至东汉陈宠之子陈忠，乃至少传衍六代的文吏世家。与儒生世家略有不同，汉代亦有世传律令之学者，如西汉之杜周、杜延年父子③，又如《后汉书·郭陈列传》所见之郭

---

① （汉）班固撰，（清）王先谦补注：《汉书补注》，卷99中《王莽传》，页6135。
② 如陈咸后人陈宠，《后汉书·郭陈列传》便记云："宠虽传法律，而兼通经书。"（南朝宋）范晔撰，（唐）李贤等注：《后汉书》，卷46《郭陈列传》，页1555。
③ （汉）班固撰，（清）王先谦补注：《汉书补注》，卷60《杜周传》，页4269。按：杜延年子杜钦亦有不仕的记录，见本书第四章，唯杜钦"少好经书"又"不好为吏"，为律令世家中特出者，当被视为儒生。

躬、陈宠两世家皆是。有律令之学，亦有律令世家，如郭躬之父郭弘"习小杜律"①等。这是否代表汉代能以律令教授为社会基础呢？从史料的记载来看，虽无不可，亦不常见，通经可谓士志于道，若仕途与道不符，自然不仕。然而律令乃官僚体制治民之根本，学律令而不践之于治民，不免内外不符。如陈咸及其三子之不仕，就其根本，正因王莽"多改汉制"，加上西汉后期士人之儒家化，最终促成了这样的结果。

接着续论王崇。与儒家化而不仕的世家相比，王吉之孙、王骏之子王崇则可能是另一种相反的类型。《汉书·王贡两龚鲍传》称王崇"以父任为郎"，哀帝称王崇"朕以君有累世之美"，可见世家是王崇入仕最重要的凭借。王莽秉政命王崇任大司空而封扶平侯，而王崇因避王莽谢病乞骸骨，王莽亦使"就国"，亦即其不仕之凭借乃由仕途所得。换言之，世代居官乃王崇最重要的社会基础。

然而《汉书》未有任何王崇通经的记录。王崇之祖王吉"兼通五经""以《诗》《论语》教授"，其父王

---

① （南朝宋）范晔撰，（唐）李贤等注：《后汉书》，卷46《郭陈列传》，页1543。

骏受《梁丘易》，父子"经明行修"[1]。此外，王吉与王骏父子亦有经学的传承，《汉书·艺文志》记《论语》齐说有："鲁王骏说二十篇。"又云："传齐论者，昌邑中尉王吉……，唯王阳名家。"[2] 王吉为齐《论语》名家，以《论语》教授，而子王骏则有齐论说著作，很难想象，到了王崇却没有学经，但《汉书》确实没有王崇有任何传经的记录，反称其"治有能名"。

这有可能是班固作《汉书》时下笔的抉择，亦有可能是王吉家族在以明经踏入仕途之后，在仍然相当重视文吏文化的西汉时代，儒生学吏后的结果。总而言之，世代传经在汉代相当普遍，但亦不能因此简单判断只要父兄通经，则子弟必然为儒，因此此处将王崇由儒生中拉出来，作为汉代士人儒家化反面的一个例证。

再说高固。除了《三国志》裴注引《陈留耆旧传》之外，高固不见于两汉史书，但高固以下子孙世代居官，绵延不绝直至西晋。据史料记载，高固子高慎"抚育孤兄子五人，恩义甚笃"，又云其"以勤身清名为之基，以二千

---

[1] （汉）班固撰，（清）王先谦补注：《汉书补注》，卷72《王贡两龚鲍传》，页4767。
[2] （汉）班固撰，（清）王先谦补注：《汉书补注》，卷30《艺文志》，页2937、2939。

石遗之"①，则高氏世家正形成于高固前后时。三国之时的高柔之子高光，裴注引《晋诸公赞》称："少习家业，明练法理。"②则高氏以律令为家业，并非通经世家。

接着是逢贞。逢贞不见于史传，《太平御览》卷510《逸民部》录嵇康《圣贤高士传赞》作"王真"。由于《圣贤高士传赞》早已残缺，各本辑佚用字颇有差异，暂且从张亚新校注本作"逢贞"。

"世二千石"为高宦，西汉末年的逢贞如已世代高宦，则为世家无疑。汉代即便是世家，也多由基层吏察举迁转而上，逢贞尝为"杜陵门下掾"，即郡之属吏，可能是年轻时之经历。但其不仕之后"闭户读书，未尝问政，不过农田之事"，可见其社会基础厚实，应该是以世家而有田产佃农，因此一可拒仕，二可不过农事。从《圣贤高士传赞》来看，"王莽辟不至"是于王莽时拒绝仕宦，将其列为不仕王莽殆无疑虑，但光武之后是否亦有召辟不应之情况，则不可知。

考《汉书》中逢姓世家知名者，则《翟方进传》中

---

① （晋）陈寿撰，（南朝宋）裴松之注，卢弼集解，钱剑夫整理：《三国志集解》，卷24《魏书·韩崔高孙王传》，页1859，裴注引《陈留耆旧传》。
② （晋）陈寿撰，（南朝宋）裴松之注，卢弼集解，钱剑夫整理：《三国志集解》，卷24《魏书·韩崔高孙王传》，页1875，裴注引《晋诸公赞》。

被称为"京师世家"的逄信[1]可能为逄贞之族属。其余见于史料的逄氏有同样不仕王莽的逄萌，然一来为北海人非杜陵人，二来逄萌家贫，给事县为亭长，不似"世二千石"之世家。[2]此外又有赤眉将领逄安（逄、逢异体通假，然逄安为琅邪人[3]），起青、徐饥民为盗，亦不似"世二千石"者。

应翊同样不见载于史书，《全晋文》收录《太平御览》所见应亨所作之《应翊像赞序》，称应翊于王莽居摄时"以病告归"，自然属不仕王莽之类。汉代常见将值得表彰之人"图象立赞"，以劝风俗[4]，新世家兴起之后，更有宗族为父祖立碑者，至今颇有留存。[5]《应翊像

---

[1] 《汉书·翟方进传》："如陈咸、朱博、萧育、逄信、孙闳之属，皆京师世家，以材能少历牧守列卿，知名当世。"（汉）班固撰，（清）王先谦补注：《汉书补注》，卷84《翟方进传》，页5188。

[2] （南朝宋）范晔撰，（唐）李贤等注：《后汉书》，卷83《逸民列传》，页2759。

[3] 《后汉书·刘玄刘盆子列传》："琅邪人樊崇起兵于莒……崇同郡人逄安……"（南朝宋）范晔撰，（唐）李贤等注：《后汉书》，卷11《刘玄刘盆子列传》，页478。

[4] 如《后汉书·蔡邕列传》："（蔡）邕陈辞谢，乞黥首刖足，继成汉史。士大夫多矜救之，不能得。……邕遂死狱中。……兖州、陈留闻皆画像而颂焉。"又如《酷吏列传》："有诏敕中尚方为鸿都文学乐松、江览等三十二人图象立赞，以劝学者。"（南朝宋）范晔撰，（唐）李贤等注：《后汉书》，卷60下《蔡邕列传》，页2006；卷77《酷吏列传》，页2499。

[5] 如汉代武氏祠，参见蒋英炬、吴文祺《汉代武氏墓群石刻研究（修订本）》（北京：人民美术出版社，2014年），页47—52。

赞序》为应亨所作,而应亨为汉晋著名的文人世家汝南应氏,《全晋文》录:"亨,贞从孙为著作郎,累迁南中郎长史。有集二卷。"①又《晋书·文苑传》载:"应贞字吉甫,汝南南顿人,魏侍中璩之子也。自汉至魏,世以文章显,轩冕相袭,为郡盛族。"②可推测应翊应为汝南应氏之先祖③,而《应翊像赞序》当为应亨为颂赞宗族所作。

  应翊除了不仕王莽之外,另一个值得关注的重点是:"以私谷数十万斛赈城中,于时粟斛钱数万。"不可不谓财力雄厚。应翊既仕于西汉末年,家又饶财,或与班固之班氏一样,本为地方豪族④,由官僚化而转为世代居

---

① 《全晋文》,卷35应亨《应翊像赞序》,(清)严可均校辑:《全上古三代秦汉三国六朝文》,页1662右下。按:《隋志》云:"南中郎长史应亨集二卷,亡。"则《应亨集》隋时已亡。(唐)魏征、令狐德棻撰:《隋书》,卷35《经籍志》,页1063。
② (唐)房玄龄等撰:《晋书》,卷92《文苑传》,页2370。
③ 汝南应氏见于史料者,除《晋书》所见应贞之外,如《后汉书·杨李翟应霍爰徐列传》中的应奉,《三国志·魏书·王卫二刘傅传》中的建安七子应玚,等等。《后汉书》记应奉曾祖父顺:"应奉字世叔,汝南南顿人也。曾祖父顺,字华仲。和帝时为河南尹。"此为汝南应氏见于史料中最早者,应翊既不仕王莽,当在应顺之先。(南朝宋)范晔撰,(唐)李贤等注:《后汉书》,卷48《杨李翟应霍爰徐列传》,页1606。(晋)陈寿撰,(南朝宋)裴松之注,卢弼集解,钱剑夫整理:《三国志集解》,卷21《魏书·王卫二刘傅传》,页1654、1660。
④ 《汉书·叙传》:"始皇之末,班壹避墬于楼烦,致马牛羊数千群。值汉初定,与民无禁,当孝惠、高后时,以财雄边……"(汉)班固撰,(清)王先谦补注:《汉书补注》,卷100上《叙传》,页6220。

官的世家。

与应翊类似,作为东汉世家先祖的,还有戴遵、蔡勋与胡刚。戴遵为东汉逸民戴良曾祖,不仕王莽之余,又家富而可助人。传至戴良,应非世代高宦,因此范晔对其无相关人物之记载。从朝廷、州郡皆欲召辟戴良来看,戴氏拥有的仕途机会应该不少,戴遵或可被视为寒门世家之先。

郭坚、郭游君的记载不多,《后汉书》称郭贺祖父"坚伯",《华阳国志》有"乌丸校尉郭坚",又称下司隶校尉郭贺为"坚孙",则郭贺祖父名"坚","坚伯"或为字。《后汉书》记载郭贺祖父坚伯、父游君皆"并修清节,不仕王莽",当为本有职位,因王莽而不仕。又《华阳国志》记郭坚为乌丸校尉,不知是任职于西汉末抑或东汉初。

此外,应劭《汉官仪》引马第伯《封禅仪记》云:

> 车驾正月二十八日发雒阳宫,二月九日到鲁,遣守谒者郭坚伯将徒五百人治泰山道。①

---

① (清)孙星衍等辑:《汉官六种》,《汉官仪》卷下,页175。又见(西晋)司马彪撰,(梁)刘昭注补《后汉书志》,卷97《祭祀志》,页3166—3167,注一。

如此处之"郭坚伯"与郭贺祖父同一人，郭坚当于东汉时出任谒者。

史料未记载不仕王莽前，郭坚、郭游君原本担任什么职务，郭游君更无其他资料可供参考。从《后汉书》记载"贺能明法"推敲，或许郭氏与沛郡陈氏一样，是以明法为主的法吏世家。

蔡勋则是东汉末年名士蔡邕的六世祖，与卓茂、孔休、刘宣、龚胜、鲍宣共六人同志不仕王莽。蔡勋在平帝时为右扶风辖下之郿县令，虽为三辅长吏，但未及二千石高宦，王莽授以"厌戎连率"，即陇西太守[①]，而蔡勋则以不仕二姓率家属逃入深山。

比较特别的是，《后汉书·蔡邕列传》称蔡勋"好黄老"，以汉代的学术环境来说，"好黄老"既可如河上公一般不仕，亦可如曹参般以清静无为之术治国，任刑名而不任礼教。蔡勋既为郿县令，恐怕非传统隐逸之类，其逃入深山也不能用传统的岩穴隐士来理解。

胡刚为东汉胡广之六世祖。如蔡勋虽非高宦，至少还是长吏，胡刚为属吏，比蔡勋更为基层。不过，尽管

---

① 《后汉书·蔡邕列传》刘昭注："王莽改陇西郡曰厌戎郡，守曰连率。"（南朝宋）范晔撰，（唐）李贤等注：《后汉书》，卷60下《蔡邕列传》，页1979。

胡刚只是属吏，亦于王莽居摄时弃职，乃至于远避交阯，除了因其志节而不仕之外，当有避乱之意。胡刚为属吏，后世胡贡任交阯都尉，有世代居官的倾向，但胡氏并未因此累积强大的社会基础，《后汉书》记载胡广：

> 广少孤贫，亲执家苦。长大，随辈入郡为散吏。太守法雄之子真，从家来省其父。真颇知人。会岁终应举，雄敕真助求其才。雄因大会诸吏，真自于廊间密占察之，乃指广以白雄，遂察孝廉。既到京师，试以章奏，安帝以广为天下第一。①

胡广入仕由散吏起，由法真"知人"而察举，并于京师"试以章奏"第一而进。在这个过程中，胡广显然并未从其家世获得助益。不过，从六世祖胡刚任司徒属吏，父胡贡任交阯都尉，再到胡广历任高位，六世三代皆在仕途，则胡氏仍可在本书宽松的定义下被列为世家。

胡刚的特别之处在于其亡命交阯时"隐于屠肆之间"，此与早期隐逸传统中混迹市井之类相接，先秦之

---

① （南朝宋）范晔撰，（唐）李贤等注：《后汉书》，卷44《邓张徐张胡列传》，页1505。

朱亥①、聂政②，秦末之樊哙③，皆隐屠间，胡刚正好与其隔代相望。

以上诸例都是世家。除世家之外，这里将与世家性质不同，但与应翊、戴遵一样家财饶富的豪族王丹，附记于世家案例之后。

王丹不仕王莽，而以财助光武手下大将邓禹西征，亦因此领左冯翊。《后汉书》云王丹"称疾不视事，免归"，是到职了却不视事，因此而被罢免，并非不仕。后两度征太子少傅皆就任，因此其不能被视为不仕光武者。此外，王丹不但"家累千金"，且从"率宗族上麦一千斛"来看，也有宗族聚居的情况。不过从史料记载而论，王丹只能算民间豪族。南朝宋时士人极重门第，因此范晔《后汉书》诸传如有可堪记载之士人宗族，多有附传。王丹既无其他族属为官，应非世代居官的世家。暂且以豪族身份附于此。

① 《史记·魏公子列传》："侯生谓公子曰：'臣所过屠者朱亥，此子贤者，世莫能知，故隐屠间耳。'"（汉）司马迁撰，[日]泷川资言考证，杨海峥整理：《史记会注考证》，卷77《魏公子列传》，页3090。
② 《史记·刺客列传》："聂政勇敢士也，避仇隐于屠者之间。"（汉）司马迁撰，[日]泷川资言考证，杨海峥整理：《史记会注考证》，卷86《刺客列传》，页3278。
③ 《史记·樊郦滕灌列传》："舞阳侯樊哙者，沛人也。以屠狗为事，与高祖俱隐。"（汉）司马迁撰，[日]泷川资言考证，杨海峥整理：《史记会注考证》，卷94《樊郦滕灌列传》，页3445。

世家、豪族之外，传统隐逸常见的道家士人或以技艺混迹市井者，于两汉之际案例极少。尤其道家型的士人，由于本章的主旨在于"不仕王莽"，因王莽秉政而不仕方才列入，如"宁生而曳尾涂中"者，则无论谁得天命、谁掌天下，率皆不仕，自然被排除在本章的案例之外。虽然如此，仍有前文谈过非典型传统隐逸而好黄老的蔡勋，而两汉之际不仕王莽又有好黄老记录的，还有闵贡。

　　《后汉书》将"识去就之概，候时而处"之士以《周黄徐姜申屠列传》述之，而将闵仲叔列为代表人物之一。依《东观汉记》以及谢沈《后汉书》所见，闵仲叔名贡①。闵贡好黄老且不仕王莽，见于《太平御览》所抄录，汉末以后闵仲叔常以典故见诸文学家笔下②。但值得注意的是，闵贡以"节士"著称，包括范晔《后汉书》、刘珍《东观汉记》以及袁宏《后汉纪》等史书，多有记载闵仲叔的部分事迹，但都没有关于闵贡不仕王莽，亦无好黄老的记载。由于《太平御览》为宋代著名

---

① 《东观汉记》："闵贡，字仲叔。"（东汉）刘珍等撰，吴树平校注：《东观汉记校注》，卷17，页743。又见周天游辑注《八家后汉书辑注（修订本）》，谢沈《后汉书》，页610。

② 如王勃《江宁吴少府宅饯宴序》："梁伯鸾之远逝，自有长谣。闵仲叔之退征，仍逢厚礼。"见（清）董诰等编《全唐文》（台北：大通书局，1979年7月四版），卷182王勃《江宁吴少府宅饯宴序》，页2335上左。

类书，或有史料亡于宋代以后未可知，暂且将其列入不仕王莽之类。

闵贡社会基础并不结实，故不仕而"老病家贫，不能得肉"，乃至"日买猪肝一片，屠者或不肯与"。如依《后汉书》所记载，不以"好黄老"作为闵贡学识背景，闵贡正是东汉初年典型专志于"去就之节"的士人，与蔡勋一样，并非传统的道家隐逸。如闵贡这样的节士，若有不违其志甚至能如其所愿的，则愿"且喜且惧"地应召；如在职有不如志意的，则又"喜惧皆去"而辞。所在亦不隐蔽声名，因此不但当世能以节士著称，客居安邑时，县令亦能稍加照护。此类守节而不仕者，后续还有十数例，此处因闵贡有"好黄老"的记载，较类似传统隐逸而稍提前加以讨论。

王莽时期除了儒生不仕的情况明显之外，另一个极为值得关注的现象便是节士的出现。闵贡之外，尚有下列 8 例。

表 5-4

序号	活跃时代	姓名	出处	相关事迹	分类
39	平帝—新	龙丘苌	《后汉书》谢沈《后汉书》	吴有龙丘苌者，隐居太末，志不降辱。王莽时，四辅三公连辟，不到。掾史白请召之。（任）延曰："……"积一岁，苌乃乘辇诣府门，愿得先死备录。延辞让再三，遂署议曹祭酒。苌寻病卒……① 龙丘苌，吴郡人，笃志好学。王莽篡位，隐居大山，以耕稼为业，公车征，不应。……②	05 守节（兼农）
40	新	徐房	嵇康《圣贤高士传赞》	北海逢萌字子康，北海徐房，字，平原李昙字子云，平原王遵字君公。皆怀德秽行，不仕乱世，相与为友，时人号之四子③	05 守节

---

① （南朝宋）范晔撰，（唐）李贤等注：《后汉书》，卷76《循吏列传》，页2461。
② 周天游辑注：《八家后汉书辑注（修订本）》，谢沈《后汉书》，页150。
③ （三国魏）嵇康著，张亚新校注：《嵇康集详校详注》，余编《圣贤高士传赞》，页1029。

(续表)

序号	活跃时代	姓名	出处	相关事迹	分类
41	新	李昙[①]	嵇康《圣贤高士传赞》	北海逢萌字子康,北海徐房,字,平原李昙字子云,平原王遵字君公。皆怀德秽行,不仕乱世,相与为友,时人号之四子	05守节
42	平帝—新	孔休	《后汉书》	茂与同县孔休……六人同志,不仕王莽时,并名重当时。休字子泉,哀帝初,守新都令。后王莽秉权,休去官归家。及莽篡位,遣使赍玄纁、束帛,请为国师,遂欧血托病,杜门自绝。光武即位,求休、勋子孙,赐谷以旌显之[②]	05守节

---

① 又作"李云",见(三国魏)嵇康著,张亚新校注《嵇康集详校详注》,余编《圣贤高士传赞》,页1030—1031。
② (南朝宋)范晔撰,(唐)李贤等注:《后汉书》,卷25《卓鲁魏刘列传》,页872。

(续表)

序号	活跃时代	姓名	出处	相关事迹	分类
43	新	侯刚	《华阳国志》	侯刚哭汉。刚字直孟,繁人也。为郎。见莽篡位,详狂,负木斗,守阙号哭。莽使人问之。对曰:"汉祚无穷,吾宁死之,不忍事非主也。"莽遂煞之①	05守节
44	新	章明	《华阳国志》	章、王刎首。章明,字公孺,繁人也。……明为太中大夫。莽篡位,叹曰:"不以一身事二主。"遂自杀②	05守节
45	居摄	郭钦	《汉书》	始隃麋郭钦,哀帝时为丞相司直……平帝时迁南郡太守。……亦以廉直为名。王莽居摄,钦、诩皆以病免官,归乡里,卧不出户,卒于家③	05守节(廉直)

---

① (晋)常璩撰,任乃强校注:《华阳国志校补图注》,卷10《先贤士女总赞论》,页538。
② (晋)常璩撰,任乃强校注:《华阳国志校补图注》,卷10《先贤士女总赞论》,页538。
③ (汉)班固撰,(清)王先谦补注:《汉书补注》,卷72《王贡两龚鲍传》,页4801。

(续表)

序号	活跃时代	姓名	出处	相关事迹	分类
46	居摄	蒋诩	《汉书》嵇康《圣贤高士传赞》	杜陵蒋诩元卿为兖州刺史，亦以廉直为名。王莽居摄，钦、诩皆以病免官，归乡里，卧不出户，卒于家① 蒋诩字符卿，杜陵人，为兖州刺史。王莽为宰衡，诩奏事，到灞上，称病不进。归杜陵，荆棘塞门，舍中三径，终身不出。时人谚曰："楚国二龚。不如杜陵蒋翁。"②	05守节（廉直）

首先要说明的是，"守节"在这里被分割为一类，并不代表士除了文吏、儒生、方士等，在众多身份之外，还有一个与这些身份都明显区隔的类型叫作节士。如本

---

① （汉）班固撰，（清）王先谦补注：《汉书补注》，卷72《王贡两龚鲍传》，页4801。
② （三国魏）嵇康著，张亚新校注：《嵇康集详校详注》，余编《圣贤高士传赞》，页1022。按："兖州"张亚新误作"衮州"，据《太平御览》改。见（北宋）李昉等编《太平御览》，卷510逸民部《逸民十》，页2450下左。

书前文所论，汉代士人的身份往往糅合了各种不同的背景，各有不同程度的叠合，文吏可以为儒生、儒生可以为方士之类。西汉末年，"守节"此一情操受到重视，因此有儒生之节，坚持以道义作为去就或其他行为的最重要的基础，亦可以有文吏之节，在官场上坚持廉直、公正等。以下将不仕王莽的士人中，无法判断是否具有其他身份的节士分别析论。

先说龙丘苌。范晔《后汉书》无龙丘苌传，事迹附记于《任延传》中，称"隐居太末，志不降辱"，看似在王莽之前就已隐居，其后又"四辅三公连辟，不到"。如果龙丘苌的隐居从西汉到新莽之间是具有连贯性的，则应将此例列入西汉时期才对。然而从几个地方来看，龙丘苌之不仕，应该与王莽有关。

其一，龙丘苌不应四辅三公之聘，却愿意为了任延"乘辇诣府门，愿得先死备录"，主动入仕。虽然此举是受到任延感动，但既然愿意入仕，则龙丘苌并非悍然拒仕的道家隐逸。此外，任延乃更始所任之会稽都尉，非新莽职，亦与"志不降辱"不相违背。

其二，任延称"龙丘先生躬德履义，有原宪、伯夷之节"。原宪自云无财，是"贫"也，而非学道而不能行之"病"也[1],即清节之意。伯夷之隐有二意,其一为不受君位而去,其二为义不食周粟,前者或可用不受政治羁縻作道家型隐逸的解释,但后者则与政权无道相关。从龙丘苌愿意为任延坚持"备录"的行为来看,龙丘苌并非传统隐逸之类,更接近于有道而仕、无道而去的类型。如此则龙丘苌之"隐居太末",当后于其"志不降辱"。

其三,谢沈《后汉书》亦有龙丘苌传,其记载先称"王莽篡位",后云"隐居太末"[2]。可见龙丘苌之隐居,正与王莽篡位有关,因此当列入不仕王莽之类。

龙丘苌相关事迹的记载也不多,任议曹祭酒后不久病卒,谢沈《后汉书》云其"以耕稼为业",可能是亲执耒耜,亦有可能另有佃农、奴仆代劳未可知。

徐房、李子与前文所讨论过的王尊并称。《后汉书·逸民列传》云:"(逢)萌与同郡徐房、平原李子

---

[1] 《史记·仲尼弟子列传》:"宪摄敝衣冠见子贡。子贡耻之,曰:'夫子岂病乎?'原宪曰:'吾闻之,无财者谓之贫,学道而不能行者谓之病。若宪,贫也,非病也。'"(汉)司马迁撰,[日]泷川资言考证,杨海峥整理:《史记会注考证》,卷67《仲尼弟子列传》,页2848。

[2] 原作"大山",当为"太末"之误。见周天游辑注《八家后汉书辑注(修订本)》,谢沈《后汉书》,页151注二。

云、王君公相友善,并晓阴阳,怀德秽行。"① 其中李子云即李昙(或作李云),王君公即王尊(又作王遵),嵇康《圣贤高士传赞》称四人皆"不仕乱世"。此时正逢王莽时,逢萌、王尊皆于王莽退身,② 因此所谓"不仕乱世"也者,当指不仕王莽无疑。

徐房、李昙无他事迹传世,姑且被列于守节一类。

孔休则与卓茂、蔡勋、刘宣、龚胜、鲍宣等并列,《后汉书·卓鲁魏刘列传》称"六人同志,不仕王莽时",而孔休于王莽秉权时去官。传中又云:"哀帝初,守新都令",王莽于成帝时封新都侯,此处"新都令"当为"新都相",事见《汉书·王莽传》:

> 始莽就国,南阳太守以莽贵重,选门下掾宛孔休守新都相。休谒见莽,莽尽礼自纳,休亦闻其名与相答。后莽疾,休候之,莽缘恩意,进其玉具宝剑,欲以为好。休不肯受。……遂椎碎之,自裹以进休,休乃受。及莽征去,欲见休,休称

---

① (南朝宋)范晔撰,(唐)李贤等注:《后汉书》,卷83《逸民列传》,页2760。

② 逢萌亦不仕光武,详见第六章。

疾不见。[1]

从《王莽传》的记载来看，王莽封新都侯就国时，南阳太守方选孔休任新都相，辅佐王莽。换言之孔休早于哀帝时便与半隐居的王莽共事过，亦有相当事迹见载于《汉书》。由此，王莽由新都返京师秉朝政大权时，孔休亦同时弃新都相归，当已知王莽之伪饰。而王莽篡位后请为国师，亦其来有自。

光武即位之后，求孔休子孙"赐谷以旌显"，并无征辟孔休的记录，可能其已死于两汉之际。而《后汉书·朱乐何列传》记载孔休曾于乱世中救助过朱晖，《后汉书·朱乐何列传》记云：

> 朱晖字文季，南阳宛人也。家世衣冠。晖早孤，有气决。年十三，王莽败，天下乱，与外氏家属从田闲奔入宛城。

此处的"外氏家属"，《东观汉记》云："晖外祖父孔休，以德行称于代。"则孔休去官归家之后，曾经

---

[1] （汉）班固撰，（清）王先谦补注：《汉书补注》，卷99上《王莽传》，页6041—6042。

照顾外孙朱晖。朱晖不但是"家世衣冠",且与其父朱岑二人都是太学儒生,与光武有旧①。孔休虽为朱氏联姻,但同为南阳宛人,非孔子裔,而光武亦未征孔休子孙为官,仅赐谷以旌显而已。从传事可见的史料来看,孔休既非儒生,也非世家,因此列于此处。

侯刚、章明见于《华阳国志》,两人皆仕于西汉,《益梁宁三州先汉以来士女目录》称侯刚为尚书郎②,则《先贤士女总赞论》所记之"为郎"当为尚书郎。章明则为太中大夫。两人皆因王莽篡位,不事二主而死,其中侯刚见杀,而章明自杀。

《华阳国志》为地方志,比起正史著作保存了更多地方史料,侯刚与章明皆不见于正史,但从相关记载来看,两汉之际因王莽篡位而弃官、致仕、隐居乃至死亡之士人,当比见载青史的要更多。

接着说郭钦与蒋诩二人。二人同见《汉书·王贡两龚鲍传》,郭钦为南郡太守,蒋诩为兖州刺史,两人居

---

① 《后汉书·朱乐何列传》:"初,光武与晖父岑俱学长安,有旧故。及即位,求问岑,时已卒,乃召晖拜为郎。晖寻以病去,卒业于太学。性矜严,进止必以礼,诸儒称其高。"(南朝宋)范晔撰,(唐)李贤等注:《后汉书》,卷43《朱乐何列传》,页1457。

② 《华阳国志·益梁宁三州先汉以来士女目录》:"尚书郎侯刚,字直孟。(繁人也。)"(晋)常璩撰,任乃强校注:《华阳国志校补图注》,卷11原附《益梁宁三州先汉以来士女目录》,页668。

官皆有"廉直"之名,王莽居摄后,郭钦以病免官归家。从班固将二人附传于《王贡两龚鲍传》可知,郭钦、蒋诩所谓"以病免官"乃拒仕王莽之意,故列于此处。

《水经注》中另有郭钦之记录,《渭水》:

> 汧水又东南,迳隃麋县故城南。王莽之扶亭也。
> 昔郭歙耻王莽之征,而遁迹于斯。①

杨守敬疏云:"今本《汉书·鲍宣传》郭钦,或是郭歙之误。"② 本书仍依《汉书》称郭钦。由《水经注》之记载可推论,郭钦去官之后,王莽或曾征辟之,而郭钦不应。亦有可能为北朝时乡里稗史,因郦道元而见录。

蒋诩于《汉书·王贡两龚鲍传》仅记载"以病免官,归乡里,卧不出户",不过嵇康《圣贤高士传赞》云蒋诩当入朝奏事,至灞上而称病,弃官归家。"荆棘塞门,舍中三径,终身不出",这种因隐居而家门纷乱的景象

---

① (北魏)郦道元注,杨守敬、熊会贞疏,杨甦宏、杨世灿、杨未冬补:《水经注疏补(中编)》(北京:中华书局,2016年),卷17《渭水上》,页502。
② (北魏)郦道元注,杨守敬、熊会贞疏,杨甦宏、杨世灿、杨未冬补:《水经注疏补(中编)》,卷17《渭水上》,页502。

成为著名的文学典故。①

蒋诩的社会基础不详,"卧不出户,卒于家"是否延续至东汉时代,不可考。

以上略述守节不仕王莽案例8人,若加上先前所析论的各案例,则两汉之际不仕王莽者至少有46例。其中包含了儒生共21例,世家也有21例,由于世家中有6例是儒生兼有世家身份的,因此儒生合并世家共有36例。儒生与世家之外尚有10例,包含豪族1例,好黄老的道家士人1例,以及无法分类的守节者8例。这10例的共同特色在于史料记载并不详尽,或为正史附传所见,故极为简略;或为类书或古籍注疏中所见的古佚书片段,故极为破碎。

本章的案例分类是以史料是否记载其身份背景而定,仅以可推知为儒生或宗族中有多人为官之世家两部分合计36例,便占了所有案例的78.3%,可以简单推论两汉之际抗拒王莽而不仕者,基本上是由儒生以及世家作为主体组成的。

儒生21例与世家21例,皆占了全部案例的45.7%,但儒生与世家颇有重叠,儒生当中又可分为不

---

① 陶潜:《归去来兮辞》:"三径就荒,松菊犹存。"见(东晋)陶潜著,杨勇校笺《陶渊明集校笺》,卷5《归去来兮辞·并序》,页267。

同身份。其中，史料记载不仕之儒生以教授为社会基础的有5例，世代居官的世家则有6例，其中杨宝兼具儒生、教授、世家三者，因此儒生21例当中，教授与世家合计共10例，大约占不仕儒生数量的52.3%。与此相对，世家21例当中，具有儒生身份的为6例，大约占28.6%。或许可以猜测：在面对改朝换代危机时，选择不仕的儒生必须比世家考虑更多社会基础的问题。

在两汉之际的乱世当中，尚有避乱隐居、不仕其他割据势力，以及不仕王莽并光武的其他案例，第六章将接续讨论之。

第六章

避乱与守节之间:
两汉之际的不仕之士(下)

本章除去小结部分，将第五章未及讨论完毕的避乱与不仕案例分为三个部分。其一是两汉之际避乱隐居者，虽然在此时期确实没有仕宦，亦堪称为士人，但并不符合本书"不仕"的定义，并非有机会入仕而放弃者。此类共有18例，编序不与第五章表格编号相连，表示将其独立讨论。其二为不仕更始帝、公孙述、隗嚣、窦融等四个割据势力者，其中不仕公孙述者最多，有7例，其余则有零星1—3例，合计共13例。其三为既不仕王莽，同时也不仕光武帝者，共有11例。

🏵 两汉之际避乱隐居之士

此节先讨论避乱隐居之18例。表6-1依第五章之分类，先儒生，后世家，再其后为守节，无法判断的避乱隐居者居最后。

表 6-1

序号	活跃时代	姓名	出处	相关事迹	分类
1	新	桓荣	《汉书》	桓荣字春卿，沛郡龙亢人也。少学长安，习《欧阳尚书》，事博士九江朱普。贫窭无资，常客佣以自给，精力不倦，十五年不窥家园。至王莽篡位乃归。会朱普卒，荣奔丧九江，负土成坟，因留教授，徒众数百人。莽败，天下乱。荣抱其经书与弟子逃匿山谷，虽常饥困而讲论不辍，后复客授江淮间。建武十九年，年六十余，始辟大司徒府①	01-1 儒生、教授、世家

① （汉）班固撰，（清）王先谦补注：《汉书补注》，卷36《桓荣丁鸿列传》，页1249—1250。

(续表)

序号	活跃时代	姓名	出处	相关事迹	分类
2	成帝—新	梅福	《汉书》	梅福……为郡文学，补南昌尉。后去官归寿春……福孤远，又讥切王氏，故终不见纳。……是时，福居家，常以读书养性为事。至元始中，王莽颛政，福一朝弃妻子，去九江，至今传以为仙。其后，人有见福于会稽者，变名姓，为吴市门卒云①	01-6 儒生

---

① （汉）班固撰，（清）王先谦补注：《汉书补注》，卷67《杨胡朱梅云传》，页4593、4604—4605。

(续表)

序号	活跃时代	姓名	出处	相关事迹	分类
3	新	王兴	《水经注》	易水出西山宽中谷,东迳五大夫城南。昔北平侯王谭,不从王莽之政,子兴生五子,并避时乱,隐居此山,故其旧居,世以为五大夫城,即此。……南流迳五公城西,屈迳其城南。五公,即王兴之五子也。光武即帝位,封为五侯:元才北平侯,益才安惠侯,显才蒲阴侯,仲才新市侯,秀才为唐侯,所谓中山五王也。俗又以五公名居矣①	02世家
4	新	王元才	《水经注》	子兴生五子,并避时乱,隐居此山……元才北平侯……	02世家
5	新	王益才	《水经注》	子兴生五子,并避时乱,隐居此山……益才安惠侯	02世家
6	新	王显才	《水经注》	子兴生五子,并避时乱,隐居此山……显才蒲阴侯	02世家

① 北魏·郦道元注,杨守敬、熊会贞疏,杨甦宏、杨世灿、杨未冬补:《水经注疏补(中编)》,卷11《易水》,页1—2。

(续表)

序号	活跃时代	姓名	出处	相关事迹	分类
7	新	王仲才	《水经注》	子兴生五子,并避时乱,隐居此山……仲才新市侯	02 世家
8	新	王季才	《水经注》	子兴生五子,并避时乱,隐居此山……季才为唐侯	02 世家
9	新	沈靖	《新唐书》	靖字文光,济阴太守,避王莽之难,隐居桐柏山[1]	02 世家
10	新	韩骞	《新唐书》	河南尹骞,避王莽乱,居赭阳[2]	02 世家
11	新	田恢	《新唐书》	……至田丰,王莽封为代睦侯,以奉舜后。子恢避莽乱,过江居吴郡,改姓为妫。五世孙敷,复改姓姚[3]	02 世家
12	新	范馥	《晋书》	范平字子安,吴郡钱塘人也。其先铚侯馥,避王莽之乱适吴,因家焉。平研览坟素,遍该百氏,姚信、贺邵之徒皆从受业[4]	02 世家

---

[1] (北宋)欧阳修、宋祁等撰:《新唐书》,卷74上《宰相世系表》,页3146。
[2] (北宋)欧阳修、宋祁等撰:《新唐书》,卷74上《宰相世系表》,页2854。
[3] (北宋)欧阳修、宋祁等撰:《新唐书》,卷74上《宰相世系表》,页3169。
[4] (唐)房玄龄等撰:《晋书》,卷91《儒林》,页2346。

(续表)

序号	活跃时代	姓名	出处	相关事迹	分类
13	新	疏孟达	《晋书》	束晳字广微,阳平元城人,汉太子太傅疏广之后也。王莽末,广曾孙孟达避难,自东海徙居沙鹿山南,因去疏之足,遂改姓焉①	02世家
14	新	疏彦则	《通志·氏族略》	汉太子太傅疏广曾孙彦则,避王莽乱于太原,因氏焉②	02世家
15	平帝—新	董子仪	《后汉书》	时天下新定,道路未通,避乱江南者皆未还中土,会稽颇称多士。延到,皆聘请高行如董子仪、严子陵等,敬待以师友之礼③	05守节
16	新	吴羌	《嘉泰吴兴志》	吴羌山在县东南一里,吴均入东记云:"昔汉高士吴羌,避王莽之乱,隐居此山,后人名焉。"④	05守节

---

① (唐)房玄龄等撰:《晋书》,卷51《束晳》,页1427。
② 宋·郑樵撰:《通志二十略》(北京:中华书局,1995年),卷4《氏族略》,页154。
③ (南朝宋)范晔撰,(唐)李贤等注:《后汉书》,卷76《循吏列传》,页2460—2461。
④ (南宋)谈钥纂修:《嘉泰吴兴志》(北京:中华书局《宋元方志丛刊》,1990年5月),卷4《德清县》,页4702下右。

（续表）

序号	活跃时代	姓名	出处	相关事迹	分类
17	新	钱逊	《通志·氏族略》①	汉哀、平间，钱逊为广陵太守，避王莽乱，徙居乌程②	06 避乱隐居
18	新	弘宏	《李玄靖碑》	先生姓李氏，讳含光，广陵江都人。本姓弘，以孝敬皇帝庙讳改焉。廿一代祖宏，江夏太守，避王莽，徙居晋陵，遂为郡人③	06 避乱隐居

虽然此节所论都不在本书所定义的不仕之士里，但与第三章论秦时蛰伏之士来探究不得仕、不愿仕与不仕的差别一样，这些案例多少与不仕风气有些关联。因此以下仍逐一讨论。

---

① 按：《通志·氏族略》"以邑为氏"下有"令狐氏"："汉有令狐迈，避王莽乱，居炖煌。"因资料简短，无法确知是否为士，故不录。宋·郑樵撰：《通志二十略》，卷3《氏族略》，页85。
② 宋·郑樵撰：《通志二十略》，卷4《氏族略》，页150。
③ 《李玄靖碑》，刘子瑞主编：《颜真卿书法全集》（天津：天津人民美术出版社，2009年），页1626—1633。《全唐文》"本姓弘"误作"本姓宏"；"廿一代祖"改作"二十一代祖"，当据碑拓本改。见（清）董诰等编《全唐文》，卷340颜真卿《有唐茅山元靖先生广陵李君碑铭》，页4360上左。

桓荣于两汉之际教授以《欧阳尚书》为主的经学，东汉中兴之后，又为汉明帝之师。① 此外，从《后汉书》的记载来看，桓荣本身是否出身世家尚未能定，但据《晋书》，桓荣为东晋著名士族谯国桓氏之远祖②，绵延流长。因此桓荣与杨宝一样，身兼儒生、教授、世家诸身份背景，只是桓荣为世家的开端，而杨宝由杨喜以下已绵延了整个西汉。

桓荣并非不仕之士。从"建武十九年，年六十余"往回推算，桓荣"少学长安"时年方十五岁上下，于是哀、平之间，此后"十五年不窥家园"，皆以客佣自给向学，未曾仕。直到王莽篡位，亦即新莽始建国元年（公元9年）时，桓荣近而立之年，乃归家。其后或教授于九江，或避乱讲论于山谷，或客授江淮间，皆无仕宦机会，直到建武十九年"始辟大司徒府"为止。因此桓荣长期为经师，未曾居官，乃至于光武帝并不识沛国桓荣。

梅福于后世被视为仙人，《汉书》云"至今传以为仙"，则成仙传闻当早于东汉初年。然而梅福并非学老

---

① 《后汉书·桓荣丁鸿列传》："时显宗始立为皇太子，选求明经……帝即召荣，令说《尚书》，甚善之。拜为议郎，赐钱十万，入使授太子。每朝会，辄令荣于公卿前敷奏经书。"（南朝宋）范晔撰，（唐）李贤等注：《后汉书》，卷37《桓荣丁鸿列传》，页1249—1250。

② 《晋书·桓彝传》："桓彝字茂伦，谯国龙亢人，汉五更荣之九世孙也。"（唐）房玄龄等撰：《晋书》，卷51《桓彝》，页1939。

子之道士，与桓荣一样，都是少学长安的儒生。不过梅福并无教授，亦无后人为官。

《汉书》记载自南昌尉去官归寿春后，皆以"求假辄传"方式上书，皆不见采纳。换言之，元始年间梅福因王莽颛政而"弃妻子，去九江"时，长期不曾居官，亦无仕进机会，去九江至多为避乱隐居，并非不仕。至于"为吴市门卒云"与"传以为仙"一样，皆不可信。

王兴及其五子事见《水经注》。王兴为"北平侯王谭"之子，而王谭"不从王莽之政"，并非不仕。而王兴与五子"避时乱"隐居，应该也不含王谭，故不录。至于王兴，未知其是否为弃官不仕，因此这里同列于避乱。

《水经注》所记载之王兴事极可疑。首先孝元皇后王政君之弟王谭，是成帝时所封"五侯"之一，而此王谭封"平阿侯"①，并非北平侯。《汉书》所见之北平侯，唯汉初张苍而已。②那么《水经注》所见北平侯王

---

① 《汉书·元后传》："上悉封舅谭为平阿侯，商成都侯，立红阳侯，根曲阳侯，逢时高平侯。五人同日封，故世谓之'五侯'。"（汉）班固撰，（清）王先谦补注：《汉书补注》，卷98《元后传》，页6015。
② 见（汉）司马迁撰，[日]泷川资言考证，杨海峥整理：《史记会注考证》，卷18《高祖功臣侯者年表》，页1052。按：北平侯张苍之后，传爵于武帝建元五年中断，宣帝时复家，《汉书·高惠高后文功臣表》云"建元五年，坐临诸侯丧后，免"，又"六世，元康四年，苍玄孙之子长安公士盖宗诏复家"，则北平侯爵位至元康四年尚由张苍之后继承，余无他人封北平侯。见（汉）班固撰，（清）王先谦补注《汉书补注》，卷16《高惠高后文功臣表》，页708—709。

谭，是否即平阿侯王谭？《水经注疏》引周婴《卮林》考《汉书》《后汉书》所见王谭诸子，无有王兴[①]，曰：

> 谭亦怜爱莽矣，所不同于莽者，平阿侯仁也，兴岂仁之同生乎？……凡此皆介恃同根，盘跨维城，彼九族之降心，若四体之无骨，独兴父子，自窜北鄙，绝意闰朝，涧泉共清，林风愈引，若非鄘氏，几于无闻矣。……若此言非爽，王氏再世有二五侯矣。[②]

周婴《卮林》虽疑此记载，但仍肯定郦道元所引述之王兴父子事。而顾炎武认为"兄弟二名而同其一字者"乃晋末事，汉人起名无有此者，五侯皆二名，乃"是后人追撰妄说"[③]。全祖望同顾炎武说，又称王谭事有"七

[①] 《水经注疏》注引《卮林》："兴岂仁之同生乎？考两《汉书》，谭诸子，《董贤传》有去疾，哀帝时，侍中。有闳，亦见《张步传》，莽东郡太守。《隗嚣传》有向，莽安定大尹。《马严传·注》有仁子术，即《谭传》之述也，莽九江连率。《马援传》有仁子磐，冯爵土，拥富赀，《东观记》以为述子者。"见北魏·郦道元注、杨守敬、熊会贞疏，杨甦宏、杨世灿、杨未冬补《水经注疏补（中编）》，卷11《易水》，页2—3。

[②] 北魏·郦道元注、杨守敬、熊会贞疏，杨甦宏、杨世灿、杨未冬补：《水经注疏补（中编）》，卷11《易水》，页2—3。

[③] 《日知录·排行》："兄弟二名而同其一字者，世谓之排行。如德宗德文，义符义真之类，起自晋末，汉人之所未有也。水经注，昔北平侯王谭，不同王莽之政。子兴生五子，并避乱隐居，光武即帝位，封为五侯。元才北平侯，益才安喜侯，显才蒲阴侯，仲才新市侯，季才唐侯。是后人追撰妄说。"（明）顾炎武：《原抄本日知录》，卷24《排行》，页680。

谬"①，不可信。

如诸家所论，《水经注》所记之王谭，恐怕并非平阿侯王谭。汉代诸史皆无光武即帝位封五侯之事，即令另有五人，当无封侯事。不过两汉之际世家避难者多，史料必然无法一一载录，易水既有"五大夫城"，又有"五公城"，东汉表彰气节，或有隐居于此者，而俗引以为傲，日高其爵，乃至附会王谭事。本章此节以避难隐居为数，暂且将王兴父子六人列名于此。

再论沈靖、韩骞、田恢。魏晋以下士族多自彰家世，虽然《新唐书》以表著称②，然《宰相世系表》往往祖述上古，多有附会。沈靖、韩骞避王莽难皆出自《新唐书·宰相世系表》。其事当各自出自沈姓、韩姓家谱。

南朝梁沈约《宋书·自序》仅称沈靖任济阴太守，不言避难隐居事，当与《新唐书》取舍不同。中古士族

---

① 《水经注疏》注引全祖望云："王谭并不封北平，谬一；又谭卒后，历王商王根，莽始枋政，安得有不同？谬二；仁已横死，五才何独得脱然？谬三；汉人少二名者，即王氏五世可见，而五才皆二名，谬四；封国何以不出中山之境？谬五；安喜、蒲阴，章帝所改，世祖乃取其名以班爵，谬六；班、范、荀、袁皆不及，独见于《太平御览》之《河北记》及此《注》，谬七。"北魏·郦道元注，杨守敬、熊会贞疏，杨甦宏、杨世灿、杨未冬补：《水经注疏补（中编）》，卷11《易水》，页3。

② （清）王鸣盛云："《新书》最佳者志、表，列传次之，本纪最下。"见（清）王鸣盛撰，黄曙辉点校《十七史商榷》（上海：上海古籍出版社，2013年），卷69《二书不分优劣》，页966。

多出汉代，沈靖隐居事去古不远，暂且录之。

田恢又可作"妫恢"，亦出自《新唐书·宰相世系表》，其后再度改为姚姓。田恢避乱而居吴郡，相较之沈靖、韩骞可能更值得信任，因田恢之父田丰，确实见载《汉书》中。《王莽传》云："田丰为世睦侯，奉敬王后。"敬王当为田完，齐田氏之远祖。①而《汉书》称"世睦侯"，《新唐书》误为"代睦侯"。

如果《新唐书》之记载可信的话，那么先秦时代的旧贵族在进入秦汉之后，仍有不少维持着世代官宦的情况，旧贵族转为新世家的比例或许比想象中的要多。

再论范馥。范馥事迹不多，《晋书》云其为西晋范平先祖，为铚侯。考两汉史料无有封铚者，同样暂且录之。

接着论疏孟达、疏彦则。"疏"姓又写作"疎"②，《晋书·束晳传》云："王莽末，广曾孙孟达避难。"

---

① 见《史记·田敬仲完世家》："陈完者，陈厉公他之子也。……完卒，谥为敬仲。仲生稚孟夷。敬仲之如齐，以陈字为田氏。"（汉）司马迁撰，[日]泷川资言考证，杨海峥整理：《史记会注考证》，卷46《田敬仲完世家》，页2360、2363。

② "疏"姓变为"疎"或"束"，余嘉锡辨之甚详，见（南朝宋）刘义庆著，（南朝梁）刘孝标注，余嘉锡笺疏，周祖谟、余淑宜、周士琦整理《世说新语笺疏》（北京：中华书局，2007年10月二版），卷中之上《雅量》，页449—451。

则疏孟达为第四章所讨论的疏广之后。依《晋书》,则疏孟达又称"束孟达"。本书从原姓表列,并因《汉书》作"疏"。①

《通志·氏族略》以官为氏下有"太傅氏",云:"汉太子太傅疏广曾孙彦则,避王莽乱于太原,因氏焉。"疏彦则又称"太傅彦则"。疏彦则当与疏孟达为族兄弟,一避难沙鹿山南,一避难太原。

另外同样出自《通志·氏族略》以官为氏,"钱氏"有广陵太守钱逊,避乱徙居乌程。并无其他记载。

董子仪则仅见于《后汉书·循吏列传》任延事中。先称"避乱江南者皆未还中土",再言"聘请高行如董子仪",可见董子仪于两汉之际避难会稽,与严光并称。

再说吴羌。南宋谈钥纂修《嘉泰吴兴志》引南朝梁吴均《入东记》记载:汉高士吴羌避乱隐居,因此吴兴德清有"吴羌山"。此与《水经注》云"五大夫城""五公城"一样,或有高士避乱居此而得名。

最后则是弘宏,事迹出自唐代颜真卿作《有唐茅山元靖先生广陵李君碑铭并序》。唐高宗时太子名李弘,弘姓因避讳改姓李,因此李含光"二十一代祖宏"当为

---

① (汉)班固撰,(清)王先谦补注:《汉书补注》,卷71《隽疏于薛平彭传》,页4734。

"弘宏"。颜真卿《有唐茅山元靖先生广陵李君碑铭并序》称弘宏为"江夏太守,避王莽,徙居晋陵",考《汉书》《后汉书》不见此人,二十一代相隔久远,然既非史传人物,附会古名人的可能性不高,暂且录之。

李含光为道士,其高祖、曾祖居官,已经是南北朝末至唐初之事[①],距离两汉之际近六百年之久,中间亦无其他记载,因此本章将其移出世家之类。

以上避乱隐居者共18例,其中有2例儒生,仅占11.1%;有12例世家,占72.2%。与不仕王莽的案例一样,儒生与世家有1例是兼有双重身份的。此外尚有2例守节高士,2例无法判断而被归于避乱隐居。

世家非常明显地占据多数,其原因或有二。其一,汉末以降谱牒之学发达,多追溯先祖,而世家多起于西汉,如宗族不亡于乱世,自然要避乱隐居。其二,乱世之中,相较于独自隐居岩穴山林,或儒生客居他乡教授经学,若有宗族的力量能团结抵御盗匪,则生存概率必然大增。

---

① 颜真卿《李玄靖碑》:"高祖文嶷,陈桂阳王国侍郎,曾祖荣,皇朝雷州司马。"刘子瑞主编:《颜真卿书法全集》,《李玄靖碑》,页1626、1634—1635。

本书第五章爬梳不仕王莽者的社会基础，以儒生、世家为多。儒有志于道的理想，因此不仕之儒多有死身殉道者。相对而言，世家有厚实的社会基础，更能苟全于乱世，因此其不仕除了志道守节之外，可能也包含了避难之意。与此处避难隐居之案例参看，当可见此一趋势。

以下次论两汉之际不仕其他割据势力者，即不仕更始、公孙述、隗嚣、窦融之士。

❀ 不仕更始、公孙述、隗嚣、窦融之士

以下从史料当中整理出12例于两汉之际拒绝于更始帝、公孙述、隗嚣、窦融属下仕宦者，并依此顺序排列。其中1人不仕更始，7人不仕公孙述，3人不仕隗嚣，1人不仕窦融。分类方式仍从第五章所述。

表 6-2

序号	不仕	活跃时代	姓名	出处	相关事迹	分类
47	莽、更始	居摄—更始	卓茂	《后汉书》	卓茂字子康，南阳宛人也。父祖皆至郡守。茂，元帝时学于长安，事博士江生，习《诗》《礼》及历算，究极师法，称为通儒。……初辟丞相府史，事孔光，光称为长者。……及莽居摄，以病免归郡，常为门下掾祭酒，不肯作职吏。更始立，以茂为侍中祭酒，从至长安，知更始政乱，以年老乞骸骨归。时光武初即位，先访求茂，茂诣河阳谒见 初，茂与同县孔休……六人同志，不仕王莽时，并名重当时①	01-2 儒生、世家

① （南朝宋）范晔撰，（唐）李贤等注：《后汉书》，卷25《卓鲁魏刘列传》，页869、871—872。

(续表)

序号	不仕	活跃时代	姓名	出处	相关事迹	分类
48	莽、述	新—公孙述	谯玄	《后汉书》《华阳国志》	谯玄字君黄,巴郡阆中人也。少好学,能说《易》《春秋》。仕于州郡。……王莽居摄,玄于是纵使者车,变易姓名,闲窜归家,因以隐遁。后公孙述僭号于蜀,连聘不诣。述乃遣使者备礼征之;若玄不肯起,使阳以毒药。……遂受毒药。……太守为请,述听许之。玄遂隐藏田野,终述之世① 瑛善说《易》,以授显宗,为北宫卫士令②	01-2 儒生、世家

---

① (南朝宋)范晔撰,(唐)李贤等注:《后汉书》,卷81《独行列传》,页2666—2668。
② (晋)常璩撰,任乃强校注:《华阳国志校补图注》,卷1《巴志》,页17。

（续表）

序号	不仕	活跃时代	姓名	出处	相关事迹	分类
49	莽、述	居摄—新—公孙述	李业	《后汉书》	李业……习《鲁诗》，师博士许晃。元始中，举明经，除为郎。会王莽居摄，业以病去官，杜门不应州郡之命。……王莽以业为酒士，病不之官，遂隐藏出谷，绝匿名迹，终莽之世。及公孙述僭号，素闻业贤，征之，欲以为博士，业固疾不起。数年，述羞不致之，乃使大鸿胪尹融持毒酒奉诏命以劫业……遂饮毒而死①	01-6 儒生

---

① （南朝宋）范晔撰，（唐）李贤等注：《后汉书》，卷81《独行列传》，页2668—2670。

（续表）

序号	不仕	活跃时代	姓名	出处	相关事迹	分类
50	莽、述	新—公孙述	王皓	《后汉书》	平帝时，蜀郡王皓为美阳令，王嘉为郎。王莽篡位，并弃官西归。及公孙述称帝,遣使征皓、嘉,恐不至,遂先系其妻子。使者谓嘉曰："速装,妻子可全。"对曰："犬马犹识主,况于人乎！"王皓先自刎,以首付使者。述怒,遂诛皓家属。王嘉闻而叹曰："后之哉！"乃对使者伏剑而死①	05 守节

---

① （南朝宋）范晔撰，（唐）李贤等注：《后汉书》，卷81《独行列传》，页2670。

(续表)

序号	不仕	活跃时代	姓名	出处	相关事迹	分类
51	莽、述	新——公孙述	王嘉	《后汉书》	平帝时,蜀郡王皓为美阳令,王嘉为郎。王莽篡位,并弃官西归。及公孙述称帝,遣使征皓、嘉……王皓先自刎……王嘉闻而叹曰:"后之哉!"乃对使者伏剑而死	05 守节
52	述	公孙述	费贻	《后汉书》	时,亦有犍为费贻,不肯仕述,乃漆身为厉,阳狂以避之,退藏山薮十余年。述破后,仕至合浦太守①	05 守节

---

① (南朝宋)范晔撰,(唐)李贤等注:《后汉书》,卷81《独行列传》,页2668。

（续表）

序号	不仕	活跃时代	姓名	出处	相关事迹	分类
53	述	公孙述	任永	《后汉书》	是时犍为任永君业同郡冯信，并好学博古。公孙述连征命，待以高位，皆托青盲，以避世难。永妻淫于前，匿情无言；见子入井，忍而不救。……光武闻而征之，并会病卒①	05 守节
54	述	公孙述	冯信	《后汉书》	是时，犍为任永君业同郡冯信，并好学博古。公孙述连征命，待以高位，皆托青盲，以避世难。……信侍婢亦对信奸通。及闻述诛，皆盥洗更视曰："世适平，目即清。"淫者自杀。光武闻而征之，并会病卒②	05 守节

① （南朝宋）范晔撰，（唐）李贤等注：《后汉书》，卷81《独行列传》，页2670。
② （南朝宋）范晔撰，（唐）李贤等注：《后汉书》，卷81《独行列传》，页2670。

（续表）

序号	不仕	活跃时代	姓名	出处	相关事迹	分类
55	莽、隗	新—隗嚣	韩顺	《高士传》	韩顺，字子良，天水成纪人也。以经行清白辟州宰，不诣。王莽末，隐于南山。……隗嚣等起兵，自称上将军，西州大震。唯顺修道山居，执操不回。嚣以道术深远，使人赍璧帛，卑辞厚礼聘顺，欲以为师。顺因使谢嚣曰："礼有来学，义无往教。即欲相师，但入深山来。"嚣闻矍然，不致强屈。其后，嚣等诸姓皆灭，唯顺山栖安然，以贫洁自终焉①	01-6 儒生

---

① （西晋）皇甫谧撰：《高士传》，卷中《韩顺》，页80—81。

(续表)

序号	不仕	活跃时代	姓名	出处	相关事迹	分类
56	避乱、隗	新—隗嚣	杜林	《后汉书》	杜林字伯山,扶风茂陵人也。父邺,成、哀间为凉州刺史。林少好学沉深……时称通儒。初为郡吏。王莽败,盗贼起,林与弟成及同郡范逡、孟冀等,将细弱俱客河西。……隗嚣素闻林志节,深相敬待,以为持书平。后因疾告去,辞还禄食。嚣复欲令强起,遂称笃。……林虽拘于嚣,而终不屈节。……光武闻林已还三辅,乃征拜侍御史,引见,问以经书故旧及西州事,甚悦之①	01-2 儒生、世家

① (南朝宋)范晔撰,(唐)李贤等注:《后汉书》,卷27《宣张二王杜郭吴承郑赵列传》,页934—936。

(续表)

序号	不仕	活跃时代	姓名	出处	相关事迹	分类
57	隗嚣	隗嚣	任延	《后汉书》	任延字长孙,南阳宛人也。年十二,为诸生,学于长安,明《诗》《易》《春秋》,显名太学,学中号为"任圣童"。值仓卒,避兵之陇西。时隗嚣已据四郡,遣使请延,延不应。更始元年,以延为大司马属,拜会稽都尉,时年十九,迎官惊其壮。……建武初,延上书愿乞骸骨,归拜王庭。诏征为九真太守①	01-6 儒生

---

① (南朝宋)范晔撰,(唐)李贤等注:《后汉书》,卷76《循吏列传》,页2460、2462。

(续表)

序号	不仕	活跃时代	姓名	出处	相关事迹	分类
58	莽、窦	居摄—新—窦融	蔡茂	《后汉书》	蔡茂……哀、平间以儒学显，征试博士，对策陈灾异，以高等擢拜议郎，迁侍中。遇王莽居摄，以病自免，不仕莽朝。会天下扰乱，茂素与窦融善，因避难归之。融欲以为张掖太守，固辞不就；每所馈给，计口取足而已。后与融俱征，复拜议郎，再迁广汉太守，有政绩称①	01-6 儒生

卓茂父祖皆至郡守，且其二子于东汉时代皆仕宦，卓戎为太中大夫，卓崇官至大司农，并袭爵五世至东汉和帝永元十五年，毫无疑问的是世家。而卓茂学于长安，"究极师法，称为通儒"，则卓茂既是世家，也是儒生。

---

① （南朝宋）范晔撰，（唐）李贤等注：《后汉书》，卷26《伏侯宋蔡冯赵牟韦列传》，页907。

将卓茂列于此处，在于更始以卓茂为侍中祭酒，而卓茂因更始政乱而归，为不仕更始之例。不过卓茂于王莽居摄时以病去官归郡，于郡则"不肯做职吏"，换言之卓茂乃先不仕王莽，再不仕更始，直到光武访求方谒见，任太傅。

卓茂是东汉表彰气节的重要"模范"，除了卓茂本身的德行仁厚之外，在光武即位之时尚有号召士人的象征作用。光武诏曰：

> 前密令卓茂，束身自修，执节淳固，诚能为人所不能为。夫名冠天下，当受天下重赏，故武王诛纣，封比干之墓，表商容之闾。今以茂为太傅，封褒德侯……[1]

比干、商容都是商代不从纣王的贤臣，而周武王表彰之，光武帝初即位，亦以周武王自比，因此以卓茂为太傅便相当于"封比干之墓，表商容之闾"。事实上卓茂于西汉时不过一县令，《东观汉记》录此诏，甚至可见光武帝称卓茂"断断无他"[2]，故范晔论曰：

---

[1] （南朝宋）范晔撰，（唐）李贤等注：《后汉书》，卷25《卓鲁魏刘列传》，页871。

[2] （东汉）刘珍等撰，吴树平校注：《东观汉记校注》，卷13，页472。

> 卓茂断断小宰，无他庸能，时已七十余矣，而首加聘命，优辞重礼，其与周、燕之君表闾立馆何异哉？于是蕴愤归道之宾，越关阻，捐宗族，以排金门者众矣。①

卓茂既非博士鸿儒②，亦非高才大能，然而光武帝却首加聘命，优辞重礼，并因此引来了蕴愤归道之宾。其中关键，正在于其不仕王莽，因此能以气节作为表率。《卓茂传》中并列"不仕王莽，名重当时"之六人，龚胜、鲍宣已死，刘宣为宗室，孔休、蔡勋或非通儒，最适合作为太傅者，便是卓茂了。

谯玄能说《易》《春秋》，亦为儒生。《独行列传》云："时兵戈累年，莫能修尚学业，玄独训诸子勤习经书。"③谯玄子谯瑛善《易》，为北宫卫士令，因此巴郡谯氏不但是世代通经的儒生，也是世代居官的世家。

---

① （南朝宋）范晔撰，（唐）李贤等注：《后汉书》，卷25《卓鲁魏刘列传》，页872。
② 卓茂非光武访儒之代表，《后汉书·儒林列传》："光武中兴，爱好经术，未及下车，而先访儒雅……莫不抱负坟策，云会京师，范升、陈元、郑兴、杜林、卫宏、刘昆、桓荣之徒，继踵而集。"（南朝宋）范晔撰，（唐）李贤等注：《后汉书》，卷79上《儒林列传》，页2545。
③ （南朝宋）范晔撰，（唐）李贤等注：《后汉书》，卷81《独行列传》，页2668。

谯玄不仕公孙述，先"连聘不诣"，后公孙述又遣使者，又太守自赍玺书而至，以毒药逼迫，谯玄宁受毒药，其子以家钱千万赎死，此后谯玄便"隐藏田野"。从《独行列传》的文字来看，应无躬耕而食的情况。

除了拒仕公孙述之外，谯玄亦不仕王莽。元始四年王莽秉政时，谯玄为绣衣使者，全王莽居摄，谯玄便"纵使者车，变易姓名，闲窜归家，因以隐遁"，弃官返乡。从《谯玄传》的内容来看，不仕王莽则由长安隐遁归巴郡，不仕公孙述则再由巴郡老家隐藏田野，可见乱世当中，不仕且全身之难。

李业师博士许晃，以明经为郎。公孙述欲以李业为博士，其为儒生殆无疑义。与谯玄相似，公孙述称帝，征李业而不起，其后便以毒酒劫之，李业则宁饮毒而死。

李业同时也不仕王莽，王莽居摄时以病去官。汉制郡县长吏必来自外地选任，而属吏则皆用本地人士。李业以病去官自然归家，因此"杜门不应州郡之命"，比卓茂不肯做职吏更甚，太守刘咸以牢狱逼迫亦不从，最后"隐藏出谷，绝匿名迹，终莽之世"。从公孙述能征以为博士来看，李业应该于王莽败后便离谷返家了。

王皓为美阳令，王嘉为郎，二人因为同乡，同受公孙述以"系其妻子"逼仕，二人也一同以死明志。

与前述谯玄、李业一样，王皓、王嘉在不仕公孙述之前也同时不仕王莽。美阳令虽然是地方长吏，但美阳县属右扶风，因此能与为郎的王嘉并弃官西归。

费贻、任永、冯信三人皆为《独行列传》中穿插的附传，皆不仕公孙述，事迹都相当简略而有共通性。

费贻以"漆身为厉，阳狂"避公孙述。《史记·刺客列传》中的豫让同样"漆身为厉"，《史记·索隐》云：

> 厉音赖。赖，恶疮病也。凡漆有毒，近之多患疮肿，若赖病然，故豫让以漆涂身，令其若癞耳。①

可知"漆身为厉"是以漆涂身致使患皮肤病，是自残行为。而"阳狂"即"详狂"②，详为狂也。范雎见秦王称："漆身为厉，被发为狂，不足以为臣耻。"③可见"漆

---

① （汉）司马迁撰，[日]泷川资言考证，杨海峥整理：《史记会注考证》，卷86《刺客列传》，页3276。
② 《汉书·蒯伍江息夫传》："通说不听，惶恐，乃阳狂为巫。"《史记·淮阴侯列传》："蒯通说不听，已详狂为巫。"阳、详通假。（清）王先谦补注：《汉书补注》，卷45《蒯伍江息夫传》，页3560；（汉）司马迁撰，[日]泷川资言考证，杨海峥整理：《史记会注考证》，卷92《淮阴侯列传》，页3412。
③ （汉）司马迁撰，[日]泷川资言考证，杨海峥整理：《史记会注考证》，卷79《范雎蔡泽列传》，页3125。

身为厉"非常人所为，为狂方得如此，古多以此避难。费贻以此法"退藏山薮十余年"，公孙述之败亡乃出。

任永与冯信同样不仕公孙述，而以"托青盲"避之。所谓"青盲"，《诗经·大雅·灵台》孔颖达疏"矇瞍奏公"云："有眸子而无见曰矇，即今之青盲者也。"① 隋代巢元方之《诸病源候论》所述更加清楚："青盲者，谓眼本无异，瞳子黑白分明，直不见物耳。"② 亦即眼睛外观无有损伤，却失明无法见物。任永与冯信"托青盲"，不似"漆身为厉"般激烈，不必自毁其身，但不得不以过度的表演来换取避世难，因此付出了"妻淫于前，匿情无言；见子入井，忍而不救""信侍婢亦对信奸通"的激诡的代价。

以上诸例不仕公孙述者，多半采取相当激烈的态度。两汉之际诸势力中，公孙述以巴蜀一隅称帝，不但机心特露，对于异己的容纳度也特低，或以毒相逼，或以其妻子要挟。

诸例皆出自《后汉书·独行列传》，范晔序中称独

---

① （西汉）毛公传，（东汉）郑玄笺，（唐）孔颖达疏：《诗经注疏》（台北：艺文印书馆据阮元校刻《十三经注疏附校勘记》影印，1976年），卷16之5《灵台》，页581右上。

② 丁光迪主编：《诸病源候论校注》（北京：人民卫生出版社，2013年），卷28《目青盲候》，页523。

行诸人为:"盖失于周全之道,而取诸偏至之端者也。"因此诸例或饮毒明志,或毁身守节,皆所谓"偏至"者。范晔又言:"中世偏行一介之夫,能成名立方者,盖亦众也。"① 此言偏至而成名者不少。如范晔所言,则诸例之激诡,乃《独行列传》收录传记的性质,公孙述即便有容纳异己的雅量,也未必见诸史传。然而《独行列传》所录从两汉之际直至东汉末年,其中两汉之际含附传11人,其中不仕者8人,而不仕公孙述者7人②,以激诡偏行表现不仕者,几乎皆为不仕公孙述者,亦可见公孙述逼迫之甚。

韩顺则不见《汉书》《后汉书》,仅见载于皇甫谧的《高士传》。以"经行清白辟州宰",当为儒生。隗嚣具礼欲聘其为师,韩顺以"即欲相师,但入深山来"婉言相拒,隗嚣亦不强屈。

韩顺"辟州宰"而"不诣",州宰当为刺史或州牧之类,不知当属不仕于西汉时代或当属不仕王莽,从"王莽末,隐于南山"的叙述来看,姑且视之为不仕王莽。

---

① (南朝宋)范晔撰,(唐)李贤等注:《后汉书》,卷81《独行列传》,页2665。
② 按:谯玄、费贻、李业、王皓、王嘉、任永、冯信、刘茂、温序、索卢放、周嘉等,计11人。温序、索卢放、周嘉等3人非不仕之士,刘茂不仕王莽。

杜林父任刺史，外家张竦为张敞孙，堪称世家联姻。《东观汉记》云："杜林于河西得漆书古文《尚书》经一卷，每遭困厄，握抱此经。"①杜林为东汉古文《尚书》的重要传人，《后汉书·儒林列传》："扶风杜林传古文《尚书》，林同郡贾逵为之作训，马融作传，郑玄注解，由是古文《尚书》遂显于世。"②古文学多重文字训诂，《汉书·艺文志》云杜林从张敞受《苍颉》，有《苍颉训纂》《苍颉故》各一篇③。杜林博洽多闻，时称通儒，亦有著作为之证明。

杜林原仕新莽④，王莽败后避乱客居相对平稳的河西，一度于隗嚣下任"持书平"，不过其后"因疾告去，辞还禄食"。《东观汉记》的记录较为激烈，称杜林："终不降志辱身，至簪蒿席草，不食其粟。"⑤杜林不仕隗嚣，应与其见闻有关，因此光武征见问以"经书故旧及西州事"，除了杜林所熟知的经学之外，当与隗嚣有关。

---

① （东汉）刘珍等撰，吴树平校注：《东观汉记校注》，卷14，页527。
② （南朝宋）范晔撰，（唐）李贤等注：《后汉书》，卷79上《儒林列传》，页2566。
③ （汉）班固撰，（清）王先谦补注：《汉书补注》，卷30《艺文志》，页2946。
④ 《汉书·王莽传》："遂营长安城南，提封百顷。……及侍中常侍执法杜林等数十人将作。"（汉）班固撰，（清）王先谦补注：《汉书补注》，卷99下《王莽传》，页6177。
⑤ （东汉）刘珍等撰，吴树平校注：《东观汉记校注》，卷14，页527。

两汉之际乱事起时，任延尚且年少，从更始元年"年十九"往回推算，任延年十二为诸生时，当为新莽天凤三年，不久后即逢绿林、赤眉变起①，不得不避兵陇西。虽然如此，任延明《诗》《易》《春秋》，显名太学，当为儒生无疑。而隗嚣请而不应，可视为不仕隗嚣。

不过任延避兵陇西的时间应该不长，《后汉书·循吏列传》云任延于更始元年为"大司马属，拜会稽都尉"，则任延随即仕更始帝并就任会稽都尉。《汉书》记载新莽地皇四年（公元23年）三月刘玄称帝，改年为更始元年②，同年七月隗嚣自称上将军以据陇西③，因此任延不应隗嚣之后，旋即离陇西而就更始。建武初年上书"乞骸骨"，因会稽都尉乃更始帝之任命，由此，此上书乃希望归属光武帝之意，故称"归拜王庭"。

---

① 赤眉起于天凤五年，《汉书·王莽传》："是岁，赤眉力子都、樊崇等以饥馑相聚，起于琅邪，转钞掠，众皆万数。遣使者发郡国兵击之，不能克。"（汉）班固撰，（清）王先谦补注：《汉书补注》，卷99下《王莽传》，页6167。

② 《汉书·王莽传》："（地皇四年）三月辛巳朔，平林、新市、下江兵将王常、朱鲔等共立圣公为帝，改年为更始元年，拜置百官。"（汉）班固撰，（清）王先谦补注：《汉书补注》，卷99下《王莽传》，页6199。按：更始帝刘玄，字圣公。

③ 《后汉书·隗嚣公孙述列传》："移檄告郡国曰：'汉复元年七月己酉朔。己巳，上将军隗嚣……'"则隗嚣起事当于此月。（南朝宋）范晔撰，（唐）李贤等注：《后汉书》，卷13《隗嚣公孙述列传》，页515。

隗嚣遣使请任延而不应，时隗嚣初起，当无暇强起之。不过相对于公孙述，隗嚣即使有遣刺客欲杀杜林之事，仍称得上"谦恭爱士"①之类。

最后是蔡茂。蔡茂以儒学显，因与窦融相善而避难归之，但窦融欲以为张掖太守则"固辞不就"，因此列之为不仕窦融之类。蔡茂在此之前亦不仕王莽，王莽居摄期间以病自免，后与窦融同仕于光武。

以上所述12例，7人明确可知为儒生，其中有3人同时可判断为世家。余下5例因史料不足，以守节目之。若与不仕王莽以及避乱两部分相比较，则儒生、世家合并同样占了比例超过半数，有58.3%。但若单看世家，则比例却少了许多，仅剩25%，相较于不仕王莽的世家占比45.7%，或避乱隐居的世家占比72.2%，都大幅度地减少了。儒生的比例较多，当与士群体整体儒家化有关，但其中无一有通经教授的记录，除了史料记载的选择之外，亦有可能与这些割据势力多处边陲，游学风气不如关中、洛阳有关。而世家比例的减少，若与避难隐居的案例合看，或可推敲其中有两大原因。

---

① 《后汉书·隗嚣公孙述列传》："嚣素谦恭爱士，倾身引接为布衣交。"（南朝宋）范晔撰，（唐）李贤等注：《后汉书》，卷13《隗嚣公孙述列传》，页522。

其一，世家因社会基础厚实，遇乱较能长距离地迁徙避难，从而远离风暴中心。相较之下，欠缺强大宗族力量支持的，不得不选择滞留陇西、河西，因此不得不再度面对隗嚣、窦融之征辟。

其二，宗族欲世代居官，往往必须居住于关中三辅，接近政治中心。相较之下，巴蜀偏远，山川阻隔重重，如不移居关中，则世家规模不得不停留在郡、县属吏或文学祭酒之类。史官选材纂史，往往不录庸庸基层小吏，因此无法判断为世家。

除了世家人数大量减少之外，另一个值得讨论的，在于12例中，7人为不仕公孙述者，人数最多，其余不仕隗嚣3人，不仕窦融、更始各1人。在诸割据势力中，公孙述好士而暴虐，因此不仕者众；窦融、隗嚣以数郡自守，地处西北一隅，因此不仕者也零星。然而更始帝刘玄一度号令天下①，不仕者仅1人，赤眉刘盆子亦声势浩大，而全无不仕者。二者政治极度紊乱，不仕者却相对为少。其中原因，当在于刘玄、刘盆子手下多属盗贼之流，不知礼贤招聘士人，又暴虐过甚。如本书所定义

---

① 《后汉书·张衡列传》："更始居位，人无异望，光武初为其将，然后即真，宜以更始之号建于光武之初。"（南朝宋）范晔撰，（唐）李贤等注：《后汉书》，卷59《张衡列传》，页1940。

之"不仕",必先有仕宦之机会,方能不仕,而二者则自绝于士林之外了。

割据势力之外,下面接着论述不仕王莽并光武帝者。

不仕王莽并不仕光武之士

东汉时代之隐逸至少有一百余例,而本书以"不仕之士"为论题,案例当在二百例以上。[①]然而光武帝时期的部分不仕之士,于两汉之际已有不仕之记录,皆为先不仕王莽,后又不仕光武帝者。今将其表列如下,共计有10例。

---

① 王仁祥统计东汉隐逸,建安以后不计便有"百余人",见王仁祥《先秦两汉的隐逸》(台北:"国立"台湾大学出版委员会,1995年),页189。按:王仁祥所计以隐逸为要,而笔者以"不仕"计,含献帝建安年间至少有二百四十余人。案例繁多,非本书研究方法所能容纳,当另文论述之。

表 6-3

序号	活跃时代	姓名	出处	相关事迹	分类
59	新—光武	郭丹	《后汉书》	郭丹字少卿，南阳穰人也。父稚，成帝时为庐江太守，有清名。……既至京师，常为都讲，诸儒咸敬重之。大司马严尤请丹，辞病不就。王莽又征之，遂与诸生逃于北地。更始二年，三公举丹贤能，征为谏议大夫，持节使归南阳，安集受降。……更始败，诸将悉归光武，并获封爵；丹独保平氏不下，为更始发丧，衰绖尽哀。建武二年，遂潜逃去，敝衣闲行，涉历险阻，求谒更始妻子，奉还节传，因归乡里。太守杜诗请为功曹，丹荐乡人长者自代而去。……十三年，大司马吴汉辟举高第，再迁并州牧，有清平称。……后显宗因朝会问群臣郭丹家今何如，宗正刘匡对曰："……丹出典州郡，入为三公，而家无遗产，子孙困匮。"帝乃下南阳访求其嗣。长子宇，官至常山太守。少子济，赵相①	01-1 儒生、世家、教授

① （南朝宋）范晔撰，（唐）李贤等注：《后汉书》，卷27《宣张二王杜郭吴承郑赵列传》，页940—941。

(续表)

序号	活跃时代	姓名	出处	相关事迹	分类
60	新—光武	郅恽	《后汉书》	理《韩诗》《严氏春秋》明天文历数。王莽时……左队大夫逯并素好士……使署为吏。恽不谒……遂不受署。……建武三年,又至庐江,因遇积弩将军傅俊东徇扬州。俊素闻恽名,乃礼请之,上为将兵长史,授以军政。……恽耻以军功取位,遂辞归乡里。……太守欧阳歙请为功曹。……居数月,歙果复召延,恽于是乃去……恽遂客居江夏教授,郡举孝廉,为上东城门候。……后坐事左转芒长,又免归,避地教授,著书八篇。以病卒。子寿。寿字伯考,善文章,以廉能称,举孝廉,稍迁冀州刺史①	01-1 儒生、世家、教授

---

① (南朝宋)范晔撰,(唐)李贤等注:《后汉书》,卷29《申屠刚鲍永郅恽列传》,页1023—1032。

(续表)

序号	活跃时代	姓名	出处	相关事迹	分类
61	新—光武	周党[①]	《后汉书》	周党字伯况，太原广武人也。家产千金。少孤，为宗人所养，而遇之不以理，及长，又不还其财。党诣乡县讼，主乃归之。既而散与宗族，悉免遣奴婢，遂至长安游学。初，乡佐尝众中辱党，党久怀之。后读《春秋》，闻复仇之义，便辍讲而还……及王莽窃位，托疾杜门。……建武中，征为议郎，以病去职，遂将妻子居黾池。复被征，不得已……及光武引见，党伏而不谒，自陈愿守所志，帝乃许焉。博士范升奏毁党曰："……党等文不能演义，武不能死君，钓采华名……"……党遂隐居黾池，著书上下篇而终。……初，党与同郡谭贤伯升、雁门殷谟君长，俱守节不仕王莽世[②]	01-2 儒生、世家（豪族）

[①] 周党的背景接近世家，但后续数据计算时不将其列入世家而列入豪族。
[②] （南朝宋）范晔撰，（唐）李贤等注：《后汉书》，卷83《逸民列传》，页2761—2762。

(续表)

序号	活跃时代	姓名	出处	相关事迹	分类
62	新一光武	王良	《后汉书》	王良字仲子，东海兰陵人也。少好学，习《小夏侯尚书》。王莽时，寝病不仕，教授诸生千余人。建武二年，大司马吴汉辟，不应。三年，征拜谏议大夫……后以病归。一岁复征，至荥阳，疾笃不任进道，乃过其友人。友人不肯见，曰："不有忠言奇谋而取大位，何其往来屑屑不惮烦也？"遂拒之。良惭，自后连征，辄称病①	01-3 儒生、教授

---

① （南朝宋）范晔撰，（唐）李贤等注：《后汉书》，卷27《宣张二王杜郭吴承郑赵列传》，页932—933。

(续表)

序号	活跃时代	姓名	出处	相关事迹	分类
63	平帝—光武	逢萌	《后汉书》	逢萌字子康,北海都昌人也。家贫,给事县为亭长。时尉行过亭,萌候迎拜谒,既而掷盾叹曰:"大丈夫安能为人役哉!"遂去之长安学,通《春秋经》。时王莽杀其子宇,萌谓友人曰:"三纲绝矣!不去,祸将及人。"即解冠挂东都城门,归,将家属浮海,客于辽东。……光武即位,乃之琅邪劳山,养志修道,人皆化其德。……后诏书征萌,托以老耄,迷路东西,语使者云:"朝廷所以征我者,以其有益于政,尚不知方面所在,安能济时乎?"即便驾归。连征不起,以寿终①	01-6 儒生

---

① (南朝宋)范晔撰,(唐)李贤等注:《后汉书》,卷83《逸民列传》,页2759—2760。

(续表)

序号	活跃时代	姓名	出处	相关事迹	分类
64	新—光武	向长	《后汉书》	向长字子平,河内朝歌人也。隐居不仕,性尚中和,好通《老》《易》。贫无资食,好事者更馈焉,受之取足而反其余。王莽大司空王邑辟之,连年乃至,欲荐之于莽,固辞乃止。潜隐于家。……建武中,男女娶嫁既毕,敕断家事勿相关,当如我死也。于是遂肆意,与同好北海禽庆俱游五岳名山,竟不知所终① 向栩……向长之后也。……后特征,到,拜赵相②	02 世家 (兼道家)

---

① （南朝宋）范晔撰,（唐）李贤等注:《后汉书》,卷83《逸民列传》,页2758—2759。
② （南朝宋）范晔撰,（唐）李贤等注:《后汉书》,卷81《独行列传》,页2693—2694。

（续表）

序号	活跃时代	姓名	出处	相关事迹	分类
65	新—光武	王霸	《后汉书》《新唐书》	王霸字儒仲，太原广武人也。少有清节。及王莽篡位，弃冠带，绝交宦。建武中，征到尚书，拜称名，不称臣。有司问其故。霸曰："天子有所不臣，诸侯有所不友。"司徒侯霸让位于霸。阎阳毁之曰："太原俗党，儒仲颇有其风。"遂止。以病归。隐居守志，茅屋蓬户。连征不至，以寿终① 太原王氏出自离次子威，汉扬州刺史，九世孙霸，字儒仲，居太原晋阳，后汉连聘不至。霸生咸，咸十九世孙泽，字季道，雁门太守②	02 世家

---

① （南朝宋）范晔撰，（唐）李贤等注：《后汉书》，卷83《逸民列传》，页2762。
② （北宋）欧阳修、宋祁等撰：《新唐书》，卷74上《宰相世系表》，页2632。

(续表)

序号	活跃时代	姓名	出处	相关事迹	分类
66	新—光武	李邵公①	《圣贤高士传》	李邵公,上郡人。……邵公,王莽时辟地河西。建武中,窦融欲荐之,面辞乃止。家累百金,优游自乐②	03 豪族
67	新—光武	谭贤	《后汉书》	初,党与同郡谭贤伯升、雁门殷谟君长,俱守节不仕王莽世。建武中,征并不到③	05 守节
68	新—光武	殷谟	《后汉书》	初,党与同郡谭贤伯升、雁门殷谟君长,俱守节不仕王莽世。建武中,征并不到	05 守节

---

① 《太平御览》卷510、戴明扬本皆作"李邵公",《全三国文》、张亚新本则作"李劭公"。《全三国文》谓辑自《太平御览》卷510,张亚新未有校文,不知何据,暂从较早之《太平御览》。参见(北宋)李昉等《太平御览》,卷510逸民部《逸民十》,页2450下左;三国魏·嵇康著,戴明扬校注《嵇康集校注》,附录《圣贤高士传赞》,页669;《全三国文》,卷52嵇康《圣贤高士传》,(清)严可均校辑《全上古三代秦汉三国六朝文》,页1348下左;三国魏·嵇康著,张亚新校注《嵇康集详校详注》,余编《圣贤高士传赞》,页1026。

② 三国魏·嵇康著,张亚新校注:《嵇康集详校详注》,余编《圣贤高士传赞》,页1026。

③ (南朝宋)范晔撰,(唐)李贤等注:《后汉书》,卷83《逸民列传》,页2762。

郭丹两度拒仕王莽，首先是"大司马严尤请丹，辞病不就"，严尤为王莽将，天凤三年任大司马[①]，因此郭丹之不就已入新莽时期。其后王莽又征之，逃于北地，是第二度不仕王莽。后归更始，受命"持节使归南阳，安集受降"，在更始诸将悉归光武时，郭丹保南阳郡平氏县不降，"求谒更始妻子，奉还节传"颇有苏武入匈奴之遗风。虽然更始诸将归光武而封爵，但郭丹"保平氏不下"不能称为不仕光武。奉还节传之后，南阳太守杜诗请为功曹而荐人自代，才是郭丹被列为不仕光武的原因。

郭丹也是两汉之际身兼多种背景身份的代表之一。"从师长安"而为儒生，其后"常为都讲，诸儒咸敬重之"。所谓"都讲"，不见于《汉书》中。汉代传经常见弟子依次相受，经师座下协助其师讲经之高徒，便为"都讲"。经师如为太学博士，享有秩禄，当可被称为仕，但"都讲"不过弟子高徒，并非太学中有一职位称为都讲。如丁鸿从桓荣学《尚书》，《后汉书》记："善论难，为

[①] 《汉书·王莽传》天凤三年七月："戊子晦，日有食之。……大司马陈茂以日食免，武建伯严尤为大司马。"（汉）班固撰，（清）王先谦补注：《汉书补注》，卷99中《王莽传》，页6185。

都讲,遂笃志精锐,布衣荷担,不远千里。"①其为布衣无疑。又杨震不仕,有"冠雀衔三鳣鱼"之祥瑞,《后汉书》记"都讲取鱼进曰",亦杨震弟子劝师入仕之意。而杨震既不仕居家,其弟子自然也非官吏。西汉虽然已经开始有通经教授的风气,但不论是太学抑或民间讲学,弟子人数的膨胀大约都是两汉之际以后的事。如弟子不多,自然无须都讲;都讲既少,见诸史传的机会自然也少,《汉书》因此不见"都讲"一词。

"都讲"虽然有代师讲授之行为,不过既未为师,便不能被称为通经教授。但郭丹前已得"诸儒咸敬重之",后又"与诸生逃于北地",其中"诸生"应可被视为郭丹弟子。如此则郭丹当可被视为通经教授者。

除此之外,郭丹虽"家无遗产,子孙困匮",但仍属世家一类,其父为庐江太守,其子或为常山太守,或为赵相。整体来看,郭丹与杨宝、桓荣,以及后文将提到的郅恽一样,都是儒生以通经教授,且世代居官的世家。

两汉之际通经教授、世代为官且有不仕记录的还有郅恽。郅恽于不受逯并②召,逯并为新莽大司马,因

---

① (南朝宋)范晔撰,(唐)李贤等注:《后汉书》,卷37《桓荣丁鸿列传》,页1263。
② "逯并"于《汉书·外戚恩泽侯表》作"逯普",平帝时封蒙乡侯,称"王莽篡位,为大司马"。(汉)班固撰,(清)王先谦补注:《汉书补注》,卷18《外戚恩泽侯表》,页856。

日食策免就侯①，或于此后任左队大夫，即汉之颍川太守②，因此郅恽之不谒不受署，属不仕王莽。其后任光武帝将军傅俊之将兵长史立功，却"耻以军功取位"而辞归，此为第一次不仕光武朝。其后任汝南太守欧阳歙功曹，与太守用人意见不合，又去官，此为第二次不仕。

郅恽"理《韩诗》《严氏春秋》，明天文历数"，曾经客居江夏教授，举孝廉入京后，一度教授太子《韩诗》以及侍讲殿中，晚年避地教授之外，可以说在朝中、在地方，都能以经学授徒。除此之外，郅恽有子郅寿，历任冀州刺史、尚书令、京兆尹、尚书仆射等职，因此郅恽也是世家。

周党为东汉初年隐逸的代表人物之一，但其出身背景与西汉早期以前的隐逸者颇有不同。首先，周党并非杖荷耦耕之类，其家产千金，又有宗族可依，虽然有"遇之不以理""不还其财"的情况，但亦可知其出身背景本身是具有厚实的社会基础的。其次，周党至长安游学，虽然"辍讲而还"，亦可被称为儒生。周党出身富家豪族，又至长安游学，与前述之应氏、班氏类似，可被视

---

① （汉）班固撰，（清）王先谦补注：《汉书补注》，卷99中《王莽传》，页6142、6145。
② （南朝宋）范晔撰，（唐）李贤等注：《后汉书》，卷29《申屠刚鲍永郅恽列传》，页1024李贤注二。

为西汉末年常见的豪强儒家化现象。换句话说，在西汉末年隐逸与不仕两种类型之间，周党早年的背景更接近于那些重视去就之节，同时也愿意世代官宦的世家。

周党具有儒生背景，其"及王莽窃位，托疾杜门"亦与当时众多不仕王莽的儒生一致。然而周党若类似于高诩、牟长、范升之类不事二姓的儒生，则当于光武中兴之后，踏入仕途。但周党在"征为议郎，以病去职"之后，显然做出了与其他儒生不同的政治抉择，选择了守志不仕的路线，这个志向甚至引起了范升的"奏毁"。周党之不仕，不在欲得高位，在于愿守所志，而范升不能见其"绝尘不反"的一面，以"私窃虚名，夸上求高"①毁之。事实上范升之奏，正表现出两汉之际"不事二姓"与"绝尘不反"两种不同类型在理念上的隔阂，而光武帝选择同时表彰之，因此也开启了东汉士人以"不就征辟"凸显自我价值、博取名声的方式。范升之奏，虽于周党并不相符，亦非无端之言，见下例王良。

《后汉书》称周党与谭贤、殷谟"守节不仕王莽

---

① 《后汉书·逸民列传》："博士范升奏毁党曰：'……伏见太原周党、东海王良、山阳王成等……党等文不能演义，武不能死君，钓采华名，庶几三公之位。……而敢私窃虚名，夸上求高，皆大不敬。'书奏，天子以示公卿。"（南朝宋）范晔撰，（唐）李贤等注：《后汉书》，卷83《逸民列传》，页2762。

世",因此周党先不仕王莽,后又不仕光武,符合本节不仕王莽并不仕光武的意义而被列入两汉之际的案例之中。

王良习《小夏侯尚书》,又教授诸生千余人,其为儒生而通经教授无疑。

王良从两汉之际到东汉初年多次不仕,先是王莽时"寝病不仕",后又拒而不应吴汉之辟,其后多次称病,又多次复征,以至于友人讥之:"何其往来屑屑不惮烦也?"此后方不再应征。

范升毁周党之奏中称"太原周党、东海王良、山阳王成等,蒙受厚恩,使者三聘,乃肯就车"的行为是"夸上求高"。周党后为隐逸,中间经过一番转折,实际上并非范升所毁的对象,当因名高而见毁,而非因不应征而名高。相反地,范升所批判的应该正是王良这种多次先不应征,后居高官之类,范升所奏,正同王良友人所讥。范晔于《王良传》后论曰:

> 夫利仁者或借仁以从利,体义者不期体以合义。季文子妾不衣帛,鲁人以为美谈。公孙弘身服布被,汲黯讥其多诈。事实未殊而誉毁别议。何也?将体之与利之异乎?宣秉、王良处位优重,

而秉甘疏薄，良妻荷薪，可谓行过乎俭。①

范晔此传多记"借仁以从利"之士，"行过乎俭"的批判堪称委婉。事实上王良与东汉不仕之士之激诡者颇相似，可谓东汉士风之先声。

逢萌与徐房、李昙、王尊齐名，有四子之称，嵇康《圣贤高士传赞》称四子"不仕乱世"，由于逢萌与王尊皆有王莽时退身的记录，因此所谓不仕乱世皆以不仕王莽论。

如以《后汉书》之记载来看，逢萌于长安游学通经，传文不言是否拜官，即因王莽杀子而"解冠挂东都城门"。既称"解冠"，则或已有职位而去官。光武时先入"琅邪劳山，养志修道"，又"托以老耄，迷路东西"，最后"连征不起"，不仕之意坚决。

逢萌通《春秋经》，为儒生无疑，与周党一样，最终选择绝尘不反，隐居不仕。不过《后汉书》称逢萌"家贫"，与周党出身富家不同。

向长前文曾经提过，其原本便隐居不仕，王莽大司空王邑连年招辟，曾短暂应征，但随即又"潜隐于家"，

---

① （南朝宋）范晔撰，（唐）李贤等注：《后汉书》，卷27《宣张二王杜郭吴承郑赵列传》，页933—934。

其后直至东汉都不曾再仕。由于向长隐逸正好横跨了两汉之际，将其以不仕光武之类列于此处。

《后汉书·逸民列传》称向长"好通《老》《易》"，虽然《易》属儒家经典，但同时更是卜筮之书，从向长的事迹来看，其很难被视为儒生。此外，《向长传》直称其"贫无资食"，以至于"好事者更馈焉"，多少是以其隐士之名而得支助，并以此为其社会基础之一。从其后仍有男女娶嫁等"家事"来看，其家庭应有其他经济来源而史料不载，所谓"游五岳名山""不知所终"等，与传统的道家型隐逸相当一致，是两汉之际少数的类型。

《后汉书·独行列传》记载向长有后曰向栩，活跃于桓、灵时期，读《老子》而不仕，狂生的姿态略同魏晋竹林之类。① 因此向长所谓男女娶嫁之家事，理当逐渐形成了宗族的社会基础。此处暂且以宽松的定义将其列为世家。

两汉之际有二王霸，一为中兴功臣颍川王霸元伯，其二为不仕之士太原王霸儒仲，此处自然是指太原王霸。王莽篡位时，王霸"弃冠带，绝交宦"，与逢萌"解冠"

---

① 《后汉书·独行列传》："向栩字甫兴，河内朝歌人，向长之后也。少为书生，性卓诡不伦。恒读《老子》，状如学道。又似狂生，好被发，着绛绡头。……郡礼请辟，举孝廉、贤良方正、有道，公府辟，皆不到。又与彭城姜肱、京兆韦著并征，栩不应。"（南朝宋）范晔撰，（唐）李贤等注：《后汉书》，卷81《独行列传》，页2693。

的记载一样,当为有职而弃官的情况。其后王霸"征到尚书"饶有意思,其"拜称名,不称臣",似乎有所不为,却又应征而至。汉初表彰气节,司徒侯霸因此欲让位。这种"借仁以从利"的矫饰行为,引起了阎阳批判,称之为"太原俗党"。《汉书·地理志》记:"太原、上党又多晋公族子孙,以诈力相倾,矜夸功名。"① 如此则阎阳之毁王霸,与范升之毁周党相似,皆不满其以退为进、夸上求高的行为。王霸因此以病归,连征不至。

《逸民列传》不云王霸之家世,亦无父兄子孙任官的记载,但《新唐书·宰相世系表》叙太原王氏世系时,将王霸列为远祖。《新唐书》之记载颇为可疑,《后汉书》称王霸为太原广武人,《新唐书》则称其居于太原晋阳,似有牵合郡望之嫌。不过既入正史,姑且将其列入世家。

谭贤伯升、殷谟君长因不仕王莽,又不应光武朝之征,与周党同而附记于《周党传》中,除守节之外,无他记载。

以上既不仕王莽又不仕光武的10个案例中,有5例是儒生,4例为世家,郭丹与郅恽两人同时为儒生与世

---

① (汉)班固撰,(清)王先谦补注:《汉书补注》,卷28下《地理志》,页2840。

家，因此两者合计有7例，占了70%。儒生5例当中，只有逢萌欠缺记载，不在通经教授、世家、豪族等范围内，以比例而言占了20%。相对于不仕王莽之儒生21人，无有其他记载者为8人，占38%，比例较低。

此处不仕光武的案例也都是不仕王莽者，整体来说，案例统计的相关数据与前述两汉之际不仕王莽的比例相当类似。但不仕光武的儒生中，无有教授或宗族势力者相对较少，这或许与光武帝爱好经术，使儒生"抱负坟策，云会京师"①有关。事实上在不仕光武的5例儒生当中，如周党、逢萌皆属绝尘不反者，虽然案例不多，但可发现儒生于两汉之际开始出现仕途之外不同抉择的痕迹。

不仕光武的例子中，范升、阎阳的批判特别值得注意，因两人对于不仕的批判，都指向了矫饰求高的现象。东汉名士多以不就征辟以及礼让父兄二事攫取高名，尤其东汉中期以后，案例之多，不胜枚举。②究其始祖，则

---

① （南朝宋）范晔撰，（唐）李贤等注：《后汉书》，卷79上《儒林列传》，页2545。
② "不就征辟"者皆为不仕之士，东汉此类不仕之士至少有两百例，当另文述之。礼让父兄则为东汉名士常见的激诡之行，范晔《后汉书·桓荣丁鸿列传》论赞亦有批判："故太伯称至德，伯夷称贤人。后世闻其让而慕其风，徇其名而昧其致，所以激诡行生而取与妄矣。至夫邓彪、刘恺，让弟以取义，使弟受非服而己厚其名，于义不亦薄乎！"（南朝宋）范晔撰，（唐）李贤等注：《后汉书》，卷37《桓荣丁鸿列传》，页1268。

当起于两汉之际，零星案例已见其征，这不得不引起同时代的批评或讥讽。如果再进一步分析，西汉末年王莽以伪饰而篡得天下，岂非风气之先？王莽虽败，但光武帝对气节之表彰，却无妨于这种"私窃虚名，夸上求高"的现象持续扩张，以至于影响一代之士风，其来有自。

将不仕更始、公孙述、隗嚣、窦融与不仕光武的案例合并起来看，共有22例。其中儒生12例，占54.5%，世家7例，占31.8%，其中有5例为儒生世家，因此合计为14例，占63.6%。不仕之士中，儒生与世家仍超过半数，占据了大部分，但比起单纯不仕王莽的78.3%仍较低，由于不仕割据势力的史料往往过于简略，可能不具载其他守节之士的世家背景。除此之外，不仕众割据势力或不仕光武者，大多也不仕王莽，两部分当合并分析，因此这个比较一来未必符合真实情况，二来不具太多意义。

22例中同时不仕王莽的有17例，占了77.3%，有相当明显的重叠。5例并非不仕王莽的案例中，费贻、任永、冯信三者皆出身犍为，地处偏远而不仕公孙述，由于记载简略，不知西汉末年或新莽时期是否有仕宦或不仕的记录。任延于新莽时期年纪尚轻，没有仕宦机会。因此22例中，可以确定仕于王莽的只有古文学者杜林一人。

两汉之际是否有忠于王莽,以新莽遗民而拒仕他人的士人呢?从史料的爬梳来看,这个答案似乎是否定的,但这个现象毫无疑问与东汉王朝表彰气节的政策以及史官对于史料的选择有关。两汉之际号令递嬗,不仕王莽、不仕更始、不仕公孙述等,皆可谓明去就之节,以至于不仕东汉,光武帝亦加以表彰。然而不仕东汉者,必然同时是不仕王莽者,如此方能由"不仕无道"转称其为"高尚其事"。因为如此,朝廷所欲表彰者,自然便能借由史料传世,而不欲表彰者,在史官无特殊搜罗的情况下,久之自然湮没无传。

❀ 小结:两汉之际不仕现象的发展与变化

以上统计两汉之际的不仕之士,从第五章延续至本章,通算总计有68例。案例分为两大部分,其一是不仕王莽,共有46例;其二是乱世到中兴之间,包含不仕更始、公孙述、隗嚣、窦融以及不仕光武的案例,共有22例(避乱隐居者18例不计入)。实际上第二部分不仕之士的案例中,有大量同时也是不仕王莽者,如将这些不仕王莽的案例合并看待,则两汉之际因王莽而选择不仕的,总共有63例。从秦到西汉末年大约二百年间,史料可见的不仕之士为61例，然而仅西汉末年王莽掌权到新朝兴亡的这二十余年之间，不仕之士的数量便超过了过往二百年的总和。

两汉之际见诸史料的不仕之士，除去地处偏远且史料过于精简的数例之外，几乎全是以不仕王莽为主体构成的，堪称质地相近且数量极多。如果将东汉以下大量出现不仕之士的原因，向前归于西汉末年以降王莽一人所推动的政治实验，似乎也无不可。然而本书之所以耗费如此篇幅整理分析这么多的案例，仍希望找出更多历史变迁的深层原因。大量出现的不仕之士固然与王莽篡汉有关，然而如果考察其中不仕者的身份背景，不难发现：士的儒家化与世族化，相当明显地影响了士面对政治变迁的抉择，而此抉择经过了东汉初年的表彰，加上世家现象更进一步地渗透、改造士群体，使不仕成为东汉士风相当重要的一部分。

以量化数据分析而言，相对于西汉以前的案例总数，68例的不仕之士以数量来说已然不少。现将相关数据绘制如表6-4，由于不少身份的分类有所重叠，栏位略显复杂还请见谅。

两汉之际不仕之士分类统计

表 6-4

		数量	分项比例（%）	占总数比例（%）
儒生	儒生总数	33	100	48.5
	儒生教授	8	24.2	11.8
世家	世家	11	33.3	16.2
	儒生		39.3	
	世家总数	28	100	41.2
儒生合并世家			50	73.5
道家			2	2.9
豪族			3	4.4
守节			15	22.1
总数			68	100

  两汉之际不仕之士最特别的地方在于"守节"一类，如以"去就"的意义来论，或许每个不仕者都可以被称为明"去就之节"的守节之士。然而两汉之际号令几度递嬗，由大一统王朝历经波折再度回到刘姓天下，此意义因此特别被凸显出来，也造就了大量的节士。由于本书第五、六两章的统计排除了跨朝代具有连续性的传统隐逸，因此选入两汉之际不仕之士者，几乎都具有"守节"的性质。在分类上，本书将可辨识背景的一一归类，

而不可辨识的部分则率皆列入守节之类。就此部分来说，"守节"一类15例占比22.1%的意义并不明显，某种程度上甚至可以认为"守节"之类是十分接近100%的。如要精确地予以分类，或许可就史料不明确而目之以"其他"即可。

虽然如此，本书以"守节"称呼这些无法辨识为其他分类的不仕之士，是必须凸显出两汉之际特重节操的历史意义。在西汉以及西汉以前，无法被分类的不仕之士，来自零星且纷乱的各种可能，唯独在两汉之际这段时间之后，不仕之士被记入史籍，往往因为其重视"去就之节"的价值。若从史官书写史料的角度来看待这时代，则"节士"，或称清节、高节、气节等，毫无疑问地已经可以成为对一个士人的综合评价，值得纯粹因这样的评价而被书写于史籍之中，独立于儒生之"明经"，或文吏之"清廉"等价值之外。由于有此一现象，本书以"守节"作为分类的小目，在众多不仕之士的案例当中，有高达15例，占22.1%的不仕之士是无法用其他分类概括的，更能凸显出节操特被重视，具有独立价值的时代特色。

不过从表6-4可知，两汉之际不仕之士最明显突出的社会基础，仍在于儒生与世家两大部分。在68个案例当中，有73.5%不是儒生便是世家。儒生与世家的相对比例在不同的情况下略有起伏，如相较于单纯不仕王莽者，不仕其他势力的世家比例明显较少。但如合并儒生与世家计算，则不论是不仕王莽、不仕割据势力或不仕光武帝，比例都超过了半数。单纯不仕王莽的话，合并比例更逼近八成。此一趋势其来有自，汉武帝以经术取士之后，便有此一倾向，为方便讨论，将西汉时期不仕之士同样表列如下。

西汉时期不仕之士分类统计

表6-5

		数量	分项比例(%)	占总数比例(%)
儒生	儒生总数	19	100	57.6
	儒生教授	6	31.6	18.2
世家	世家	12	63.2	36.4
	儒生		70.6	
	世家总数	17	100	51.5
儒生合并世家		24		72.7
传统隐逸		7		21.2
豪族		2		6.1
总数		33		100

比较二表即可知，儒生合并世家计算的话，两汉之际虽然案例更多，但在武帝到王莽秉政之前，二者合计便已经占据了全部案例的72.7%了。比较一下其中的细节可发现，进入两汉之际后，儒生数量的占比下降了不少，从57.6%下降到48.5%，而世家的占比则略有上升。推敲其中原因或许有二。其一，在儒家化已相当普遍的情况下，两汉之际史料记载不仕之士时，可能更着重于世代居官的部分，而未必强调士人的儒生背景，因此统计案例时世家的部分相对较多。其二，相对于西汉时期的承平，乱世之际若能拥有不同世代累积而来的宗族势力，更有资本去选择不仕。这个部分，可由避乱隐居的案例有高达72.2%为世家，仅11.1%为儒生得到印证。

承平时期与乱世之际对于不仕之士的影响，还可从儒生是否能从事教授活动看出。经术取士之后，随着太学弟子数量的扩张，按理说儒生于民间教授的数量也会随时间增加。① 然而两汉之际儒生教授的比例反而下降

---

① 《汉书·儒林传》："为博士官置弟子五十人……昭帝时举贤良文学，增博士弟子员满百人，宣帝末增倍之。元帝好儒……更为设员千人，……成帝末，或言孔子布衣养徒三千人，今天子太学弟子少，于是增弟子员三千人。……"《后汉书·儒林列传》："本初元年，……自是游学增盛，至三万余生。"（汉）班固撰，（清）王先谦补注：《汉书补注》，卷88《儒林传》，页5419、5423。（南朝宋）范晔撰，（唐）李贤等注：《后汉书》，卷79上《儒林列传》，页2547。按：西汉儒生教授子弟不过百余人到数百人，而东汉教授动辄上千人。

了，从18.2%降至11.8%。两汉之际通经教授的比例因战乱下降，与东汉中兴之后四方学士"抱负坟策，云会京师"的情况，正好形成明显的对比。①

西汉时期传统的道家型隐逸便有下降的趋势，到了两汉之际数量更进一步减少，由西汉时期的21.2%萎缩至两汉之际的2.9%。不过道家型隐逸无论当政者是谁，本质上便拒绝仕宦，而如前所述，本书的统计排除了西汉以下具有延续性的不仕之士，因此这个数据的下降与本书取舍史料有关，其数量是否持续减少，有待东汉前期不仕之士的案例统计之后方能进一步申论。

整体而言，两汉之际的不仕之士延续着西汉时期儒家化与世族化的趋势，儒生与世家占据了不仕之士中的极大部分。不过受到乱世的影响，儒生较难拥有稳定的经学教授环境，虽然案例总数有所增加，但儒生当中教授的比例却减少了。此外，由于累世居官的宗族拥有更厚实的社会基础，因此两汉之际不仕之士中的世家比例比起承平时期更高，而避乱隐居者更是以世家为多。传

---

① 《后汉书·儒林列传》："昔王莽、更始之际，天下散乱，礼乐分崩，典文残落。及光武中兴，爱好经术，未及下车，而先访儒雅，采求阙文，补缀漏逸。先是四方学士多怀协图书，遁逃林薮。自是莫不抱负坟策，云会京师。"（南朝宋）范晔撰，（唐）李贤等注：《后汉书》，卷79上《儒林列传》，页2545。

统的道家型隐逸在西汉时期就已经式微了，但与混迹市井的类型一样，还是能看见零星个案，这些看似随时代减少的旧时代隐士，与其说是逐渐凋零，不如说是史官在取材编纂的过程当中不再给予重视。

相对于依比例与前一个时间比较，两汉之际的不仕之士最大的特点，应该还是在于数量上的明显增加。同为乱世，战国时代并非没有拒绝仕宦的隐逸之士，但见诸史料的不过20例，就算考量到史料湮灭，恐怕仍远远不及两汉之际短短数十年的数量。同样处于大一统王朝兴亡递嬗之际，秦时的不仕之士8例，汉初不仕之士则为24例，秦汉之际的不仕之士数量也远不如西汉末年的情况。士群体的组成同样以儒生为主，但西汉时期的不仕之士不过33例，不及两汉之际的半数。然而之所以在王莽之后爆发出如此多的不仕之士，却不得不说其原因正来自前述各种不同因素的交叠：以儒生为主的士群体，遇上了王朝的递嬗，以及兴亡之际的乱世，推高了总体不仕者的数量。

在进入东汉之后，两汉之际不仕之士所表现出来的典型仍余波荡漾，古代中国的士风因此转换到了下一阶段。东汉以后，以不仕为志，既不隐其名，亦不逸其身，上与帝王高宦为友，下以洁身清高立身，堪称魏晋隐君子之先祖，已然在两汉之际诞生。而以东汉不应招聘求取高名，甚而企图牟取高位的名士，其原型以及其批判者，也已现身于东汉初年。换言之，两汉之际爆发出大量不仕案例，是中国古代士人累积了前面数百年的发展，同时又开启了后世新士风演变的关键时刻。

第七章

仕途之外：
士人的政治抉择与隐逸典范变迁

先秦时期：从伯夷、叔齐到侯嬴、朱亥

本书以爬梳史料当中所见的"不仕之士"来申论先秦至两汉之际时期的士人样子以及时代变迁。由于"不仕"乃士人的政治抉择，而此政治抉择又与"隐逸"有个理不清的关联性，东汉之后，先秦"隐逸"与西汉时期的"不仕"有了更直接的联结。东汉班固于《汉书·王贡两龚鲍传》序中，并列了三组人物：

> 昔武王伐纣，迁九鼎于雒邑，伯夷、叔齐薄之，饿于首阳，不食其禄，周犹称盛德焉。
>
> 自园公、绮里季、夏黄公、甪里先生、郑子真、严君平皆未尝仕，然其风声足以激贪厉俗，近古之逸民也。若王吉、贡禹、两龚之属，

皆以礼让进退云。①

在这段长序当中，开头的伯夷、叔齐代表着先秦传统，可谓因"邦无道"而隐。而汉兴之后的"四皓"则是"待天下之定"②，也就是倒过来等待"邦有道"而出。夷、齐与"四皓"，因时代不同而分别做出了"先见后隐"与"先隐后见"的政治抉择。再其后的王吉、贡禹、两龚，则属"礼让进退"者，其政治抉择无关于"隐"与"见"，而是"仕"或"不仕"，即使"不仕"，王、贡、两龚亦未有藏身不见的情况。

班固作传自有其理路，然而先秦隐逸有溢于不仕者，汉之不仕者亦有隐逸无法概括之处。当时代流转至东汉，社会将"不仕"者与古之"隐逸"并列乃至等同时，或许代表了某种隐逸典范的变化已经悄然发生。

本书前面篇章以搜集整理史料文献中的不仕之士为主，通过量化的数据去论述：仕途之外的士人在不同时代大致表现出什么样的面貌，并且推论政治、社会变迁如何改变士人的政治抉择，以及士人如何通过政治抉择

---

① （汉）班固撰，（清）王先谦补注：《汉书补注》，卷72《王贡两龚鲍传》，页4753、4757。
② （汉）班固撰，（清）王先谦补注：《汉书补注》，卷72《王贡两龚鲍传》，页4754。

去推动政治环境向理想的样子前进。在本书的最后一章，将放下这些量化的数据，重新检视春秋以下至两汉之际这段时间里，士人离开政治权力的"典范"是什么样子，东汉时代何以将"不仕"的士人与先秦的"隐逸"并列，其中是否有时代变迁的脉络可循。

从春秋、战国之间谈起。春秋以前的隐逸大抵有几个特色。其一，封建时代的知识掌握在贵族手上，因此早期著名的隐逸典范伯夷、叔齐，加上《左传》中的介之推与《论语》中的诸位逸民，可能都是贵族。甚至诸如荷蓧丈人、长沮、桀溺等能与孔子或孔子弟子对谈的隐者，从其身处时代来看也极有可能是抛弃名与位的贵族隐士。其二，早期隐逸或有如柳下惠这般"降志辱身"而不去父母之邦者，但大体来说，隐逸者多逃居山林岩穴，以简单的农渔生产活动为生。由于贵族本不事生产，因此隐逸往往陷入生活困顿的窘境。伯夷、叔齐本为孤竹君之子，先逃于周，后又隐于首阳山而饿死①，不论在任何时代，都是先秦隐逸的典范，自无须多论。

战国时期由于士阶层扩大，没落贵族与有知识之庶

---

① （汉）司马迁撰，[日]泷川资言考证，杨海峥整理：《史记会注考证》，卷61《伯夷列传》，页2727。

民会合，早期隐逸的贵族特色于是逐渐湮没。尽管如此，仍有部分士人的精神与行为追随着伯夷、叔齐，如陈仲子（或称于陵子）等①，亦有知识分子不仕为民，以农渔生产为业者，如农家之许行、陈相②，或有不肯仕宦任职，逃隐海上者，如鲁仲连③。虽然这些例子未必与春秋以前的隐逸典范相同或相似，但或多或少地延续着早期隐逸的部分特色。

然而整体而言，战国时代的隐逸典范依旧有了程度不小的变化，如《史记》中记载的侯嬴、朱亥：

> 魏有隐士曰侯嬴，年七十，家贫，为大梁夷门监者。公子闻之，往请，欲厚遗之。不肯受，曰："臣修身絜行数十年，终不以监门困故而受公子财。"

---

① 见《孟子》："仲子，齐之世家也。兄戴，盖禄万钟。以兄之禄为不义之禄而不食也，以兄之室为不义之室而不居也，辟兄离母，处于于陵。"见《孟子集注》，卷6《滕文公下》，（南宋）朱熹集注：《四书章句集注》，页382。
② 见《孟子》："有为神农之言者许行，自楚之滕……其徒数十人，皆衣褐，捆屦、织席以为食。陈良之徒陈相与其弟辛，负耒耜而自宋之滕……陈相见许行而大悦，尽弃其学而学焉。"《孟子集注》，卷5《滕文公上》，（南宋）朱熹集注：《四书章句集注》，页359。
③ "鲁仲连者，齐人也。好奇伟俶傥之画策，而不肯仕宦任职。……平原君欲封鲁连，鲁连辞让使者三，终不肯受。……归而言鲁连，欲爵之。鲁连逃隐于海上。"（汉）司马迁撰，[日]泷川资言考证，杨海峥整理：《史记会注考证》，卷83《鲁仲连邹阳列传》，页3195、3203、3208。

公子于是乃置酒大会宾客。坐定，公子从车骑，虚左，自迎夷门侯生。侯生摄敝衣冠，直上载公子上坐，不让，欲以观公子。公子执辔愈恭。侯生又谓公子曰："臣有客在市屠中，愿枉车骑过之。"公子引车入市，侯生下见其客朱亥，俾倪故久立，与其客语，微察公子。公子颜色愈和。当是时，魏将相宗室宾客满堂，待公子举酒。市人皆观公子执辔。从骑皆窃骂侯生。侯生视公子色终不变，乃谢客就车。至家，公子引侯生坐上坐，遍赞宾客，宾客皆惊。……于是罢酒，侯生遂为上客。

司马迁记载侯嬴为魏之"隐士"①，同时也是"夷门监"。监门为战国时代诸国变法后，位阶最下层的小吏，先秦史料多以监门为卑贱困顿之代表。②虽然史料对于战国官僚体系的记载极少，但既然担任了监门，侯嬴便与

---

① 战国时期史料多亡于秦火，隐逸、不仕之人物资料多见《庄子》之类的子书之中，其余则或见《战国策》，或出自《史记》，文字记载多少有可疑之处，然而若一概以疑古之心态视之，则古代史几全不可读。侯嬴、朱亥乃战国士人之类型，故无可疑，然其于战国时代是否有"隐"之名，则不得不从西汉初年司马迁之记载而定。

② 如韩非子云："尧之王天下也，茅茨不翦，采椽不斫，粝粢之食，藜藿之羹，冬日麑裘，夏日葛衣，虽监门之服养不亏于此矣。"（清）王先慎撰，钟哲点校：《韩非子集解》，卷19《五蠹》，页442。

仕途有所联系，未必能被称为"不仕"。侯生受魏将相宗室鄙视，非但不是贵族，其身份可能与夷门监一样，属于社会最下层。如侯嬴这般贫困而低贱的"隐士"，自然不同于伯夷、叔齐之类辟逃名位的封建贵族。

除此之外，侯嬴之"隐"不在山泽，亦无农耕渔樵自给的生产活动。其生活于魏之首都，有来往而同"隐"之"客"，甚至能以自身之人脉，为魏公子进行盛大的政治表演。相较于伯夷、叔齐一再逃离原有的环境，侯嬴之"隐"反而是更认真地去经营人际关系与政治智慧。

战国士人在"仕"与"不仕"之间可以有相当多的选择，此为旧秩序崩毁之后而新秩序未及建立之前，战国时期的一大特色。如侯嬴者，以其所拥有的知识及人脉，却只能位居官僚体系的边缘，所"隐"的不是名声也不是地位，而是己身的智慧。因此侯嬴仕为夷门监是"隐"，但离开具体官职成为公子宾客，反而是"显"。

朱亥以客从侯嬴，是战国隐者的另一类型：

> 侯生谓公子曰："臣所过屠者朱亥，此子贤者，世莫能知，故隐屠间耳。"公子往数请之，朱亥故不复谢，公子怪之。
>
> ……公子请朱亥。朱亥笑曰："臣乃市井鼓

刀屠者，而公子亲数存之，所以不报谢者，以为小礼无所用。今公子有急，此乃臣效命之秋也。"遂与公子俱。

朱亥乃"市井鼓刀屠者"，古代社会宰杀大型牲畜以祭祀为多，因此屠者多半为贵族服务，可以被视为一种在都会市井生存的"技艺者"。与侯嬴一样，屠者的社会地位相当卑贱，而朱亥被侯嬴视为"贤者"，也是一种己身智慧或能力的"隐"。

侯嬴隐于监门，朱亥隐于屠间，二人不论是身份背景、藏身之地点或从事之工作，皆与春秋以前有土之士辟逃山泽，辛苦地以耕渔为生有极大的区别。战国时代一方面延续着春秋以前的隐逸传统，有陈相、鲁仲连之类的隐逸，又有隐于卑职贱位的新典型，以及以技艺混迹市井的形态。成书于战国后期的《庄子》一书，相当具体地表现出战国时代对于隐逸、高士的多元想象。其中有身在江海之上的万乘公子魏牟[①]，有春耕秋收的善

---

① 《庄子·让王》："中山公子牟谓瞻子曰：'身在江海之上，心居乎魏阙之下，奈何？'……魏牟，万乘之公子也，其隐岩穴也，难为于布衣之士，虽未至乎道，可谓有其意矣。"（战国）庄子等著，（清）郭庆藩集释：《庄子集释》，卷9下《让王》，页1072—1074。

卷①,有为黄帝解惑的牧马小童②,有道进乎技的庖丁。③由于《庄子》不以礼制名位来决定人的价值,因此其作为一本记载知识的子书,却特别重视基层庶民的生活,彰显这些隐身卑职贱位的有道之士,甚至隐隐将技艺视为"道术"的重要组成。撇开目的不论,《庄子》之文字,实与魏公子之访贤无异。

相较于《左传》《论语》中的隐逸,战国时代由于百家争鸣,加上士群体急速膨胀,上层社会的没落贵族或弃名隐身之逸民,与基层社会因技艺或特定知识而能为王侯提供某种建言或贡献的庶民,在这个秩序混乱的时代中,汇流于士与庶民的模糊地带。逸民之"超逸",在春秋时期是与贵族上层社会相较而言,但战国时期对比的对象则不得不包含了大量的庶众。

---

① 《庄子·让王》:"舜以天下让善卷,善卷曰:'余立于宇宙之中,冬日衣皮毛,夏日衣葛絺;春耕种,形足以劳动;秋收敛,身足以休息;日出而作,日入而息……'遂不受。于是去而入深山,莫知其处。"(战国)庄子等著,(清)郭庆藩集释:《庄子集释》,卷9下,《让王》页1058。
② 《庄子·徐无鬼》:"至于襄城之野,七圣皆迷,无所问涂。适遇牧马童子,问涂焉……小童曰:'夫为天下者,亦奚以异乎牧马者哉?亦去其害马者而已矣。'"(战国)庄子等著,(清)郭庆藩集释:《庄子集释》,卷8中《徐无鬼》页908—912。
③ 《庄子·养生主》:"庖丁为文惠君解牛……文惠君曰:'嘻!善哉!技盖至此乎?'庖丁释刀对曰:'臣之所好者道也,进乎技矣。……'"(战国)庄子等著,(清)郭庆藩集释:《庄子集释》,卷2《养生主》,页130—137。

简而言之，先秦时期封建秩序崩毁前后，士的政治抉择与隐逸典范也有了一些差别，在未有"仕"观念之前，早期的"隐"，是一种抗拒封建秩序的手段，必须以逃离、退出其名位来显示自我的政治抉择。战国时期由于封建崩毁，士固然可选择早期隐逸的模式，但也拥有了更多选择，而藏身卑职，以及以技艺混迹市井，便加入了隐逸的典范之中。

秦至西汉：从四皓到韩福

汉初的隐逸，有延续战国风气以技艺混迹市井的司马季主，可谓旧隐逸典范的延续。然而若论汉初隐逸的代表，从东汉以下多半先称"四皓"[①]。"四皓"或称"商山四皓"或"南山四皓"，即汉初高祖废立太子风波时，张良向吕后等建言，由太子请之于山中的四人：

[①]《史记》不言"四皓"，而并称之"四人"，"四皓"之称或起于西汉末年之扬雄，此处以东汉以后习见之"四皓"并称之。扬雄《法言》曰："或问'贤'。曰：'为人所不能。''请人。'曰：'颜渊、黔娄、四皓、韦玄。'"见（西汉）扬雄著，汪荣宝撰《法言义疏》，卷13《重黎》，页399。

留侯曰:"此难以口舌争也。顾上有不能致者,天下有四人。四人者年老矣,皆以为上慢侮人,故逃匿山中,义不为汉臣。然上高此四人。今公诚能无爱金玉璧帛,令太子为书,卑辞安车,因使辩士固请,宜来。来以为客,时时从入朝,令上见之,则必异而问之。问之,上知此四人贤,则一助也。"

……四人从太子,年皆八十有余,须眉皓白,衣冠甚伟。上怪之,问曰:"彼何为者?"四人前对,各言名姓,曰:"东园公,甪里先生,绮里季,夏黄公。"上乃大惊,曰:"吾求公数岁,公辟逃我,今公何自从吾儿游乎?"四人皆曰:"陛下轻士善骂,臣等义不受辱,故恐而亡匿。窃闻太子为人仁孝,恭敬爱士,天下莫不延颈欲为太子死者,故臣等来耳。"上曰:"烦公幸卒调护太子。"

四人为寿已毕,趋去。上目送之,召戚夫人指示四人者曰:"我欲易之,彼四人辅之,羽翼已成,难动矣。吕后真而主矣。"戚夫人泣。①

---

① (汉)司马迁撰,[日]泷川资言考证,杨海峥整理:《史记会注考证》,卷55《留侯世家》,页2613—2617。

《留侯世家》所记载的这一段文字，表现出一种融合多重先秦特色的隐逸样子。首先，四人因不满当政者之表现，而逃匿山中而不出，此与介子推、伯夷、叔齐相同。其次，四人称号不似原名，颜师古云："四皓称号，本起于此，更无姓名可称知。此盖隐居之人，匿迹远害，不自标显，秘其氏族。"① 可见四人之称号，近乎长沮、桀溺，或《庄子》书中伯昏无人之类，因隐而弃其氏族姓名。

　　四皓因高祖轻士善骂而匿，又因太子为人仁孝而出，与孔子云"有道则见，无道则隐"之原则一致，可谓之"时隐"。先秦隐逸常见先"见"后"隐"者，但原隐居山泽后从游君王之先"隐"后"见"者，则相当罕见。较为近似者为吕尚以渔钓干周西伯之上古传说②，但《史记》所见载之吕尚故事充满了战国色彩，即令太史公亦不得不多用"或曰"以疑传疑。其余隐其名姓之山泽逸民皆未有出者。真正先隐后见之类，多为混迹市井以待其人的游士，如前述之侯嬴、朱亥。

　　四皓的故事看似延续着先秦隐逸的传统，但实际上

---

① （汉）班固撰，（清）王先谦补注：《汉书补注》，卷72《王贡两龚鲍传》，页4754。
② （汉）司马迁撰，[日]泷川资言考证，杨海峥整理：《史记会注考证》，卷32《齐太公世家》，页1752—1753。

是一种混合了远古传说与战国环境的新样子，既有游士成为帝师功成名就的想象，也有隐于市井待时而出的现实环境。汉初面临政治权力的转换时，贤才成为新权力必要的象征，而四个真假难辨的山中隐逸者，竟可成为继任皇帝的关键要素，这在后世是极为罕见的情况。正由于其牵涉权力中枢的交接，而隐逸竟干预了重大的政治事件，因此历来多有疑四皓身份的，如司马光直斥四皓故事"非事实"①。

虽然如此，不论四皓的故事是真是假，在历经了战国末年以降连年战争之后，汉初山中隐士的存在绝非无稽之谈。东方朔云："古之人，乃避世于深山中。"②伯夷、叔齐所建立的旧时隐逸典范使然，山中隐士自然会于都城中、朝廷中，若隐若现地传闻着。再加上权力交接需要"羽翼已成"的辅助，使吕后等效法侯嬴之类，悄悄地为太子进行了一场政治表演，并催生出了如四皓这般，为了政治权力而出现的混合交错想象与现实的政治隐逸。

从侯嬴到四皓，可以发现战国以下得贤才相助与政治权力的巩固，二者之间颇有关联。由于国君需要更多

---

① （北宋）司马光编著，元·胡三省音注：《资治通鉴》，卷12《汉纪》4（高帝十一年），页399—400。
② （汉）司马迁撰，[日]泷川资言考证，杨海峥整理：《史记会注考证》，卷126《滑稽列传》，页4197。

贤才来适应快速变动的战国情势，在国家无完善的人才培育以及选拔机制之前，同类型的政治表演并不罕见①，因此有田子方所谓之"贫贱者骄人"②的情况。但是进入大一统王朝之后，士的政治抉择由多元而逐渐限缩，在诸侯列国、公子权贵之间游走的可能性大减。社会对于"士"的期待也越见集中，鸡鸣狗盗之徒未必能如在战国时般获得政治机会。换言之，虽然四皓的"隐"与"见"在汉初的政坛上发挥了关键的作用，但随着汉朝统治基础的巩固，士人政治抉择所带来的影响力，可能远远不如汉朝政治权力所施加给士人的压力。

政治权力给予的压力凌驾于士的去就抉择之上，在汉代几乎与四皓同时登场。《史记》记载高祖西都关中之后，张良随即因多病而修道"杜门不出岁余"，后又明白表示"愿弃人间事，欲从赤松子游"而辟谷，可见颇有隐退之意。然而欲退身的张良，先受高祖嘱托"强卧而傅太子"，后又受吕后"强食之"③，可谓政治压力

---

① 如郭隗之与燕昭王，西汉王生之于张释之等，见（汉）司马迁撰，[日]泷川资言考证，杨海峥整理《史记会注考证》，卷34《燕召公世家》，页1874—1875；卷102《张释之冯唐列传》，页3580。
② （汉）司马迁撰，[日]泷川资言考证，杨海峥整理：《史记会注考证》，卷44《魏世家》，页2297。
③ （汉）司马迁撰，[日]泷川资言考证，杨海峥整理：《史记会注考证》，卷55《留侯世家》，页2615—2621。

下未尽的隐逸。

张良所受到的政治压力在于君王尊宠,而其所欲在于弃人间事而隐,原则上仍属"尚贤"的战国风貌。武帝之后,政治权力赋予士人的压力更甚,因畏罪、惧祸而不仕才是政治压力下士人的正常样子。如董仲舒:

> 先是辽东高庙、长陵高园殿灾,仲舒居家推说其意,草稿未上,主父偃候仲舒,私见,嫉之,窃其书而奏焉。上召视诸儒,仲舒弟子吕步舒不知其师书,以为大愚。于是下仲舒吏,当死,诏赦之。仲舒遂不敢复言灾异。
>
> 仲舒为人廉直。是时方外攘四夷,公孙弘治《春秋》不如仲舒,而弘希世用事,位至公卿。仲舒以弘为从谀,弘嫉之。胶西王亦上兄也,尤纵恣,数害吏二千石。弘乃言于上曰:"独董仲舒可使相胶西王。"胶西王闻仲舒大儒,善待之,仲舒恐久获罪,病免。凡相两国,辄事骄王,正身以率下,数上疏谏争,教令国中,所居而治。及去位归居,终不问家产业,以修学著书为事。①

---

① (汉)班固撰,(清)王先谦补注:《汉书补注》,卷56《董仲舒传》,页4053—4054。

先秦儒生周游不得仕，居家著述立说，未必藏身隐居，但与畏罪去位归居的意义截然不同。在大一统王朝政治压力下，董仲舒无处可周游，虽受朝廷重视，备受尊敬，却有忧谗畏讥之苦。董仲舒的政治抉择与张良一样，都受到了强力的政治压力影响，但张良是受压力而不得隐，而董仲舒则是受压力而主动不仕。

董仲舒既无伯夷、叔齐这般对君王或政局的强烈不满，也非长沮、桀溺这般无心于人群世道，更不是身处社会基层通过打磨技艺而窥探道术者。其言行非隐逸之类，内在亦无隐逸之心。作为儒者，董仲舒也不是如孔、孟这般历经周游因不得行道而退者。事实上，董仲舒完全称不上怀才不遇，武帝的诸项变革皆起自他，已为古来儒生所钦羡。然而董仲舒先后受主父偃、公孙弘嫉妒陷害，只能"恐久获罪"而主动去位不仕。若身在战国时代，诸侯当争相礼聘，如有招嫉，或去国远就，或受陷而死，可能很难有"不仕"这样的结果。董仲舒的政治抉择与结果，乃至于其学说，都与身处之时代密切相关。

尤其值得留意的是，董仲舒虽不仕，却非隐居。朝廷对董仲舒的政治意见仍相当重视，而董仲舒亦对之"有明法"：

> 仲舒在家，朝廷如有大议，使使者及廷尉张汤就其家而问之，其对皆有明法。……家徙茂陵，子及孙皆以学至大官。①

董仲舒虽然不仕居家，却仍受到朝廷的重视，其子孙之仕途也没受到负面的影响。相反，董仲舒的政治主张得到了实践，其宗族内的学术传承造就了高宦，换言之，其"不仕"的最终结果，反而是既"见"且"显"，几乎与隐遁、辟逃截然相反。

这种拒绝仕途同时也非隐遁的政治抉择，可谓汉代士风中的新形态。然而董仲舒毕竟受到了政治压力，因恐获罪而不仕，或可称为先驱，不能视为典范。真正因"不仕"被视为典范，进而开启一代士风的，当为昭帝时的韩福。《汉书·昭帝纪》元凤元年三月记云：

> 赐郡国所选有行义者涿郡韩福等五人帛，人五十匹，遣归。诏曰："朕闵劳以官职之事，其务修孝弟以教乡里。令郡县常以正月赐羊酒。有不幸者赐衣被一袭，祠以中牢。"②

---

① （汉）班固撰，（清）王先谦补注：《汉书补注》，卷56《董仲舒传》，页4055。
② （汉）班固撰，（清）王先谦补注：《汉书补注》，卷7《昭帝纪》，页320—321。

韩福事迹在史料中并不多,但从两《汉书》所见资料来看,韩福虽然不仕,却愿意远至京师接受朝廷的赏赐。其在乡里亦非以隐遁不见为志,相反,其肩负着"务修孝弟以教乡里"的期待。

由于国君对于贤才有迫切的需求,因此四皓以及更早的士人仕宦与否会引起当权者的重视,少数士人甚至可通过其隐居或现身的政治抉择,成为权力转移期间的关键因素。到了武帝时代,董仲舒虽以其学识改变了整个中国历史,但其惧祸不仕的抉择未必能造成政局波澜,不仕对于其声望以及子孙的庇荫也无有影响。董仲舒之不仕尚有某种政治压力,韩福之不仕则无,甚且通过不仕,其反而受到了朝廷的表彰,因不仕而赐帛。韩福之后纯以"不仕"为个人理念之展现者,日益增多,且多以韩福故事作为一种典范,并由政府表彰这些重视行义、名节的不仕者。如平帝、王莽秉政时,便以"韩福故事"表彰年老而不仕之人。① 又东汉章帝以"夫孝,百行之冠"为理由表彰以孝著称且不仕的江革②,其相关措施亦与韩福故事一致。由此可知,在魏晋以后不甚著

---

① (汉)班固撰,(清)王先谦补注:《汉书补注》,卷72《王贡两龚鲍传》,页4786—4787。
② (晋)袁宏撰,周天游校注:《后汉纪校注》,卷11《后汉孝章皇帝纪上》,页303。

名的不仕之士韩福,实际上是汉代一种"不仕亦不隐"的新典范。

韩福这样的新典范具有几个特色。其一,其不仕未必与当政者或时局有直接关联,更大成分来自对自我生活形态的抉择,或对自我"名节"的要求。如伯夷、叔齐这般,是基于外在政治环境的样子来决定隐居,而如侯嬴、朱亥这般,则是等待知己而出者。但韩福型的不仕者,其去就之政治抉择的关键,不出于外而出于内,与政局或执政者未必有关联。

其二,韩福虽抗拒仕途,却不抗拒君王之表彰,也无意藏身不见。相反,其愿意成为朝廷"礼贤下士"的标志,远赴京师接受赏赐,并于居家期间作为乡里教化之表率。换言之,韩福型的不仕者,并非四皓这般,以己身之"隐"与"见"作为筹码去影响政治环境的发展,也非如张良、董仲舒这般,在政治压力影响下无法拥有自主性的政治抉择。韩福之不仕,其实是一种政治权力与个人意志的妥协,在不同的个案中,朝廷与士人必须做出不同程度的退让,寻求双方都遂其所愿的平衡。

韩福型的士人在东汉蔚为风潮,与光武中兴之后刻意表彰气节有直接关联。其形成风气或在东汉初年,但其典范以及零星个案,在西汉后期已然出现。如龚舍:

两龚皆楚人也,胜字君宾,舍字君倩。二人相友,并著名节,故世谓之楚两龚。少皆好学明经,胜为郡吏,舍不仕。

龚舍以龚胜荐,征为谏大夫,病免。复征为博士,又病去。顷之,哀帝遣使者即楚拜舍为太山太守。舍家居在武原,使者至县请舍,欲令至廷拜授印绶。舍曰:"王者以天下为家,何必县官?"遂于家受诏,便道之官。既至数月,上书乞骸骨。上征舍,至京兆东湖界,固称病笃。天子使使者收印绶,拜舍为光禄大夫。数赐告,舍终不肯起,乃遣归。

舍亦通五经,以《鲁诗》教授。舍、胜既归乡里,郡二千石长吏初到官皆至其家,如师弟子之礼。①

两龚的政治抉择看似相似,实际上在西汉末年各自有其代表性,龚舍较接近韩福型士人,龚胜稍后还会再述。龚舍少时不仕,后陆续为谏大夫、博士、太山太守等职,皆以病或其他理由去官。从《汉书》的记载来看,

---

① (汉)班固撰,(清)王先谦补注:《汉书补注》,卷72《王贡两龚鲍传》,页4782、4787—4788。

龚舍在最后一次征召决定"终不肯起"之前，往往依违于仕与不仕之间。可见韩福型的士人在"不仕"此一抉择被广泛接受之前，不得不承受着入仕的压力。

尽管如此，最终政治权力依旧与龚舍取得了平衡，龚舍能居家不仕，在乡里以《鲁诗》教授。不受官场仕途纷扰的同时，地方长吏初到官亦皆先至其家"如师弟子之礼"，一方面朝廷能借此机会请益学问与治术，如张汤之问董仲舒；另一方面也借此表现出礼贤下士的样子，如魏公子之访侯生。龚舍虽不仕，却非隐姓埋名，甚至通过经学教授与地方长吏之拜访，进而获得了更多的名声。

值得注意的是，先秦儒生汲汲营营于求用，西汉儒生同样具有强烈的用世之心，但自董仲舒以下，由于士阶层中儒生数所占比例大增，儒生不仕的情况也明显有增多的趋势。韩福虽然无法确定是不是儒生，但"务修孝弟以教乡里"仍符合儒家教化的理想。而龚舍以《鲁诗》教授，其为儒生无疑，其摇摆于仕与不仕之间的生活，或许亦与"不仕无义"的内在挣扎不无关系。

两汉之际：从龚胜到周党

从西汉末年王莽秉政到篡汉立新的这段时间里，士人掀起了一股"不仕王莽"的浪潮，这个浪潮加上两汉之际的剧烈变动，又使士人的政治抉择出现了新的变化。《汉书》所见的龚舍原本就有不仕的倾向，并非因王莽而不仕，因此不在这个浪潮当中，但与龚舍齐名并称之龚胜，虽早有乞骸骨致仕的打算，但真正归家，则与王莽秉政有关。而王莽遣龚胜归乡，正是以"韩福故事"为由：

> 王莽秉政，胜与汉俱乞骸骨。自昭帝时，涿郡韩福以德行征至京师，赐策书束帛遣归。诏曰："朕愍劳以官职之事，其务修孝弟以教乡里。……"于是王莽依故事，白遣胜、汉。策曰："惟元始二年六月庚寅，光禄大夫、太中大夫耆艾二人以老病罢。太皇太后使谒者仆射策诏之曰：盖闻古者有司年至则致仕，所以恭让而不尽其力也。今大夫年至矣，朕愍以官职之事烦大夫……皆如韩福故事。所上子男皆除为郎。"于是胜、汉遂归老于乡里。①

---

① （汉）班固撰，（清）王先谦补注：《汉书补注》，卷72《王贡两龚鲍传》，页4786—4787。

如不论宰制朝政者为谁，王莽依韩福故事遣龚胜、邴汉归老乡里，并大张旗鼓地诏策赏赐，毫无疑问此时龚胜当属前述韩福型不仕者，亦即朝廷与士人各自退让，并各自取得了所需的部分。然而王莽篡国之后，由于得位颇受争议，士不仕甚至隐遁他处的浪潮来到了高峰，因此王莽亟须具有声望之民间贤才给予支持，来加强政权的正当性，犹如汉惠帝之需四皓一般。在这样的情况之下，王莽不得不打破原本"韩福故事"所带来的平衡，激烈地要求龚胜入仕，也引起了龚胜的强烈反抗。《汉书》记载：

> 莽既篡国，遣五威将帅行天下风俗，将帅亲奉羊酒存问胜。明年，莽遣使者即拜胜为讲学祭酒，胜称疾不应征。后二年，莽复遣使者奉玺书，太子师友祭酒印绶，安车驷马迎胜……胜对曰："素愚，加以年老被病，命在朝夕，随使君上道，必死道路，无益万分。"使者要说，至以印绶就加胜身，胜辄推不受。……使者五日壹与太守俱问起居，为胜两子及门人高晖等言："朝廷虚心待君以茅土之封，虽疾病，宜动移至传舍，示有行意，必为子孙遗大业。"晖等白使者语，胜自知不见听，

即谓晖等:"吾受汉家厚恩,亡以报,今年老矣,旦暮入地,谊岂以一身事二姓,下见故主哉?"……遂不复开口饮食,积十四日死,死时七十九矣。使者、太守临殓,赐复衾祭祠如法。①

王莽当政之后,忠于汉室且激烈抵抗者不在少数,但这些士人未必有引退之意,王莽也与这些反对势力对抗,往往案治诛杀。②龚胜不任王莽的讲学祭酒、太子师友祭酒等职位,除了本有致仕之心以外,更重要的主要原因在于不愿"一身事二姓"。但龚胜却不直言而拒,反复地以"素愚""年老被病"婉言拒绝,显然仍欲维持"韩福故事"以自保。也因为如此,需人孔亟的王莽也步步进逼,最终打破了这种政治权力与个人不仕意志的平衡,使龚胜最终以绝食明志收场。

政治上的巨变使士人的政治抉择变得复杂起来,不

---

① (汉)班固撰,(清)王先谦补注:《汉书补注》,卷72《王贡两龚鲍传》,页4788—4789。
② 相关记载俱见《汉书·王莽传》,此处仅举王莽初擅权一事为例:"莽因是诛灭卫氏,穷治吕宽之狱,连引郡国豪桀素非议己者,内及敬武公主、梁王立、红阳侯立、平阿侯仁,使者迫守,皆自杀。死者以百数,海内震焉。"见(汉)班固撰,(清)王先谦补注《汉书补注》,卷99上《王莽传》,页6066—6067。

仕王莽者除了龚胜、何武、鲍宣①等以死明志者之外，还有不少士人选择不与王莽政权正面对抗，以隐遁、辟逃的传统方式觅处容身，如刘宣②、高容高诩父子③等。除此之外，王莽篡国之后，内政外交皆有失误，导致天下盗贼蜂起，乱世绵延十数年。因此士人除不仕王莽而逃之外，又有避乱离乡者。二者合流，虽个如东汉末年与西晋永嘉时期那样造成士人迁徙狂潮，但由于避乱他乡者不得不团结宗族自保，原本世代居官的宗族可能因此更强化了自身的社会基础，多少加速了士族在东汉更强力地占据官僚体系。如赫赫有名的弘农杨氏，从高祖定天下以军功封侯起，至杨恽治产业而有财，再到东汉时期杨震通经教授，并恃之出入仕途内外，逐步扩大了家

---

① 《汉书·王贡两龚鲍传》："平帝即位，王莽秉政，阴有篡国之心，乃风州郡以罪法案诛诸豪桀，及汉忠直臣不附己者，宣及何武等皆死。"（汉）班固撰，（清）王先谦补注：《汉书补注》，卷72《王贡两龚鲍传》，页4799。按：《后汉书》述及不附王莽而死者，多有以龚胜、何武、鲍宣作为代表者，如《陈宠传》"莽因吕宽事诛不附己者何武、鲍宣等"，又《徐璆传》："龚胜、鲍宣，独何人哉？守之必死！"见（南朝宋）范晔撰，（唐）李贤等注《后汉书》，卷46《郭陈列传》，页1547；卷48《杨李翟应霍爰徐列传》，页1621。
② 《后汉书·卓鲁魏刘列传》："刘宣字子高，安众侯崇之从弟，知王莽当篡，乃变名姓，抱经书隐避林薮。"（南朝宋）范晔撰，（唐）李贤等注：《后汉书》，卷25《卓鲁魏刘列传》，页872。
③ 《后汉书·儒林列传》："诩以父任为郎中，世传《鲁诗》。以信行清操知名。王莽篡位，父子称盲，逃，不仕莽世。"（南朝宋）范晔撰，（唐）李贤等注：《后汉书》，卷79下《儒林列传》，页2569。

族在官场与社会上的立足基础。其中杨震之父杨宝身处西汉末年,在乱世之中非但未受影响,反而在避乱隐居之后,通过与子皆明习《欧阳尚书》而快速崛起于东汉仕途。这无疑是杨氏绵延不绝的一大凭借。①

两汉之际的士人因抗拒,或失去了仕途舞台,避乱之时只能潜心读书,教育子弟与徒众。东汉中兴之后,这些通经之家再度活跃于政坛,而宗族联结更强,也拥有更多社会资源与政治权力分庭抗礼。除了弘农杨氏这种原本就基础雄厚者之外,不少士人如能平安度过此乱世,其宗族也往往变得极具韧性。代表者可举桓荣为例:

> 桓荣字春卿,沛郡龙亢人也。少学长安,习《欧阳尚书》,事博士九江朱普。贫窭无资,常客佣以自给,精力不倦,十五年不窥家园。至王莽篡位乃归。会朱普卒,荣奔丧九江,负土成坟,因留

---

① 《后汉书·杨震列传》:"杨震字伯起,弘农华阴人也。八世祖喜,高祖时有功,封赤泉侯。高祖敞,昭帝时为丞相,封安平侯。父宝,习《欧阳尚书》。哀、平之世,隐居教授。居摄二年,与两龚、蒋诩俱征,遂遁逃,不知所处。光武高其节。……震少好学,受《欧阳尚书》于太常桓郁,明经博览,无不穷究。"(南朝宋)范晔撰,(唐)李贤等注:《后汉书》,卷54《杨震列传》,页1759—1760。杨恽治产业有方,见(汉)班固撰,(清)王先谦补注《汉书补注》,卷66《公孙刘田王杨蔡陈郑传》,页2890、2894—2897。

教授，徒众数百人。莽败，天下乱。荣抱其经书与弟子逃匿山谷，虽常饥困而讲论不辍，后复客授江淮闲。建武十九年，年六十余，始辟大司徒府。

……荣卒，帝亲自变服，临丧送葬，赐冢茔于首山之阳。除兄子二人补四百石，都讲生八人补二百石，其余门徒多至公卿。

论曰：……中兴而桓氏尤盛，自荣至典，世宗其道，父子兄弟代作帝师，受其业者皆至卿相，显乎当世。①

桓荣本为"贫窭无资"的寒士，年少时游学长安，不得不客佣自给求生存。其后乱世起，或教授于九江，或逃匿山谷讲论，或客授江淮间，皆无仕宦机会。然而一旦乱世结束，桓荣借着这般数十年讲诵不衰的经历，身为帝师，且绵延子孙受业，成为东晋著名士族谯国桓氏之远祖②。

后世士族祖谱溯源，有避难迁徙记录于两汉之际者不少。如本书第六章所整理，除了桓氏之外，《晋书》

---

① （汉）班固撰，（清）王先谦补注：《汉书补注》，卷36《桓荣丁鸿列传》，页1249—1250、1253、1261。
② 《晋书·桓彝传》："桓彝字茂伦，谯国龙亢人，汉五更荣之九世孙也。"（唐）房玄龄等撰：《晋书》，卷51《桓彝》，页1939。

中范平之先范馥避王莽之乱适吴;西汉疏广之后疏孟达避难徙居沙鹿山南,改姓为束,其后束皙亦入《晋书》。《新唐书·宰相世系表》中,避王莽乱者有沈氏、韩氏、田氏等①。光武帝重建汉家政权的过程颇受士族大姓之助,历来已有不少论述②,然而士人有相助政权之成立者,亦有以自保为要于动荡中辟逃不出者。史料当中避乱隐居于两汉之际的士人,如非本有世代居官的背景,便是在政局稳定之后从此形成新士族,在"见"与"隐"两端,都能发现乱世加强了士族崛起的痕迹。

而本书尤其关注的部分是:那些在两汉之际因乱世而断绝仕途的士人,既然能在如此恶劣的环境中生存,便也不急着重新走上旧有的利禄之途,对"不仕"显得更理直气壮些。换言之,当外在环境压力解除,政治权力与士人的去就抉择要重新取得平衡时,需要"得天下贤才相助"的政治权力相对显得气弱。虽然绝大多数儒生士人在"不仕无义"的儒门教训以及光武帝的号召之下,纷纷重新回到政治权力的怀抱之中。但乱世过后依旧选择不仕者,使东汉朝廷被迫选择了另一种策略与其

---

① 以上诸例,详见本书第六章第一节。
② 举一例如余英时《东汉政权之建立与士族大姓之关系》,见余英时《士与中国文化》,页193—247。

共存,也就是表彰所谓守节之士。

东汉表彰气节,当以卓茂为代表。卓茂原为西汉丞相府史,后先不仕王莽,又不仕更始,因此而"名重当时"。①光武诏曰:

> 前密令卓茂,束身自修,执节淳固,诚能为人所不能为。夫名冠天下,当受天下重赏,故武王诛纣,封比干之墓,表商容之闾。今以茂为太傅,封褒德侯……②

光武将卓茂比拟为比干、商容,一方面以周武王自比,另一方面乃欲以卓茂为守节士人之模范,吸引旧时不仕王莽之贤才出仕。事实上卓茂不是什么博士鸿儒③,亦非才能卓越之士④,范晔论曰:"卓茂断断小宰,无他

---

① (南朝宋)范晔撰,(唐)李贤等注:《后汉书》,卷25《卓鲁魏刘列传》,页869、871—872。
② (南朝宋)范晔撰,(唐)李贤等注:《后汉书》,卷25《卓鲁魏刘列传》,页871。
③ 卓茂可谓执节表率,却非光武访"儒"之代表,《后汉书·儒林列传》:"光武中兴,爱好经术,未及下车,而先访儒雅……莫不抱负坟策,云会京师,范升、陈元、郑兴、杜林、卫宏、刘昆、桓荣之徒,继踵而集。"(南朝宋)范晔撰,(唐)李贤等注:《后汉书》,卷79上《儒林列传》,页2545。
④ 光武帝诏书中称卓茂"断断无他",见(东汉)刘珍等撰,吴树平校注《东观汉记校注》(北京:中华书局,2008.11),卷13,页472。

庸能。"①而光武帝"首加聘命，优辞重礼"②的目的，正在于以名重天下的卓茂作为模范，引来蕴愤归道之宾。此为东汉表彰守节之士的重要原因，如战国燕昭王之重赏郭隗一样，同样是以求贤为目的的政治表演，只是东汉初年所求之"贤"，刻意地着重那些"守节"之士。

坚持信守承诺皆可被称为"守节"，尽忠于特定君主，谨守去就，至死不渝，如荀息死奚齐，可谓之"荀息式守节"③。去就之节本为古代士人政治抉择的重要部分，西汉末年大量士人不仕王莽，站在汉家刘姓立场，光武帝自然要特加表彰。然而光武中兴之后有士人依旧选择不仕，若仍以去就之节表彰，岂非表示光武帝得位不正或德不配位？在这样的情况之下，所谓名节自然不能仅限于"去就之节"。《左传》中季札无论如何坚不受君位，去而不就，或可被称为"季札式守节"④。光武帝本欲求"荀息式守节"的士人，以招来归道之士，却不得不因此同时表彰那些"季札式守节"的士人，如此一来，"去就之节"便催化出了"绝尘不反"。范晔《逸

---

① （南朝宋）范晔撰，（唐）李贤等注：《后汉书》，卷25《卓鲁魏刘列传》，页872。
② （南朝宋）范晔撰，（唐）李贤等注：《后汉书》，卷25《卓鲁魏刘列传》，页872。
③ 见P255，注解①、②。
④ 见P255，注解③。

民列传》序云：

> 汉室中微，王莽篡位，士之蕴藉义愤甚矣。是时裂冠毁冕，相携持而去之者，盖不可胜数。……光武侧席幽人，求之若不及，旌帛蒲车之所征贲，相望于岩中矣。若薛方、逢萌聘而不肯至，严光、周党、王霸至而不能屈。群方咸遂，志士怀仁，斯固所谓"举逸民天下归心"者乎！肃宗亦礼郑均而征高凤，以成其节。……盖录其绝尘不反，同夫作者，列之此篇。①

从王莽篡位而士人"裂冠毁冕，相携持而去"，到诸逸民"聘而不肯至""至而不能屈"之间，正是东汉士人由重"去就"转出"绝尘不反"的重要变化。范晔作《后汉书》，将《周黄徐姜申屠列传》识去就出处之士独立于《逸民列传》之外，其史识极为精当。将其与韩福型不仕相比，西汉韩福故事所彰显的，是以致仕、修孝悌于乡里为理由的不仕，亦即其不仕仍必须具有需负担教化等政治目的，然而东汉绝尘不反者，则更重视

---

① （南朝宋）范晔撰，（唐）李贤等注：《后汉书》，卷83《逸民列传》，页2756—2757。

其内在动机，亦即士人其"不仕之心"本身足以说服政治权力，而政治权力此方则收获尊隐、重守节之气度，期待能有"举逸民天下归心"的效果。

东汉这种由重去就转而绝尘者，当以《逸民列传》中的周党为代表：

> 周党字伯况，太原广武人也。家产千金。少孤，为宗人所养，而遇之不以理，及长，又不还其财。党诣乡县讼，主乃归之。既而散与宗族，悉免遣奴婢，遂至长安游学。
>
> 初，乡佐尝众中辱党，党久怀之。后读《春秋》，闻复仇之义，便辍讲而还……敕身修志，州里称其高。
>
> 及王莽窃位，托疾杜门。自后贼暴从横，残灭郡县，唯至广武，过城不入。
>
> 建武中，征为议郎，以病去职，遂将妻子居黾池。复被征，不得已，乃着短布单衣，縠皮绡头，待见尚书。及光武引见，党伏而不谒，自陈愿守所志，帝乃许焉。
>
> ……党遂隐居黾池，著书上下篇而终。邑人贤而祠之。

> 初，党与同郡谭贤伯升、雁门殷谟君长，俱守节不仕王莽世。①

周党故事本书前章已略有论述，为求此章脉络之完整，仍整理此案例几个特色如下。其一，周党出身于富裕的宗族之内，其至长安游学，又读《春秋》明复仇之义，乃家产丰厚的儒生，即使"少孤"亦不害其财富，直至其散与宗族为止。其二，周党原本便居家"敕身修志"，然而仍与谭贤、殷谟并列称"守节不仕王莽世"，与当时常见的儒生不仕王莽一致，可能也受到了新室的邀请而拒绝了。其三，东汉初年不少儒生重新踏上仕途，多是典型的以"不事二姓"择其去就者，然而周党却在面见光武帝之后，在强大的入仕压力之下，依旧选择了"自陈愿守所志"而隐居黾池。其四，周党自始至终都不是隐姓埋名、藏身不现之类的隐士，相反，其在家"州里称其高"，以至于盗贼过广武而不入；隐居黾池期间，著书存迹，甚而"邑人贤而祠之"。另有一事颇值得留意，周党本为太原广武人，其家位处北疆，地近匈奴，而周党乱世不去，中兴之后却与妻子居于黾池。黾池属

---

① （南朝宋）范晔撰，（唐）李贤等注：《后汉书》，卷83《逸民列传》，页 2761—2762。

弘农郡,就在雒阳西侧不远处。是则周党所谓"隐居",反而不若"归家"之远,其隐居亦不过"不仕"而已。

虽然如此,周党在东汉初年仍被视为隐逸,其明明出身有财之儒,却以"短布单衣,穀皮绡头"的形象面见皇帝,显然有明隐逸之志的企图。如周党这般,既不仕,亦非传统隐遁不见的新隐逸典范,在当时便引起了儒生的批判:

> 博士范升奏毁党曰:"臣闻尧不须许由、巢父,而建号天下;周不待伯夷、叔齐,而王道以成。伏见太原周党、东海王良、山阳王成等,蒙受厚恩,使者三聘,乃肯就车。及陛见帝廷,党不以礼屈,伏而不谒,偃蹇骄悍,同时俱逝。党等文不能演义,武不能死君,钓采华名,庶几三公之位。臣愿与坐云台之下,考试图国之道。不如臣言,伏虚妄之罪。而敢私窃虚名,夸上求高,皆大不敬。"书奏,天子以示公卿。诏曰:"自古明王圣主必有不宾之士。伯夷、叔齐不食周粟,太原周党不受朕禄,亦各有志焉。其赐帛四十匹。"①

---

① (南朝宋)范晔撰,(唐)李贤等注:《后汉书》,卷83《逸民列传》,页2761—2762。

博士范升之"奏毁",已经将周党型的"不仕"者,与许由、巢父,以及伯夷、叔齐之类的"隐逸"者相对照,从而提出"私窃虚名,夸上求高"的严厉批判。可见当时周党这种以不仕为隐逸的新典范,蔚为潮流,却非守旧者所愿接受。然而光武帝之诏,却更明白地将周党"不受朕禄"等同于伯夷、叔齐,连韩福故事里的"务修孝弟以教乡里"都免了,直认同其志,并赐帛表彰。

从《逸民列传》所见周党的生命历程来看,其应该是真心以不仕为志,只是同时也无有传统的隐遁不见之意,未必是为了"钓采华名""夸上求高"。然而范升之奏也非无的放矢,其所毁三人中,山阳王成无传,东海王良则可见于《后汉书》:

> 王良字仲子,东海兰陵人也。少好学,习《小夏侯尚书》。王莽时,寝病不仕,教授诸生千余人。
>
> 建武二年,大司马吴汉辟,不应。三年,征拜谏议大夫……迁沛郡太守。至蕲县,称病不之府,官属皆随就之,良遂上疾笃,乞骸骨,征拜太中大夫。
>
> 六年,代宣秉为大司徒司直。在位恭俭,妻子不入官舍,布被瓦器。时司徒史鲍恢以事到东海,

过候其家,而良妻布裙曳柴,从田中归。……

后以病归。一岁复征,至荥阳,疾笃不任进道,乃过其友人。友人不肯见,曰:"不有忠言奇谋而取大位,何其往来屑屑不惮烦也?"遂拒之。良惭,自后连征,辄称病。诏以玄𫄸聘之,遂不应。后光武幸兰陵,遣使者问良所苦疾,不能言对。诏复其子孙邑中繇役,卒于家。①

两汉之际到东汉初年之间,王良反复多次不仕:其一王莽时寝病不仕;其二大司马吴汉辟不应;其三迁沛郡太守称病不之府;其四沛郡官属随就,王良又上疾笃乞骸骨;其五任大司徒司直以病归;其六复征疾笃不任进道。多次不仕,又多次复征,以至于其友人讥之:"何其往来屑屑不惮烦也?"至此方不复应征。

王良与西汉之龚舍相当类似,然而龚舍之时,不仕之风未曾如此炽烈,朝廷对不仕者的尊宠亦远不如东汉。光武帝着力表彰守节,而士风以不仕为隐逸,不应征则名更高,已并列等同于伯夷、叔齐。在这种情况下,王良一再称病而取高位,居家行俭过分,无怪乎友人拒之,

---

① (南朝宋)范晔撰,(唐)李贤等注:《后汉书》,卷27《宣张二王杜郭吴承郑赵列传》,页932—933。

儒生毁之,所谓"私窃虚名,夸上求高"自非无端之言。故范晔论曰:

> 夫利仁者或借仁以从利,体义者不期体以合义。季文子妾不衣帛,鲁人以为美谈。公孙弘身服布被,汲黯讥其多诈。事实未殊而誉毁别议。何也?将体之与利之异乎?宣秉、王良处位优重,而秉甘疏薄,良妻荷薪,可谓行过乎俭。①

在"借仁以从利"的情况下,同一事实往往会获得不同的评价,所谓"事实未殊而誉毁别议"者,或许也是龚舍与王良之别。东汉后世激诡之行愈演愈烈,各种以退为进,以至于以乖张不似人情之行来博取高名者,纷然而出。东汉初年周党型隐逸的风气初起,此时帝王之表彰有其不得不然的政治目的,而范升见其弊端,所奏不免激切。相较之下,范晔称王良"行过乎俭",可谓委婉至极了。

政治权力与不仕者之间的平衡以韩福为元祖,在龚胜之时被打破,再到周党时被重建,其中的意义已然不

---

① (南朝宋)范晔撰,(唐)李贤等注:《后汉书》,卷27《宣张二王杜郭吴承郑赵列传》,页933—934。

同。从韩福到龚舍，可以看出政治权力较为强势，对不仕者赋予了"务修孝弟于乡里"之类的教化任务，而不仕者亦无隐逸之高名。但王莽时打破了此一平衡，龚胜等士人以死明志，更有大量士人携宗族辟逃远去。历经乱世的磨炼，光武帝侧席幽人之时，不仕者隐隐有凌驾政治权力之势，名重当时，家产自足，却享隐逸之高名，甚且与伯夷、叔齐并列。周党型新隐逸典范的出现，表现出士人能更自主地、由心而不由环境地去掌握自身的政治抉择，为汉末士之自觉奠定了基础。但这种基础建立的同时，钓采华名的批判也不得不随之而来，东汉一朝士风之激昂与矫饰，已可预见之。

必须一提的是，隐逸典范或有创新，但旧时代的隐逸并未消逝。西汉末年严君平之卜筮于成都，延续着战国时期以下，以技艺混迹市井的传统①；两汉之际向长不仕王莽，后游五岳名山不知所终，亦存乎古人隐遁山泽之风②；严光于光武即位之后，先变名姓隐身不见，后不得已入朝，止于与天子共卧，耕于富春山而终于家，虽不复藏身，仍有古隐逸之风范。这些旧时的隐逸典范，

---

① （汉）班固撰，（清）王先谦补注：《汉书补注》，卷72《王贡两龚鲍传》，页4755。
② （南朝宋）范晔撰，（唐）李贤等注：《后汉书》，卷83《逸民列传》，页2758—2759。

与随时而变的新典范，往往同时并存，只是若要说真正推动时代变迁的，往往来自新典范的出现或衍化，这也是历史发展的常见样子。

结论：再论"隐逸"与"不仕"

探究所谓"隐逸"，实际上便是一个挖掘古代中国士人如何游走于政治秩序内外，且如何做出抉择的论题。早期或许"士"或"仕"等观念都尚未出现，政治权力的样子也历经变化，但知识分子的政治抉择总是"隐逸"论题的一大关键。中国的隐逸大盛于汉末魏晋，不但隐士风度翩翩令人向往，更有大量的诗赋别传随之问世，相形之下，先秦至东汉初年早期隐逸的发展与变化，少了强调风姿度量的六朝思潮，也欠缺文人雅士的文学歌颂，许多细节与脉络往往因此被埋没。

从封建秩序到礼坏乐崩，再从大一统王朝的崛起、覆灭到中兴，古代士人的政治抉择出现了许多适应时代的新样子。封建时代的"隐"与"见"相对，选择离开从政者，不得不将其名、位、身一并隐藏抛弃，其志向与隐遁的不同程度，可以区分出伯夷、叔齐或长沮、桀溺等不同典范。到了战国时代，除了"隐"与"见"之外，尚有"仕"与"不仕"的选择。士人的政治抉择显得更加多元，隐士未必逃离一切，亦可如侯嬴、朱亥一样，以技艺混迹市井，待知己而显现于世。

士人的政治抉择与政治权力的互动，是另一个必须被关注的重点。战国时代各国的人才培育与拔擢机制不够完备，而天下形势瞬息万变，不得不通过养士、食客的方式来寻觅人才。民间贤才相助政治权力，甚至可左右当时的国际局势，因此出现了为求增加政治声望的政治表演。战国士人的政治抉择往往凌驾于政治权力之上，其影响所至，则如"四皓"巩固了汉惠帝岌岌可危的太子接班局面。然而与"四皓"同时登场的，正是政治权力加强了对士人政治抉择的干预，张良成了未尽的隐逸。而其后的董仲舒，则在拥有学术声望与朝廷尊宠的情况下，因惧祸而不仕，成了不仕亦不隐的先驱。

董仲舒虽不仕，却仍持续发表政治主张，是政治权力接纳"不仕"这种新抉择的开端。但论其典范，则昭帝时的韩福更能表现这种政治权力与士人政治抉择的平衡。韩福在自主的意愿之下选择不仕，而朝廷则以致仕退休为理由，在赏赐不仕之士的同时，也要求韩福型士人"务修孝弟于乡里"，达成教化的目的。韩福型的士人与朝廷双方，各自获得了一部分的需求，并形成了西汉延续至东汉的一种惯例。

然而这种平衡很快被王莽打破了，西汉末年的龚胜与许多当代士人一样决意不事二姓，但龚胜欲守韩福故事求自保于乱世，却受王莽逼迫绝食而死。士人在乱世求生存的情况下，加速了经学化与宗族化的发展，也夯实了面对政治权力的社会基础。东汉初年，光武帝面临"举逸民天下归心"的政治需求，一方面获得了大量不仕王莽者的支持，另一方面也面对了一部分决意从此不仕的政治抉择。在社会普遍地将不仕却也不弃名藏身的士人视为隐逸，并与伯夷、叔齐并列的情况下，东汉朝廷将"去就之节"与"绝尘不反"两种守节同时表彰，来争取更高的政治声望，因此诞生了周党这样的新隐逸典范。而东汉士风的激诡样子，也在此刻可被预期了。

先秦到东汉初年这段时间，历经各种不同政局的变化，士人离开政治权力的抉择，有一个从"隐逸"到"不仕"再到"以不仕为隐逸"的过程。伯夷、叔齐与周党、王良并非相同类型的士人，却在历史中被并列，同享隐逸之名。在本书的爬梳之下，略有一脉络可循。要再次强调的是，古代士人的样子由先秦到秦汉的变迁趋势大抵上是由多元而走向一致，从百家争鸣、士庶杂处，逐渐形成儒家化、宗族化、官僚化的士族样子。但在这趋向一致的过程中，士人在政治及社会上不断地叠加更多丰厚的基础，也使士人的政治抉择可以在旧有的基础上，演变出更多样化的新样态。

若归纳于一言，则旧时典范仍不绝如缕，新起典范多挟时而变，或近是。

引用书目

古籍

经部

[1]（西汉）毛公传，（东汉）郑玄笺，（唐）孔颖达疏：《诗经注疏》，台北：艺文印书馆据阮元校刻《十三经注疏附校勘记》影印，1976。

[2]（汉）郑玄注，（唐）孔颖达正义：《礼记正义》，上海：上海古籍出版社，2008。

[3] 杨伯峻注：《春秋左传注》，台北：洪业出版社，1993。

[4]（三国魏）何晏集解，（北宋）邢昺疏：《论语注疏》，台北：艺文印书馆，1976，据阮元校刻《十三经注疏附校勘记》影印。

[5] 程树德撰，程俊英、蒋见元点校：《论语集释》，北京：中华书局，1990。

[6] 黄怀信主撰，周海生、孔德立参撰：《论语汇校集

释》，上海：上海古籍出版社，2008。

[7]（清）刘宝楠撰：《论语正义》，北京：中华书局，1990。

[8]钱穆：《论语新解》，台北：东大图书公司，2021。

[9]（南宋）朱熹集注：《四书章句集注》，台北：大安出版社，1999。

史部

[1]诸祖耿编撰：《战国策集注汇考》，南京：凤凰出版社，2008。

[2]（汉）司马迁撰，[日]泷川资言考证，杨海峥整理：《史记会注考证》，上海：上海古籍出版社，2015。

[3]（汉）班固撰，（清）王先谦补注：《汉书补注》，上海：上海古籍出版社，2008。

[4]（东汉）刘珍等撰，吴树平校注：《东观汉记校注》，北京：中华书局，2008。

[5]（东汉）荀悦著，张烈点校：《汉纪》，北京：中华书局，2002。

[6]（晋）陈寿撰，（南朝宋）裴松之注，卢弼集解，钱剑夫整理：《三国志集解》，上海：上海古籍出版社，2009。

[7]（西晋）皇甫谧撰：《高士传》，上海：商务印书馆

《丛书集成初编》据《古今逸史》影印，1937。

[8]（西晋）皇甫谧：《高士传》，台北：中华书局据《汉魏丛书》本校刊，1978。

[9]（晋）葛洪撰，胡守为校释：《神仙传校释》，北京：中华书局，2010。

[10]（晋）袁宏撰，周天游校注：《后汉纪校注》，天津：天津古籍出版社，1987。

[11]（晋）常璩撰，任乃强校注：《华阳国志校补图注》，上海：上海古籍出版社，1987。

[12]（南朝宋）范晔撰，（唐）李贤等注：《后汉书》，北京：中华书局，1965。

[13]（南朝宋）范晔著，（清）王先谦撰：《后汉书集解》，北京：中华书局据1915年虚受堂刊本影印，1984。

[14]周天游辑注：《八家后汉书辑注（修订本）》，上海：上海古籍出版社，2020。

[15]（唐）魏征、令狐德棻撰：《隋书》，北京：中华书局，1973。

[16]（唐）房玄龄等撰：《晋书》，北京：中华书局，1974.

[17]（北宋）欧阳修、宋祁等撰：《新唐书》，北京：中华书局，1975。

[18]（北宋）司马光编著，（元）胡三省音注：《资治通鉴》，北京：中华书局，1956。

[19]（宋）郑樵撰：《通志二十略》，北京：中华书局，1995。

[20]（南宋）谈钥纂修：《嘉泰吴兴志》，北京：中华书局《宋元方志丛刊》，1990。

[21]（宋）晁公武撰，孙猛校证：《郡斋读书志校证》，上海：上海古籍出版社，1990年10月初版；2006年6月重印。

[22]（清）惠栋等著：《后汉书补注等四书》，台北：鼎文书局，1977。

[23]（清）赵翼著，王树民校证：《廿二史札记校证（订补本）》，北京：中华书局，1984。

[24]（清）王鸣盛撰，黄曙辉点校：《十七史商榷》，上海：上海古籍出版社，2013。

[25]（清）孙星衍等辑：《汉官六种》，北京：中华书局，1990。

子部

[1]（战国）庄子等著，（清）郭庆藩集释：《庄子集释》，台北：万卷楼图书公司，2007年7月再版。

[2]（战国）庄子等著，王叔岷校诠：《庄子校诠》，台北："中央"研究院历史语言研究所，1988。

[3]（清）王先慎撰，锺哲点校：《韩非子集解》，北京：中华书局，1998。

[4]（战国）韩非著，陈启天校释：《增订韩非子校释》，台北：台湾商务印书馆，1969。

[5]（战国）吕不韦著，陈奇猷校释：《吕氏春秋新校释》，上海：上海古籍出版社，2002。

[6]张双棣撰：《淮南子校释》，北京：北京大学出版社，1997。

[7]（汉）韩婴撰，许维遹校释：《韩诗外传集释》，北京：中华书局，1980。

[8]（清）王照圆撰：《列女传补注》，上海：华东师范大学出版社，2012。

[9]（西汉）刘向撰，向宗鲁校证：《说苑校证》，北京：中华书局，1987。

[10]（西汉）扬雄著，汪荣宝撰：《法言义疏》，北京：中华书局，1987。

[11]（东汉）王充著，黄晖撰：《论衡校释》，北京：中华书局，1990。

[12]（东汉）王符著，胡楚生集释：《潜夫论集释》，台

北：鼎文书局，1979。

[13]（汉）应劭撰，王利器校注：《风俗通义校注》，北京：中华书局，1981。

[14] 傅亚庶撰：《孔丛子校释》，北京：中华书局，2011。

[15] 王卡点校：《老子道德经河上公章句》，北京：中华书局，1993。

[16]（南朝宋）刘义庆著，（南朝梁）刘孝标注，余嘉锡笺疏，周祖谟、余淑宜、周士琦整理：《世说新语笺疏》，北京：中华书局，2007年10月二版。

[17]（北魏）郦道元注，杨守敬、熊会贞疏，杨甦宏、杨世灿、杨未冬补：《水经注疏补（中编）》，北京：中华书局，2016。

[18] 丁光迪主编：《诸病源候论校注》，北京：人民卫生出版社，2013。

[19]（北宋）李昉等编：《太平御览》，台北：台湾商务印书馆，据《四部丛刊》三编子部，静嘉堂文库藏南宋蜀刊本影印，1967。

[20]（明）顾炎武：《原抄本日知录》，台北：明伦出版社，1970年10月三版。

[21]（清）王夫之：《庄子解》，《老子衍庄子通庄子解》合印，北京：中华书局，2009。

[22]（清）赵翼撰，曹光甫校点：《赵翼全集》，南京：凤凰出版社，2009。

集部

[1]（三国魏）嵇康著，张亚新校注：《嵇康集详校详注》，北京：中华书局，2021。

[2]（三国魏）嵇康著，戴明扬校注：《嵇康集校注》，北京：中华书局，2014。

[3]（东晋）陶潜著，杨勇校笺：《陶渊明集校笺》，台北：正文书局，1999。

[4]（南朝梁）萧统编，（唐）李善等六臣注：《文选》，台北：艺文印书馆，2003年3月初版14刷。

[5]刘子瑞主编：《颜真卿书法全集》，天津：天津人民美术出版社，2009。

[6]（北宋）王安石：《王临川集》，台北：台湾商务印书馆，1968。

[7]（清）董诰等编：《全唐文》，台北：大通书局，1979年7月四版。

[8]（清）严可均校辑：《全上古三代秦汉三国六朝文》，北京：中华书局，1958。

近人著作（依姓名笔画排列）

专著

[1] 于迎春. 秦汉士史 [M]. 北京：北京大学出版社，2000。

[2] [澳] 文青云. 岩穴之士：中国早期隐逸传统 [M]. 徐克谦，译. 济南：山东画报出版社，2009。

[3] 毛汉光. 中国中古社会史论 [M]. 台北：联经出版社，1988。

[4] 王仁祥. 先秦两汉的隐逸 [M]. 台北：台湾大学出版委员会，1995。

[5] 王文进. 仕隐与中国文学——六朝篇 [M]. 台北：台湾书店，1999。

[6] 许尤娜. 魏晋隐逸思想及其美学涵义 [M]. 台北：文津出版社，2001。

[7] 许建平. 山情逸魂：中国隐士心态史 [M]. 北京：东方出版社，1999。

[8] 刘笑敢. 庄子哲学及其演变 [M]. 北京：中国人民大学出版社，2010。

[9] 刘荣贤. 庄子外杂篇研究 [M]. 台北：联经出版社，2004。

[10] 余英时. 士与中国文化 [M]. 上海：上海人民出版社，2003。

[11] 李开元.汉帝国的建立与刘邦集团——军功受益阶层研究[M].北京:生活·读书·新知三联书店,2000。

[12] 胡翼鹏.中国隐士:身份建构与社会影响[M].北京:社会科学文献出版社,2011。

[13] 张立伟.归去来兮:隐逸的文化透视[M].北京:生活·读书·新知三联书店,1995。

[14] 顾颉刚.史林杂识初编\顾颉刚全集(31)[M].北京:中华书局,2010。

[15] 钱穆.中国学术思想史论丛(一)[M].台北:东大图书公司,2021。

[16] 钱穆.中国学术思想史论丛(二)[M].台北:东大图书公司,2021。

[17] 钱穆.国史大纲\钱宾四先生全集(27)[M].台北:联经出版社,1994。

[18] 黄一农.制天命而用:星占、术数与中国古代社会[M].成都:四川人民出版社,2018。

[19] 黄俊杰主编.中国文化新论思想篇一:理想与现实[M].台北:联经出版社,1982。

[20] 蒋波.秦汉隐逸问题研究[M].湘潭:湘潭大学出版社,2014。

[21] 蒋星煜编著.中国隐士与中国文化[M].上海:上海三

联书店，1988。

[22] 蒋英炬，吴文祺.汉代武氏墓群石刻研究（修订本）[M].北京：人民美术出版社，2014。

[23] 韩兆琦.中国古代的隐士[M].北京：商务印书馆国际有限公司，1996。

[24] 蔡万进.尹湾汉墓简牍论考[M].台北：台湾古籍出版社，2002。

期刊论文

[1] 王继训.试论两汉隐逸之风[J].青岛大学师范学院学报，2005，22（1）：73—80。

[2] 朱锦雄.东汉末年"黄宪现象"所展现的隐逸形态与理想人格[J].嘉大中文学报，2010，（3）：43—66。

[3] 洪安全.两汉儒士的仕隐态度与社会风气[J].孔孟学报，1981，（42）：115—139。

[4] 邰积意.汉代隐逸与经学[J].汉学研究,2002，20（1）：27—54。

[5] 晁福林.战国时期隐士生活状况及隐逸理念考析——《庄子·让王》篇发微[J].中华文化论坛，2002，（1）：50—53。

[6] 章义和.试论汉魏六朝的隐逸之风[J].中国文化月刊，

1993,（170）：88—101。

学位论文

[1] 白品键.士与汉代文化抟成研究——儒学、吏事与方术的揉合与实践[D].台北：台湾大学中国文学系博士学位论文，2014年1月。

[2] 刘增贵.汉代豪族研究——豪族的士族化与官僚化[D].台北：台湾大学历史学研究所博士学位论文，指导教授：韩复智，1985年。

[3] 易天任.先秦知识分子——"士"阶层研究[D].高雄：高雄师范大学国文学系博士学位论文，指导教授：周虎林，2010年7月。

[4] 林育信.先秦隐逸论及审美意识之形成[D].新竹：台湾清华大学中国文学系硕士学位论文，指导教授：蔡英俊，2000年7月。

[5] 谢承谕.《庄子·内篇》中的隐逸人物之研究[D].台中：中兴大学中国文学系硕士学位论文，指导教授：林文彬，2015年1月。

[6] 魏敏慧.东汉隐逸风气探析[D].台北：台湾政治大学中文研究所硕士学位论文，1990年6月。